為臣　　　　　　　　　　　入考中心修訂了原先公佈的　　　常用字彙表」，推出了新版字表，加入許多日常生活的新詞彙，像是 cell phone（手機）、download（下載）、upload（上傳）等，並將所有字彙依照難易程度分為 1-6 級，以提高學生的背誦效率，其中第 1 級最簡單，第 6 級最困難。

高中英文課本版本很多，所幸教育部在「高中英文課程標準」中，規定高中三年的英文教材選文用字，應以最常用的 7000 字為範圍。換句話說，掌握了此 7000 字，就等於學會了各版本的字彙。

為了提高讀者準備「學測」的效率，我們將歷屆大學入學考試中，最常出現的核心單字，標上紅色，且在每個單字後面，加註分級，考前至少一定要把紅色的單字背到滾瓜爛熟，然後利用分級的方式，測驗自己的程度，最終目標，就是背下 7000 字，攻克「學測」。

大考中心先後研發了兩套單字資料，一套是「學科能力測驗與指定科目考試英文參考詞彙表」；另外一套是「高中常用字彙總表」，我們擷取兩者的優點，編成「**高中常用 7000 字**」。書中加注 "***" 的為教育部頒佈的「最基本 1000 字詞」；加注 "**" 的為「國中常用 2000 字」；加注 "*" 的為「學測的參考字彙」。參加「學測」的同學，除了應優先背有 "*" 的單字，也要熟讀全書。

　　「**高中常用 7000 字**」是方便讀者隨身攜帶背誦的單字手冊，但如果想要深入了解並精通每一個單字，就一定不能錯過「學習出版公司」推出的「高中常用 7000 字解析」。書中除了重要字彙皆附有例句外，還加上了「記憶技巧」、「同義字」、「反義字」和「典型考題」，可幫助記憶並理解單字的用法。同時擁有這兩本書，英文將成為你超越群倫的秘密武器。

劉 毅

A a

∗∗∗a[1] 〔ə , e 〕 *art.* 一個

abandon[4] 〔ə'bændən 〕 *v.* 拋棄

abbreviate[6] 〔ə'brivɪ,et 〕 *v.* 縮寫

abbreviation[6] 〔ə,brivɪ'eʃən 〕 *n.* 縮寫

abdomen[4] 〔'æbdəmən 〕 *n.* 腹部

abide[5] 〔ə'baɪd 〕 *v.* 忍受

∗ability[2] 〔ə'bɪlətɪ 〕 *n.* 能力

∗∗able[1] 〔'ebḷ 〕 *adj.* 能夠的

abnormal[6] 〔æb'nɔrml̩ 〕 *adj.* 不正常的

∗aboard[3] 〔ə'bord 〕 *adv.* 在車 (船、飛機) 上

abolish[5] 〔ə'balɪʃ 〕 *v.* 廢除

aboriginal[6] 〔,æbə'rɪdʒənḷ 〕 *adj.* 原始的
    n. 原住民

aborigine[6] 〔,æbə'rɪdʒəni 〕 *n.* 原住民

abortion[5] 〔ə'bɔrʃən 〕 *n.* 墮胎

abound[6] 〔ə'baund 〕 *v.* 充滿；大量存在

∗∗about[1] 〔ə'baut 〕 *prep.* 關於

∗∗above[1] 〔ə'bʌv 〕 *prep.* 在⋯之上

∗abroad[2] 〔ə'brɔd 〕 *adv.* 到國外

abrupt[5] 〔 əˋbrʌpt 〕 *adj.* 突然的

* **absence**[2] 〔ˋæbsn̩s 〕 *n.* 缺席

* **absent**[2] 〔ˋæbsn̩t 〕 *adj.* 缺席的

absentminded[6] 〔ˋæbsn̩tˋmaındıd 〕 *adj.*
    心不在焉的

* **absolute**[4] 〔ˋæbsə‚lut 〕 *adj.* 絕對的;完全的

* **absorb**[4] 〔əbˋsɔrb 〕 *v.* 吸收

* **abstract**[4] 〔ˋæbstrækt 〕 *adj.* 抽象的

abstraction[6] 〔æbˋstrækʃən 〕 *n.* 抽象

absurd[5] 〔əbˋsɝd 〕 *adj.* 荒謬的

abundance[6] 〔əˋbʌndəns 〕 *n.* 豐富

abundant[5] 〔əˋbʌndənt 〕 *adj.* 豐富的;充足的

abuse[6] 〔əˋbjuz 〕 *v.* 濫用;虐待

* **academic**[4] 〔‚ækəˋdɛmık 〕 *adj.* 學術的

* **academy**[5] 〔əˋkædəmı 〕 *n.* 學院

accelerate[6] 〔ækˋsɛlə‚ret 〕 *v.* 加速

acceleration[6] 〔æk‚sɛləˋreʃən 〕 *n.* 加速

* **accent**[4] 〔ˋæksɛnt 〕 *n.* 口音

* **accept**[2] 〔əkˋsɛpt 〕 *v.* 接受

* **acceptable**[3] 〔əkˋsɛptəbl̩ 〕 *adj.* 可接受的

***acceptance**[4] 〔 ək'sɛptəns 〕 *n.* 接受

***access**[4] 〔'æksɛs 〕 *n.* 接近或使用權

 accessible[6] 〔 æk'sɛsəbḷ 〕 *adj.* 容易接近的

 accessory[6] 〔 æk'sɛsərɪ 〕 *n.* 配件

***accident**[3] 〔'æksədənt 〕 *n.* 意外

***accidental**[4] 〔,æksə'dɛntḷ 〕 *adj.* 意外的；偶然的

 accommodate[6] 〔 ə'kɑmə,det 〕 *v.* 容納；
裝載（乘客）

 accommodations[6] 〔 ə,kɑmə'deʃənz 〕 *n. pl.*
住宿設備

 accompany[4] 〔 ə'kʌmpənɪ 〕 *v.* 陪伴；伴隨

***accomplish**[4] 〔 ə'kɑmplɪʃ 〕 *v.* 完成

***accomplishment**[4] 〔 ə'kɑmplɪʃmənt 〕 *n.* 成就

 accord[6] 〔 ə'kɔrd 〕 *v.* 一致

 accordance[6] 〔 ə'kɔrdn̩s 〕 *n.* 一致

***according to**[1] 根據

 accordingly[6] 〔 ə'kɔrdɪŋlɪ 〕 *adv.* 因此

***account**[3] 〔 ə'kaʊnt 〕 *n.* 帳戶

 accountable[6] 〔 ə'kaʊntəbḷ 〕 *adj.* 應負責的

***accountant**[4] 〔 ə'kaʊntənt 〕 *n.* 會計師

 accounting[6] 〔 ə'kaʊntɪŋ 〕 *n.* 會計

accumulate[6] (ə'kjumjə,let) v. 累積

accumulation[6] (ə,kjumjə'leʃən) n. 累積

***accuracy**[4] ('ækjərəsı) n. 準確

***accurate**[3] ('ækjərıt) adj. 準確的

accusation[6] (,ækjə'zeʃən) n. 控告

***accuse**[4] (ə'kjuz) v. 控告

accustom[5] (ə'kʌstəm) v. 使習慣於

ace[5] (es) n. 一流人才

***ache**[3] (ek) v. n. 疼痛

***achieve**[3] (ə'tʃiv) v. 達到

***achievement**[3] (ə'tʃivmənt) n. 成就

***acid**[4] ('æsıd) adj. 酸性的

acknowledge[5] (ək'nɑlıdʒ) v. 承認

acknowledgement[5] (ək'nɑlıdʒmənt) n. 承認

acne[5] ('æknı) n. 粉刺【不可數名詞】

***acquaint**[4] (ə'kwent) v. 使認識；使熟悉

***acquaintance**[4] (ə'kwentəns) n. 認識的人

***acquire**[4] (ə'kwaır) v. 獲得；學會

acquisition[6] (,ækwə'zıʃən) n. 獲得；增添之
圖書

***acre**[4] ('ekə) n. 英畝

A

*__across__[1] (ə'krɔs) *prep.* 横越

*__act__[1] (ækt) *n.* 行為

*__action__[1] ('ækʃən) *n.* 行動

*__active__[2] ('æktɪv) *adj.* 活躍的；主動的

__activist__[6] ('æktɪvɪst) *n.* 激進主義份子

*__activity__[3] (æk'tɪvətɪ) *n.* 活動

*__actor__[1] ('æktə) *n.* 演員

*__actress__[1] ('æktrɪs) *n.* 女演員

*__actual__[3] ('æktʃʊəl) *adj.* 實際的

__acute__[6] (ə'kjut) *adj.* 急性的

__ad__[3] (æd) *n.* 廣告 (= *advertisement*)

*__adapt__[4] (ə'dæpt) *v.* 適應；改編

__adaptation__[6] (ˌædəp'teʃən) *n.* 適應

*__add__[1] (æd) *v.* 增加

__addict__[5] (ə'dɪkt) *v.* 使上癮

__addiction__[6] (ə'dɪkʃən) *n.* (毒) 癮

*__addition__[2] (ə'dɪʃən) *n.* 增加

*__additional__[3] (ə'dɪʃən!) *adj.* 附加的

*__address__[1] (ə'drɛs , 'ædrɛs) *n.* 地址

*__adequate__[4] ('ædəkwɪt) *adj.* 足夠的

* **adjective**[4] ('ædʒɪktɪv) *n.* 形容詞

* **adjust**[4] (ə'dʒʌst) *v.* 調整

* **adjustment**[4] (ə'dʒʌstmənt) *n.* 調整

administer[6] (əd'mɪnəstə) *v.* 管理

administration[6] (əd,mɪnə'streʃən) *n.* 管理；
(美國的) 政府

administrative[6] (əd'mɪnə,stretɪv) *adj.*
管理的

administrator[6] (əd'mɪnə,stretə) *n.* 管理者

* **admirable**[4] ('ædmərəbl̩) *adj.* 值得讚賞的；
令人欽佩的

admiral[5] ('ædmərəl) *n.* 海軍上將

* **admiration**[4] (,ædmə'reʃən) *n.* 欽佩

‡ **admire**[3] (əd'maɪr) *v.* 欽佩

* **admission**[4] (əd'mɪʃən) *n.* 入場 (許可)；
入學 (許可)

* **admit**[3] (əd'mɪt) *v.* 承認；准許進入

adolescence[5] (,ædl̩'ɛsn̩s) *n.* 青春期

adolescent[5] (,ædl̩'ɛsn̩t) *n.* 青少年

* **adopt**[3] (ə'dɑpt) *v.* 採用；領養

adore[5] ﹝ə'dor﹞ v. 非常喜愛

*adult[1] ﹝ə'dʌlt﹞ n. 成人

adulthood[5] ﹝ə'dʌlthʊd﹞ n. 成年

*advance[2] ﹝əd'væns﹞ v. 前進

advanced[3] ﹝əd'vænst﹞ adj. 高深的；先進的

*advantage[3] ﹝əd'væntɪdʒ﹞ n. 優點

*adventure[3] ﹝əd'vɛntʃə﹞ n. 冒險

*adverb[4] ﹝'ædvɝb﹞ n. 副詞

*advertise[3] ﹝'ædvə,taɪz﹞ v. 登廣告

*advertisement[3] ﹝,ædvə'taɪzmənt﹞ n. 廣告

*advertiser[5] ﹝'ædvə,taɪzə﹞ n. 刊登廣告者

*advice[3] ﹝əd'vaɪs﹞ n. 勸告

*advise[3] ﹝əd'vaɪz﹞ v. 勸告

adviser[3] ﹝əd'vaɪzə﹞ n. 導師 (= advisor)

advocate[6] ﹝'ædvə,ket﹞ v. 提倡

*affair[2] ﹝ə'fɛr﹞ n. 事情

*affect[3] ﹝ə'fɛkt﹞ v. 影響

affection[5] ﹝ə'fɛkʃən﹞ n. 感情；(對子女、妻子的) 愛

affectionate[6] ﹝ə'fɛkʃənɪt﹞ adj. 摯愛的

affirm[6] 〔 ə'fɝm 〕 v. 斷定;斷言

* **afford**[3] 〔 ə'ford 〕 v. 負擔得起

‡ **afraid**[1] 〔 ə'fred 〕 adj. 害怕的

‡ **after**[1] 〔 'æftɚ 〕 prep. 在…之後

‡ **afternoon**[1] 〔 ˌæftɚ'nun 〕 n. 下午

* **afterward(s)**[3] 〔 'æftɚwəd(z) 〕 adv. 後來;之後

‡ **again**[1] 〔 ə'gɛn 〕 adv. 再

‡ **against**[1] 〔 ə'gɛnst 〕 prep. 反對

‡ **age**[1] 〔 edʒ 〕 n. 年紀

* **agency**[4] 〔 'edʒənsɪ 〕 n. 代辦處

agenda[5] 〔 ə'dʒɛndə 〕 n. 議程

* **agent**[4] 〔 'edʒənt 〕 n. 代理人;經紀人

aggression[6] 〔 ə'grɛʃən 〕 n. 侵略

* **aggressive**[4] 〔 ə'grɛsɪv 〕 adj. 有攻擊性的

‡ **ago**[1] 〔 ə'go 〕 adv. …以前

agony[5] 〔 'ægənɪ 〕 n. 極大的痛苦

‡ **agree**[1] 〔 ə'gri 〕 v. 同意

agreeable[4] 〔 ə'griəbḷ 〕 adj. 令人愉快的

* **agreement**[1] 〔 ə'grimənt 〕 n. 協議

agricultural[5] 〔 ˌægrɪ'kʌltʃərəl 〕 adj. 農業的

A

* **agriculture**³ ('ægrɪˌkʌltʃə) *n.* 農業

** **ahead**¹ (ə'hɛd) *adv.* 在前方

AI⁵ *n.* 人工智慧 (= *artificial intelligence*)

* **aid**² (ed) *n. v.* 幫助 (= *help*)

* **AIDS**⁴ (edz) *n.* 愛滋病；後天免疫不全症候群

* **aim**² (em) *n.* 目標

** **air**¹ (ɛr) *n.* 空氣

** **air conditioner**³ ('ɛrkən'dɪʃənə) *n.* 冷氣機

* **aircraft**² ('ɛrˌkræft) *n.* 飛機【集合名詞】

* **airlines**² ('ɛrˌlaɪnz) *n.* 航空公司

* **airmail**¹ ('ɛrˌmel) *n.* 航空郵件

** **airplane**¹ ('ɛrˌplen) *n.* 飛機
　　(= *plane*)

** **airport**¹ ('ɛrˌport) *n.* 機場

airtight⁵ ('ɛr'taɪt) *adj.* 不透氣的；密閉的

airways⁵ ('ɛrˌwez) *n.* 航空公司

aisle⁵ (aɪl) *n.* 走道【注意 s 不發音】

* **alarm**² (ə'lɑrm) *v.* 使驚慌　*n.* 警鈴

** **album**² ('ælbəm) *n.* 專輯

* **alcohol**⁴ ('ælkəˌhɔl) *n.* 酒；酒精

alcoholic[6] 〔͵ælkə'hɔlɪk 〕 n. 酒鬼　adj. 含酒精的

* **alert**[4] 〔 ə'lɝt 〕 adj. 機警的

algebra[5] 〔'ældʒəbrə 〕 n. 代數

alien[5] 〔'elɪən ͵'eljən 〕 n. 外星人　adj. 外國的

alienate[6] 〔'eljən͵et 〕 v. 使疏遠

* **alike**[2] 〔 ə'laɪk 〕 adj. 相像的

* **alive**[2] 〔 ə'laɪv 〕 adj. 活的

** **all**[1] 〔 ɔl 〕 adj. 所有的

allergic[5] 〔 ə'lɝdʒɪk 〕 adj. 過敏的

allergy[5] 〔'ælədʒɪ 〕 n. 過敏症

* **alley**[3] 〔'ælɪ 〕 n. 巷子

alliance[6] 〔 ə'laɪəns 〕 n. 結盟

alligator[5] 〔'ælə͵getə 〕 n. 短吻鱷

allocate[6] 〔'ælə͵ket 〕 v. 分配

** **allow**[1] 〔 ə'laʊ 〕 v. 允許

* **allowance**[4] 〔 ə'laʊəns 〕 n. 零用錢

ally[5] 〔 ə'laɪ 〕 v. 結盟

almond[2] 〔'æmənd 〕 n. 杏仁

** **almost**[1] 〔'ɔl͵most 〕 adv. 幾乎

** **alone**[1] 〔 ə'lon 〕 adj. 單獨的　adv. 單獨地

‡ **along**[1] ﹝ə'lɔŋ﹞ *prep.* 沿著

alongside[6] ﹝ə'lɔŋ'saɪd﹞ *prep.* 在…旁邊

‡ **aloud**[2] ﹝ə'laʊd﹞ *adv.* 出聲地；大聲地

‡ **alphabet**[2] ﹝'ælfə,bɛt﹞ *n.* 字母系統

‡ **already**[1] ﹝ɔl'rɛdɪ﹞ *adv.* 已經

‡ **also**[1] ﹝'ɔlso﹞ *adv.* 也

alter[5] ﹝'ɔltɚ﹞ *v.* 改變

alternate[5] ﹝'ɔltɚ,net﹞ *v.* 使輪流

alternative[6] ﹝ɔl'tɜnətɪv﹞ *n.* 可選擇的事物；
替代物

‡ **although**[2] ﹝ɔl'ðo﹞ *conj.* 雖然

altitude[5] ﹝'æltə,tjud﹞ *n.* 海拔；高度

‡ **altogether**[2] ﹝,ɔltə'gɛðɚ﹞ *adv.* 總共

* **aluminum**[4] ﹝ə'lumɪnəm﹞ *n.* 鋁

‡ **always**[1] ﹝'ɔlwez﹞ *adv.* 總是

‡ **am**[1] ﹝æm﹞ *v.* be 的第一人稱

‡ **a.m.**[4] ﹝'e'ɛm﹞ 上午 (= *am* = *A.M.* = *AM*)

* **amateur**[4] ﹝'æmə,tʃʊr﹞ *adj.* 業餘的

* **amaze**[3] ﹝ə'mez﹞ *v.* 使驚訝

* **amazement**[3] ﹝ə'mezmənt﹞ *n.* 驚訝

*ambassador[3]〔æmˋbæsədɚ〕*n.* 大使

　ambiguity[6]〔͵æmbɪˋgjuətɪ〕*n.* 含糊

　ambiguous[6]〔æmˋbɪgjuəs〕*adj.* 含糊的；
　　模稜兩可的

*ambition[3]〔æmˋbɪʃən〕*n.* 抱負

*ambitious[4]〔æmˋbɪʃəs〕*adj.* 有抱負的

**ambulance[6]〔ˋæmbjələns〕*n.* 救護車

　ambush[6]〔ˋæmbuʃ〕*n.* 埋伏

　amiable[6]〔ˋemɪəbḷ〕*adj.* 友善的

*amid[4]〔əˋmɪd〕*prep.* 在⋯之中

**among[1]〔əˋmʌŋ〕*prep.* 在⋯之間

*amount[2]〔əˋmaunt〕*n.* 數量

　ample[5]〔ˋæmpḷ〕*adj.* 豐富的；充裕的

　amplify[6]〔ˋæmplə͵faɪ〕*v.* 放大

*amuse[4]〔əˋmjuz〕*v.* 娛樂

*amusement[4]〔əˋmjuzmənt〕*n.* 娛樂

**an[1]〔ən, æn〕*art.* 一個

　analects[6]〔ˋænə͵lɛkts〕*n. pl.* 文選

　analogy[6]〔əˋnælədʒɪ〕*n.* 相似；類推

*analysis[4]〔əˋnæləsɪs〕*n.* 分析

analyst[6] ﹝'ænḷɪst﹞ *n.* 分析者

analytical[6] ﹝͵ænḷ'ɪtɪkḷ﹞ *adj.* 分析的

* **analyze**[4] ﹝'ænḷ͵aɪz﹞ *v.* 分析

* **ancestor**[4] ﹝'ænsɛstə﹞ *n.* 祖先

anchor[5] ﹝'æŋkə﹞ *n.* 錨

* **ancient**[2] ﹝'enʃənt﹞ *adj.* 古代的

* **and**[1] ﹝ənd, ænd﹞ *conj.* 和⋯

anecdote[6] ﹝'ænɪk͵dot﹞ *n.* 軼事

* **angel**[3] ﹝'endʒəl﹞ *n.* 天使

* **anger**[1] ﹝'æŋgə﹞ *n.* 憤怒

* **angle**[3] ﹝'æŋgḷ﹞ *n.* 角度

* **angry**[1] ﹝'æŋgrɪ﹞ *adj.* 生氣的

* **animal**[1] ﹝'ænəmḷ﹞ *n.* 動物

animate[6] ﹝'ænə͵met﹞ *v.* 使有活力

* **ankle**[2] ﹝'æŋkḷ﹞ *n.* 腳踝

* **anniversary**[4] ﹝͵ænə'vɜsərɪ﹞ *n.* 週年紀念

* **announce**[3] ﹝ə'naʊns﹞ *v.* 宣佈

* **announcement**[3] ﹝ə'naʊnsmənt﹞ *n.* 宣佈

* **annoy**[4] ﹝ə'nɔɪ﹞ *v.* 使心煩

annoyance[6] ﹝ə'nɔɪəns﹞ *n.* 討厭的人或物

* **annual**[4] ﹝'ænjʊəl﹞ *adj.* 一年一度的;一年的

anonymous[6] 〔 ə'nɑnəməs 〕 *adj.* 匿名的

another[1] 〔 ə'nʌðə 〕 *adj.* 另一個

answer[1] 〔'ænsə 〕 *v.* 回答

ant[1] 〔 ænt 〕 *n.* 螞蟻

antarctic[6] 〔 ænt'ɑrktɪk 〕 *adj.* 南極的

antenna[6] 〔 æn'tɛnə 〕 *n.* 天線；觸角

anthem[5] 〔'ænθəm 〕 *n.* 國歌 (=*national anthem*)

antibiotic[6] 〔 ͵æntɪbaɪ'ɑtɪk 〕 *n.* 抗生素

antibody[6] 〔'æntɪ͵bɑdɪ 〕 *n.* 抗體

anticipate[6] 〔 æn'tɪsə͵pet 〕 *v.* 預期；期待

anticipation[6] 〔 æn͵tɪsə'peʃən 〕 *n.* 期待

antique[5] 〔 æn'tik 〕 *n.* 古董

antonym[6] 〔'æntə͵nɪm 〕 *n.* 反義字

anxiety[4] 〔 æŋ'zaɪətɪ 〕 *n.* 焦慮

anxious[4] 〔'æŋkʃəs 〕 *adj.* 焦慮的；渴望的

any[1] 〔'ɛnɪ 〕 *adj.* 任何

anybody[2] 〔'ɛnɪ͵bɑdɪ 〕 *pron.* 任何人

anyhow[2] 〔'ɛnɪ͵haʊ 〕 *adv.* 無論如何

anyone[2] 〔'ɛnɪ͵wʌn 〕 *pron.* 任何人

anything[1] 〔'ɛnɪ͵θɪŋ 〕 *pron.* 任何事

* **anytime**² 〔'ɛnɪ,taɪm 〕 *adv.* 任何時候
* **anyway**² 〔'ɛnɪ,we 〕 *adv.* 無論如何
‡ **anywhere**² 〔'ɛnɪ,hwɛr 〕 *adv.* 任何地方
* **apart**³ 〔 ə'part 〕 *adv.* 相隔；分開地
‡ **apartment**² 〔 ə'partmənt 〕 *n.* 公寓
* **ape**¹ 〔 ep 〕 *n.* 猿
‡ **apologize**⁴ 〔 ə'palə,dʒaɪz 〕 *v.* 道歉
* **apology**⁴ 〔 ə'palədʒɪ 〕 *n.* 道歉
* **apparent**³ 〔 ə'pærənt 〕 *adj.* 明顯的
* **appeal**³ 〔 ə'pil 〕 *v.* 吸引
‡ **appear**¹ 〔 ə'pɪr 〕 *v.* 出現
* **appearance**² 〔 ə'pɪrəns 〕 *n.* 外表
* **appetite**² 〔'æpə,taɪt 〕 *n.* 食慾
　 applaud⁵ 〔 ə'plɔd 〕 *v.* 鼓掌
　 applause⁵ 〔 ə'plɔz 〕 *n.* 鼓掌
‡ **apple**¹ 〔'æpl̩ 〕 *n.* 蘋果
* **appliance**⁴ 〔 ə'plaɪəns 〕 *n.* 家電用品
　 applicable⁶ 〔'æplɪkəbl̩ 〕 *adj.* 適用的
* **applicant**⁴ 〔'æpləkənt 〕 *n.* 申請人；應徵者
* **application**⁴ 〔,æplə'keʃən 〕 *n.* 申請
* **apply**² 〔 ə'plaɪ 〕 *v.* 申請；應徵；運用

* **appoint**⁴ 〔 ə'pɔɪnt 〕 v. 指派

* **appointment**⁴ 〔 ə'pɔɪntmənt 〕 n. 約會

** **appreciate**³ 〔 ə'priʃɪ,et 〕 v. 欣賞；感激

* **appreciation**⁴ 〔 ə,priʃɪ'eʃən 〕 n. 感激

 apprentice⁶ 〔 ə'prɛntɪs 〕 n. 學徒

* **approach**³ 〔 ə'protʃ 〕 v. 接近 n. 方法

* **appropriate**⁴ 〔 ə'propriɪt 〕 adj. 適當的

* **approval**⁴ 〔 ə'pruvl 〕 n. 贊成

* **approve**³ 〔 ə'pruv 〕 v. 贊成；批准

 approximate⁶ 〔 ə'praksəmɪt 〕 adj. 大約的

** **April**¹ 〔'eprəl 〕 n. 四月

* **apron**² 〔'eprən 〕 n. 圍裙

 apt⁵ 〔 æpt 〕 adj. 易於…的；偏好…的

 aptitude⁶ 〔'æptə,tjud 〕 n. 才能；性向

* **aquarium**³ 〔 ə'kwɛrɪəm 〕 n. 水族箱；水族館

* **arch**⁴ 〔 artʃ 〕 n. 拱門

* **architect**⁵ 〔'arkə,tɛkt 〕 n. 建築師

* **architecture**⁵ 〔'arkə,tɛktʃə 〕 n. 建築

 arctic⁶ 〔'arktɪk 〕 adj. 北極的

*** **are**¹ 〔 ar 〕 v. be 的第二人稱及其他人稱的複數

** **area**¹ 〔'ɛrɪə ,'erɪə 〕 n. 地區

arena[5] 〔 ə'rinə 〕 *n.* 競技場

*argue[2] 〔 'ɑrgjʊ 〕 *v.* 爭論

*argument[2] 〔 'ɑrgjəmənt 〕 *n.* 爭論

*arise[4] 〔 ə'raɪz 〕 *v.* 發生

*arithmetic[3] 〔 ə'rɪθmə‚tɪk 〕 *n.* 算術

*arm[1,2] 〔 ɑrm 〕 *n.* 手臂   *v.* 武裝

*armchair[2] 〔 'ɑrm‚tʃɛr 〕 *n.* 扶手椅

armour[5] 〔 'ɑrmɚ 〕 *n.* 盔甲 (= *armor*)

*arms[4] 〔 ɑrmz 〕 *n. pl.* 武器

*army[1] 〔 'ɑrmɪ 〕 *n.* 軍隊；陸軍

*around[1] 〔 ə'raʊnd 〕 *prep.* 環繞

*arouse[4] 〔 ə'raʊz 〕 *v.* 喚起

*arrange[2] 〔 ə'rendʒ 〕 *v.* 安排；排列

*arrangement[2] 〔 ə'rendʒmənt 〕 *n.* 安排；排列

*arrest[2] 〔 ə'rɛst 〕 *v.* 逮捕

*arrival[3] 〔 ə'raɪvl̩ 〕 *n.* 到達

*arrive[2] 〔 ə'raɪv 〕 *v.* 到達

arrogant[6] 〔 'ærəgənt 〕 *adj.* 自大的

*arrow[2] 〔 'æro 〕 *n.* 箭

*art[1] 〔 ɑrt 〕 *n.* 藝術

artery[6] 〔 'ɑrtərɪ 〕 *n.* 動脈

* **article** [2,4] ('artık!) *n.* 文章;物品

articulate [6] (ar'tıkjəlıt) *adj.* 清晰的

artifact [6] ('artı,fækt) *n.* 文化遺物

* **artificial** [4] (,artə'fıʃəl) *adj.* 人造的;人工的

‡ **artist** [2] ('artıst) *n.* 藝術家

* **artistic** [4] (ar'tıstık) *adj.* 藝術的

‡ **as** [1] (əz,æz) *prep.* 身爲…

ascend [5] (ə'sɛnd) *v.* 上升

* **ash** [3] (æʃ) *n.* 灰

* **ashamed** [4] (ə'ʃemd) *adj.* 感到羞恥的

* **aside** [3] (ə'saıd) *adv.* 在一邊

‡ **ask** [1] (æsk) *v.* 問

‡ **asleep** [2] (ə'slip) *adj.* 睡著的

* **aspect** [4] ('æspɛkt) *n.* 方面

* **aspirin** [4] ('æspərın) *n.* 阿斯匹靈

ass [5] (æs) *n.* 屁股

assassinate [6] (ə'sæsn̩,et) *v.* 暗殺

assault [5] (ə'sɔlt) *v.n.* 襲擊;毆打

* **assemble** [4] (ə'sɛmbl̩) *v.* 集合;裝配

* **assembly** [4] (ə'sɛmblı) *n.* 集會;裝配

assert [6] (ə's ɝt) *v.* 主張;聲稱

assess[6]〔ə'sɛs〕 v. 評估

assessment[6] 〔ə'sɛsmənt 〕 n. 評估

asset[5] 〔'æsɛt 〕 n. 資產

* **assign**[4] 〔ə'saɪn 〕 v. 指派

* **assignment**[4] 〔ə'saɪnmənt 〕 n. 作業

* **assist**[3] 〔ə'sɪst 〕 v. 幫助

* **assistance**[4] 〔ə'sɪstəns 〕 n. 幫助

** **assistant**[2] 〔ə'sɪstənt 〕 n. 助手

* **associate**[4] 〔ə'soʃɪ,et 〕 v. 聯想

* **association**[4] 〔ə,soʃɪ'eʃən 〕 n. 協會

** **assume**[4] 〔ə's(j)um 〕 v. 假定;認為

assumption[6] 〔ə'sʌmpʃən 〕 n. 假定

* **assurance**[4] 〔ə'ʃurəns 〕 n. 保證

* **assure**[4] 〔ə'ʃur 〕 v. 向～保證

asthma[6] 〔'æzmə , 'æsmə 〕 n. 氣喘

astonish[5] 〔ə'stɑnɪʃ 〕 v. 使驚訝

astonishment[5] 〔ə'stɑnɪʃmənt 〕 n. 驚訝

astray[5] 〔ə'stre 〕 adv. 走入歧途地

* **astronaut**[5] 〔'æstrə,nɔt 〕 n. 太空人

astronomer[5] 〔ə'strɑnəmə 〕 n. 天文學家

astronomy[5] 〔ə'strɑnəmɪ 〕 n. 天文學

asylum[6] 〔ə'saɪləm〕 *n.* 收容所

＊＊＊**at**[1] 〔ət, æt〕 *prep.* 在…

＊**athlete**[3] 〔'æθlit〕 *n.* 運動員

＊**athletic**[4] 〔æθ'lɛtɪk〕 *adj.* 運動員的；強壯靈活的

＊**ATM**[4] *n.* 自動提款機

　　(= *automated teller machine* = *automatic teller machine*)

＊**atmosphere**[4] 〔'ætməs,fɪr〕 *n.* 大氣層；氣氛

＊**atom**[4] 〔'ætəm〕 *n.* 原子

＊**atomic**[4] 〔ə'tɑmɪk〕 *adj.* 原子的

＊**attach**[4] 〔ə'tætʃ〕 *v.* 附上

＊**attachment**[4] 〔ə'tætʃmənt〕 *n.* 附屬品

＊**attack**[2] 〔ə'tæk〕 *n. v.* 攻擊

attain[6] 〔ə'ten〕 *v.* 達到

attainment[6] 〔ə'tenmənt〕 *n.* 達成

＊**attempt**[3] 〔ə'tɛmpt〕 *n.* 企圖；嘗試

＊**attend**[2] 〔ə'tɛnd〕 *v.* 參加；上 (學)；服侍

attendance[5] 〔ə'tɛndəns〕 *n.* 參加人數

attendant[6] 〔ə'tɛndənt〕 *n.* 服務員

＊**attention**[2] 〔ə'tɛnʃən〕 *n.* 注意力

attic[6] ('ætɪk) *n.* 閣樓

* **attitude**[3] ('ætə,tjud) *n.* 態度

* **attract**[3] (ə'trækt) *v.* 吸引

* **attraction**[4] (ə'trækʃən) *n.* 吸引力

* **attractive**[3] (ə'træktɪv) *adj.* 吸引人的

auction[6] ('ɔkʃən) *n.* 拍賣

* **audience**[3] ('ɔdɪəns) *n.* 觀眾

* **audio**[4] ('ɔdɪ,o) *adj.* 聽覺的

auditorium[5] (,ɔdə'torɪəm) *n.* 大禮堂

‡August[1] ('ɔgəst) *n.* 八月

‡aunt[1] (ænt) *n.* 阿姨

authentic[6] (ɔ'θɛntɪk) *adj.* 真正的

* **author**[3] ('ɔθə) *n.* 作者

* **authority**[4] (ə'θɔrətɪ) *n.* 權威；權力

authorize[6] ('ɔθə,raɪz) *v.* 授權

* **auto**[3] ('ɔto) *n.* 汽車 (= *automobile*)

* **autobiography**[4] (,ɔtəbaɪ'agrəfɪ) *n.* 自傳

autograph[6] ('ɔtə,græf) *n.* 親筆簽名
(= *signature*)

* **automatic**[3] (,ɔtə'mætɪk) *adj.* 自動的

* **automobile**[3] (,ɔtə'mobɪl) *n.* 汽車

autonomy[6] 〔ɔ'tɑnəmɪ 〕 *n.* 自治
　(= *self-government*)

autumn[1] 〔'ɔtəm 〕 *n.* 秋天 (= *fall*)

auxiliary[5] 〔ɔg'zɪljərɪ 〕 *adj.* 輔助的

available[3] 〔ə'veləbḷ 〕 *adj.* 可獲得的

avenue[3] 〔'ævə,nju 〕 *n.* 大道

average[3] 〔'ævərɪdʒ 〕 *n.* 平均 (數) *adj.* 一般的

aviation[6] 〔,evɪ'eʃən 〕 *n.* 航空

avoid[2] 〔ə'vɔɪd 〕 *v.* 避免

await[4] 〔ə'wet 〕 *v.* 等待

awake[3] 〔ə'wek 〕 *v.* 醒來

awaken[3] 〔ə'wekən 〕 *v.* 喚醒

award[3] 〔ə'wɔrd 〕 *v.* 頒發　*n.* 獎

aware[3] 〔ə'wɛr 〕 *adj.* 知道的

away[1] 〔ə'we 〕 *adv.* 離開

awe[5] 〔ɔ 〕 *n.* 敬畏

awesome[6] 〔'ɔsəm 〕 *adj.* 令人敬畏的；令人畏懼的

awful[3] 〔'ɔfḷ 〕 *adj.* 可怕的

awhile[5] 〔ə'hwaɪl 〕 *adv.* 片刻

awkward[4] 〔'ɔkwəd 〕 *adj.* 笨拙的；不自在的

ax[3] 〔æks 〕 *n.* 斧頭 (= *axe*)

B b

baby[1]〔ˋbebɪ〕 n. 嬰兒

baby-sit[2]〔ˋbebɪ͵sɪt〕 v. 當臨時褓姆

baby-sitter[2]〔ˋbebɪ͵sɪtɚ〕 n. 臨時褓姆

bachelor[5]〔ˋbætʃələ〕 n. 單身漢

back[1]〔bæk〕 n. 背面

backbone[5]〔ˋbæk͵bon〕 n. 脊椎；中堅份子

background[3]〔ˋbæk͵graʊnd〕 n. 背景

backpack[4]〔ˋbæk͵pæk〕 n. 背包

backward(s)[2]〔ˋbækwəd(z)〕 adv. 向後

bacon[3]〔ˋbekən〕 n. 培根

bacteria[3]〔bækˋtɪrɪə〕 n. pl. 細菌

bad[1]〔bæd〕 adj. 不好的

badge[5]〔bædʒ〕 n. 徽章

badly[3]〔ˋbædlɪ〕 adv. 差勁地；嚴重地

badminton[2]〔ˋbædmɪntən〕 n. 羽毛球

bag[1]〔bæg〕 n. 袋子

baggage[3]〔ˋbægɪdʒ〕 n. 行李

bait[3]〔bet〕 n. 餌

bake[2]〔bek〕 v. 烘烤

B

‡**bakery**² 〔'bekərɪ〕*n.* 麵包店

***balance**³ 〔'bæləns〕*n.* 平衡

‡**balcony**² 〔'bælkənɪ〕*n.* 陽台；包廂

***bald**⁴ 〔bɔld〕*adj.* 禿頭的

‡**ball**¹ 〔bɔl〕*n.* 球

***ballet**⁴ 〔bæ'le〕*n.* 芭蕾舞

‡**balloon**¹ 〔bə'lun〕*n.* 氣球

ballot⁵ 〔'bælət〕*n.* 選票

***bamboo**² 〔bæm'bu〕*n.* 竹子

ban⁵ 〔bæn〕*v.* 禁止

‡**banana**¹ 〔bə'nænə〕*n.* 香蕉

‡**band**¹ 〔bænd〕*n.* 樂隊

***bandage**³ 〔'bændɪdʒ〕*n.* 繃帶

bandit⁵ 〔'bændɪt〕*n.* 強盜

bang³ 〔bæŋ〕*v.* 重擊

‡**bank**¹ 〔bæŋk〕*n.* 銀行

***banker**² 〔'bæŋkɚ〕*n.* 銀行家

***bankrupt**⁴ 〔'bæŋkrʌpt〕*adj.* 破產的

banner⁵ 〔'bænɚ〕*n.* 旗幟；橫幅標語

banquet⁵ 〔'bæŋkwɪt〕*n.* 宴會

***bar**[1] ﹝ bar ﹞ *n.* 酒吧

  barbarian[5] ﹝ bar'bɛrɪən ﹞ *n.* 野蠻人

***barbecue**[2] ﹝'barbɪˌkju ﹞ *n.* 烤肉 (= *Bar-B-Q*)

***barber**[1] ﹝'barbɚ ﹞ *n.* 理髮師

  barbershop[5] ﹝'barbɚˌʃap ﹞ *n.* 理髮店

***bare**[3] ﹝ bɛr ﹞ *adj.* 赤裸的

  barefoot[5] ﹝'bɛrˌfʊt ﹞ *adj.* 光著腳的

***barely**[3] ﹝'bɛrlɪ ﹞ *adv.* 幾乎不

***bargain**[4] ﹝'bargɪn ﹞ *v.* 討價還價

***bark**[2] ﹝ bark ﹞ *v.* 吠叫   *n.* 樹皮

***barn**[3] ﹝ barn ﹞ *n.* 穀倉

  barometer[6] ﹝ bə'ramətɚ ﹞ *n.* 氣壓計

***barrel**[3] ﹝'bærəl ﹞ *n.* 一桶

  barren[5] ﹝'bærən ﹞ *adj.* 貧瘠的

***barrier**[4] ﹝'bærɪɚ ﹞ *n.* 障礙

***base**[1] ﹝ bes ﹞ *n.* 基礎；基地

***baseball**[1] ﹝'besˌbɔl ﹞ *n.* 棒球

***basement**[2] ﹝'besmənt ﹞ *n.* 地下室

***basic**[1] ﹝'besɪk ﹞ *adj.* 基本的

***basin**[4] ﹝'besn̩ ﹞ *n.* 臉盆；盆地

***basis**[2] ﹝'besɪs ﹞ *n.* 基礎；根據

B

‡**basket**[1] 〔'bæskɪt〕*n.* 籃子

‡‡**basketball**[1] 〔'bæskɪt,bɔl〕*n.* 籃球

  bass[5] 〔bes〕*adj.* 低音的

‡**bat**[1] 〔bæt〕*n.* 球棒；蝙蝠

  batch[5] 〔bætʃ〕*n.* 一次出爐的量

‡**bath**[1] 〔bæθ〕*n.* 洗澡

‡**bathe**[1] 〔beð〕*v.* 洗澡

‡**bathroom**[1] 〔'bæθ,rum〕*n.* 浴室；廁所

  batter[5] 〔'bætɚ〕*v.* 重擊

***battery**[4] 〔'bætərɪ〕*n.* 電池

***battle**[2] 〔'bætl̩〕*n.* 戰役

***bay**[3] 〔be〕*n.* 海灣

  bazaar[5] 〔bə'zɑr〕*n.* 市集；市場

‡**be**[1] 〔bi〕*v.* 是

‡**beach**[1] 〔bitʃ〕*n.* 海灘

***bead**[2] 〔bid〕*n.* 有孔的小珠

***beak**[4] 〔bik〕*n.* 鳥嘴

***beam**[3,4] 〔bim〕*n.* 光線；橫樑

‡**bean**[2] 〔bin〕*n.* 豆子

‡**bear**[2,1] 〔bɛr〕*v.* 忍受   *n.* 熊

‡**beard**[2] 〔bɪrd〕*n.* 鬍子

* **beast**[3]〔 bist 〕 *n.* 野獸

‡ **beat**[1]〔 bit 〕 *v.* 打

‡ **beautiful**[1]〔'bjutəfəl 〕 *adj.* 美麗的

   beautify[5]〔'bjutə,faɪ 〕 *v.* 美化

‡ **beauty**[1]〔'bjutɪ 〕 *n.* 美

‡ **because**[1]〔 bɪ'kɔz 〕 *conj.* 因為

   beckon[6]〔'bɛkən 〕 *v.* 向…招手

‡ **become**[1]〔 bɪ'kʌm 〕 *v.* 變成

‡ **bed**[1]〔 bɛd 〕 *n.* 床

‡ **bedroom**[2]〔'bɛd,rum 〕 *n.* 臥房

‡ **bee**[1]〔 bi 〕 *n.* 蜜蜂

‡ **beef**[2]〔 bif 〕 *n.* 牛肉

   beep[2]〔 bip 〕 *n.* 嗶嗶聲

* **beer**[2]〔 bɪr 〕 *n.* 啤酒

* **beetle**[2]〔'bitḷ 〕 *n.* 甲蟲

‡ **before**[1]〔 bɪ'for 〕 *prep.* 在…之前

   beforehand[5]〔 bɪ'for,hænd 〕 *adv.* 事先

* **beg**[2]〔 bɛg 〕 *v.* 乞求

* **beggar**[3]〔'bɛgɚ 〕 *n.* 乞丐

‡ **begin**[1]〔 bɪ'gɪn 〕 *v.* 開始

* **beginner**[2]〔 bɪ'gɪnɚ 〕 *n.* 初學者

B

behalf[5] 〔 bɪˈhæf 〕 n. 方面

‡**behave**[3] 〔 bɪˈhev 〕 v. 行爲舉止

***behavior**[4] 〔 bɪˈhevjɚ 〕 n. 行爲

‡**behind**[1] 〔 bɪˈhaɪnd 〕 prep. 在…之後

***being**[3] 〔ˈbiɪŋ 〕 n. 存在

***belief**[2] 〔 bɪˈlif 〕 n. 相信；信仰

***believable**[2] 〔 bɪˈlivəbḷ 〕 adj. 可信的

‡**believe**[1] 〔 bɪˈliv 〕 v. 相信

‡**bell**[1] 〔 bɛl 〕 n. 鐘

***belly**[3] 〔ˈbɛlɪ 〕 n. 肚子

‡**belong**[1] 〔 bəˈlɔŋ 〕 v. 屬於

belongings[5] 〔 bəˈlɔŋɪŋz 〕 n. pl. 個人隨身物品

beloved[5] 〔 bɪˈlʌvɪd 〕 adj. 親愛的

‡**below**[1] 〔 bəˈlo 〕 prep. 在…之下

‡**belt**[2] 〔 bɛlt 〕 n. 皮帶

‡**bench**[2] 〔 bɛntʃ 〕 n. 長椅

***bend**[2] 〔 bɛnd 〕 v. 彎曲

***beneath**[3] 〔 bɪˈniθ 〕 prep. 在…之下

beneficial[5] 〔ˌbɛnəˈfɪʃəl 〕 adj. 有益的

***benefit**[3] 〔ˈbɛnəfɪt 〕 n. 利益；好處

B

* **berry**³ 〔'bɛrɪ〕 *n.* 漿果

** **beside**¹ 〔bɪ'saɪd〕 *prep.* 在…旁邊

** **besides**² 〔bɪ'saɪdz〕 *adv.* 此外

   besiege⁶ 〔bɪ'sidʒ〕 *v.* 圍攻

* **best**¹ 〔bɛst〕 *adj.* 最好的

* **bet**² 〔bɛt〕 *v.* 打賭

   betray⁶ 〔bɪ'tre〕 *v.* 出賣

* **better**¹ 〔'bɛtɚ〕 *adj.* 更好的

** **between**¹ 〔bə'twin〕 *prep.* 在 (兩者) 之間

   beverage⁶ 〔'bɛvərɪdʒ〕 *n.* 飲料

   beware⁵ 〔bɪ'wɛr〕 *v.* 小心;提防

** **beyond**² 〔bɪ'jɑnd〕 *prep.* 超過

* **bias**⁶ 〔'baɪəs〕 *n.* 偏見

* **Bible**³ 〔'baɪbl̩〕 *n.* 聖經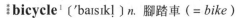

** **bicycle**¹ 〔'baɪsɪkl̩〕 *n.* 腳踏車 (= *bike*)

   bid⁵ 〔bɪd〕 *v.* 出 (價);投標

** **big**¹ 〔bɪg〕 *adj.* 大的

** **bike**¹ 〔baɪk〕 *n.* 腳踏車 (= *bicycle*)

* **bill**² 〔bɪl〕 *n.* 帳單;紙鈔

* **billion**³ 〔'bɪljən〕 *n.* 十億

B

* **bind**[2] (baɪnd) *v.* 綁

* **bingo**[3] ('bɪŋgo) *n.* 賓果遊戲

  binoculars[6] (baɪ'nɑkjələz) *n. pl.* 雙筒望遠鏡

  biochemistry[6] (,baɪo'kɛmɪstrɪ) *n.* 生物化學

* **biography**[4] (baɪ'ɑgrəfɪ) *n.* 傳記

  biological[6] (,baɪə'lɑdʒɪkḷ) *adj.* 生物學的

‡ **biology**[4] (baɪ'ɑlədʒɪ) *n.* 生物學

‡ **bird**[1] (bɜd) *n.* 鳥

* **birth**[1] (bɜθ) *n.* 出生;誕生

* **biscuit**[3] ('bɪskɪt) *n.* 餅乾

* **bit**[1] (bɪt) *n.* 一點點

‡ **bite**[1] (baɪt) *v.* 咬

* **bitter**[2] ('bɪtə) *adj.* 苦的

  bizarre[6] (bɪ'zɑr) *adj.* 古怪的

‡‡ **black**[1] (blæk) *adj.* 黑的

‡‡ **blackboard**[2] ('blæk,bord) *n.* 黑板

  blacksmith[5] ('blæk,smɪθ) *n.* 鐵匠

  blade[4] (bled) *n.* 刀鋒

* **blame**[3] (blem) *v.* 責備

B

*blank² (blæŋk) *adj.* 空白的

*blanket³ ('blæŋkɪt) *n.* 毯子

blast⁵ (blæst) *n.* 爆炸

blaze⁵ (blez) *n.* 火焰

bleach⁵ (blitʃ) *v.* 漂白

bleak⁶ (blik) *adj.* 荒涼的

*bleed³ (blid) *v.* 流血

*blend⁴ (blɛnd) *v.* 混合

*bless³ (blɛs) *v.* 祝福

*blessing⁴ ('blɛsɪŋ) *n.* 恩賜；幸福

*blind² (blaɪnd) *adj.* 瞎的

*blink⁴ (blɪŋk) *v.* 眨眼

blister⁴ ('blɪstɚ) *n.* 水泡

blizzard⁵ ('blɪzɚd) *n.* 暴風雪

*block¹ (blɑk) *n.* 街區

blonde⁵ (blɑnd) *n.* 金髮碧眼的女子

*blood¹ (blʌd) *n.* 血

*bloody² ('blʌdɪ) *adj.* 血腥的

*bloom⁴ (blum) *v.* 開花

*blossom⁴ ('blɑsəm) *n.* 花

blot[5] 〔 blat 〕 *n.* 污漬

****blouse**[3] 〔 blauz 〕 *n.* 女用上衣

****blow**[1] 〔 blo 〕 *v.* 吹

****blue**[1] 〔 blu 〕 *adj.* 藍色的

blues[5] 〔 bluz 〕 *n.* 藍調

blunder[6] 〔 'blʌndɚ 〕 *n.* 愚蠢的錯誤

blunt[6] 〔 blʌnt 〕 *adj.* 鈍的

blur[5] 〔 blɝ 〕 *v.* 使模糊不清

***blush**[4] 〔 blʌʃ 〕 *n.* 臉紅；腮紅 *v.* 臉紅

***board**[2] 〔 bord 〕 *v.* 上 (車、船、飛機)

***boast**[4] 〔 bost 〕 *v.* 自誇

****boat**[1] 〔 bot 〕 *n.* 船

bodily[5] 〔 'badɪlɪ 〕 *adj.* 身體上的

****body**[1] 〔 'badɪ 〕 *n.* 身體

bodyguard[5] 〔 'badɪˌgard 〕 *n.* 保鑣

bog[5] 〔 bag 〕 *n.* 沼澤

***boil**[2] 〔 bɔɪl 〕 *v.* 沸騰

***bold**[3] 〔 bold 〕 *adj.* 大膽的

bolt[5] 〔 bolt 〕 *n.* 閃電

***bomb**[2] 〔 bam 〕 *n.* 炸彈

B

bombard[6] 〔bam'bard〕v. 轟炸

***bond**[4] 〔band〕n. 束縛；關係

bondage[6] 〔'bandɪdʒ〕n. 束縛；奴隸

***bone**[1] 〔bon〕n. 骨頭

bonus[5] 〔'bonəs〕n. 獎金；額外贈品

***bony**[2] 〔'bonɪ〕adj. 骨瘦如柴的

****book**[1] 〔bʊk〕n. 書 v. 預訂

****bookcase**[2] 〔'bʊk,kes〕n. 書架

boom[5] 〔bum〕v. 興隆

boost[6] 〔bust〕v. 提高；增加

***boot**[3] 〔but〕n. 靴子

booth[5] 〔buθ〕n. 攤位

***border**[3] 〔'bɔrdə〕n. 邊界

***bore**[3] 〔bor〕v. 使無聊

boredom[5] 〔'bordəm〕n. 無聊

****born**[1] 〔bɔrn〕adj. 天生的

****borrow**[2] 〔'baro〕v. 借

bosom[5] 〔'bʊzəm〕n. 胸部

****boss**[1] 〔bɔs〕n. 老闆

botany[5] 〔'batn̩ɪ〕n. 植物學

B

both[1] 〔 boθ 〕 *pron.* 兩者

bother[2] 〔'bɑðɚ 〕 *v.* 打擾

bottle[2] 〔'bɑtḷ 〕 *n.* 瓶子

bottom[1] 〔'bɑtəm 〕 *n.* 底部

boulevard[5] 〔'bulə,vɑrd 〕 *n.* 林蔭大道

bounce[4] 〔 baʊns 〕 *v.* 反彈

bound[5] 〔 baʊnd 〕 *adj.* 被束縛的

boundary[5] 〔'baʊndərɪ 〕 *n.* 邊界

bout[6] 〔 baʊt 〕 *n.* 一回合

bow[2] 〔 baʊ 〕 *v.* 鞠躬 *n.* 船首

bowel[5] 〔'baʊəl 〕 *n.* 腸

bowl[1] 〔 bol 〕 *n.* 碗

bowling[2] 〔'bolɪŋ 〕 *n.* 保齡球

box[1] 〔 bɑks 〕 *n.* 箱子

boxer[5] 〔'bɑksɚ 〕 *n.* 拳擊手

boxing[5] 〔'bɑksɪŋ 〕 *n.* 拳擊

boy[1] 〔 bɔɪ 〕 *n.* 男孩

boycott[6] 〔'bɔɪ,kɑt 〕 *v.* 聯合抵制；杯葛

boyhood[5] 〔'bɔɪhʊd 〕 *n.* 少年時代

brace[5] 〔 bres 〕 *v.* 使振作

* **bracelet**⁴ 〔'breslɪt 〕 n. 手鐲

 braid⁵ 〔 bred 〕 n. 辮子

* **brain**² 〔 bren 〕 n. 頭腦

* **brake**³ 〔 brek 〕 n. 煞車

* **branch**² 〔 bræntʃ 〕 n. 樹枝;分店

* **brand**² 〔 brænd 〕 n. 品牌

* **brass**³ 〔 bræs 〕 n. 黃銅

* **brassiére**⁴ 〔 brə'zɪr , ,bræsɪ'ɛr 〕 n. 胸罩 (= bra)

* **brave**¹ 〔 brev 〕 adj. 勇敢的

* **bravery**³ 〔'brevərɪ 〕 n. 勇敢

* **bread**¹ 〔 brɛd 〕 n. 麵包

 breadth⁵ 〔 brɛdθ 〕 n. 寬度

* **break**¹ 〔 brek 〕 v. 打破

 breakdown⁶ 〔'brek,daʊn 〕 n. 故障

* **breakfast**¹ 〔'brɛkfəst 〕 n. 早餐

 breakthrough⁶ 〔'brek,θru 〕 n. 突破

 breakup⁶ 〔'brek,ʌp 〕 n. 分手

* **breast**³ 〔 brɛst 〕 n. 胸部

* **breath**³ 〔 brɛθ 〕 n. 呼吸

* **breathe**³ 〔 brið 〕 v. 呼吸

* **breed**⁴ 〔 brid 〕 v. 繁殖;養育

B

* **breeze**[3] 〔 briz 〕 *n.* 微風

 brew[6] 〔 bru 〕 *v.* 釀造

 bribe[5] 〔 braɪb 〕 *v.* 賄賂

‡ **brick**[2] 〔 brɪk 〕 *n.* 磚頭

* **bride**[3] 〔 braɪd 〕 *n.* 新娘

* **bridegroom**[4] 〔'braɪd,grum 〕 *n.* 新郎
   (= *groom*)

‡‡ **bridge**[1] 〔 brɪdʒ 〕 *n.* 橋

* **brief**[2] 〔 brif 〕 *adj.* 簡短的

 briefcase[5] 〔'brif,kes 〕 *n.* 公事包

‡ **bright**[1] 〔 braɪt 〕 *adj.* 明亮的

* **brilliant**[3] 〔'brɪljənt 〕 *adj.* 燦爛的

‡‡ **bring**[1] 〔 brɪŋ 〕 *v.* 帶來

 brink[6] 〔 brɪŋk 〕 *n.* 邊緣

 brisk[6] 〔 brɪsk 〕 *adj.* 輕快的；涼爽的

‡ **broad**[2] 〔 brɔd 〕 *adj.* 寬的

‡ **broadcast**[2] 〔'brɔd,kæst 〕 *v.* 廣播；播送

 broaden[5] 〔'brɔdn̩ 〕 *v.* 加寬；拓展

 brochure[6] 〔 bro'ʃur 〕 *n.* 小冊子

 broil[4] 〔 brɔɪl 〕 *v.* 烤

* **broke**[4] 〔 brok 〕 *adj.* 沒錢的；破產的

 bronze[5] 〔 branz 〕 *n.* 青銅

 brooch[5] 〔 brotʃ 〕 *n.* 胸針

 brood[5] 〔 brud 〕 *v.* 沉思

* **brook**[3] 〔 bruk 〕 *n.* 小溪

* **broom**[3] 〔 brum 〕 *n.* 掃帚

 broth[5] 〔 brɔθ 〕 *n.* 湯汁

** **brother**[1] 〔'brʌðɚ 〕 *n.* 兄弟

 brotherhood[5] 〔'brʌðɚ͵hud 〕 *n.* 兄弟關係

* **brow**[3] 〔 brau 〕 *n.* 眉毛 (= *eyebrow*)

** **brown**[1] 〔 braun 〕 *adj.* 棕色的

* **browse**[5] 〔 brauz 〕 *v.* 瀏覽

 bruise[5] 〔 bruz 〕 *n.* 瘀傷

* **brunch**[2] 〔 brʌntʃ 〕 *n.* 早午餐

** **brush**[2] 〔 brʌʃ 〕 *n.* 刷子

* **brutal**[4] 〔'brutl̩ 〕 *adj.* 殘忍的

 brute[6] 〔 brut 〕 *n.* 可惡的傢伙

* **bubble**[3] 〔'bʌbl̩ 〕 *n.* 泡泡

** **bucket**[3] 〔'bʌkɪt 〕 *n.* 水桶 (= *pail*)

 buckle[6] 〔'bʌkl̩ 〕 *n.* 扣環　*v.* 用扣環扣住

B

* **bud**³ ﹝ bʌd ﹞ *n.* 芽；花蕾

* **budget**³ ﹝'bʌdʒɪt ﹞ *n.* 預算

* **buffalo**³ ﹝'bʌfḷo ﹞ *n.* 水牛

** **buffet**³ ﹝ bʌ'fe ﹞ *n.* 自助餐

** **bug**¹ ﹝ bʌg ﹞ *n.* 小蟲 *v.* 竊聽

** **build**¹ ﹝ bɪld ﹞ *v.* 建造

** **building**¹ ﹝'bɪldɪŋ ﹞ *n.* 建築物

* **bulb**³ ﹝ bʌlb ﹞ *n.* 燈泡；球根

  bulge⁴ ﹝ bʌldʒ ﹞ *v.* 鼓起；裝滿

  bulk⁵ ﹝ bʌlk ﹞ *n.* 大部分

  bulky⁶ ﹝'bʌlkɪ ﹞ *adj.* 龐大的

* **bull**³ ﹝ bʊl ﹞ *n.* 公牛

* **bullet**³ ﹝'bʊlɪt ﹞ *n.* 子彈

* **bulletin**⁴ ﹝'bʊlətɪn ﹞ *n.* 佈告

  bully⁵ ﹝'bʊlɪ ﹞ *v.* 欺負

* **bump**³ ﹝ bʌmp ﹞ *v.* 撞上

** **bun**² ﹝ bʌn ﹞ *n.* 小圓麵包

* **bunch**³ ﹝ bʌntʃ ﹞ *n.* (水果的) 串；(花) 束

** **bundle**² ﹝'bʌndḷ ﹞ *n.* 一大堆

* **burden**³ ﹝'bɝdṇ ﹞ *n.* 負擔

B

* **bureau**[5] ('bjʊro) *n.* 局

　bureaucracy[6] (bjʊ'rɑkrəsɪ) *n.* 官僚作風

** **burger**[2] ('bɜgə) *n.* 漢堡 (= *hamburger*)

* **burglar**[3] ('bɜglə) *n.* 竊賊

** **burial**[6] ('bɛrɪəl) *n.* 埋葬

* **burn**[2] (bɜn) *v.* 燃燒

* **burst**[2] (bɜst) *v.* 爆破

* **bury**[3] ('bɛrɪ) *v.* 埋；埋藏

** **bus**[1] (bʌs) *n.* 公車

* **bush**[3] (bʊʃ) *n.* 灌木叢

** **business**[2] ('bɪznɪs) *n.* 生意

** **busy**[1] ('bɪzɪ) *adj.* 忙碌的

** **but**[1] (bʌt) *conj.* 但是

　butcher[5] ('bʊtʃə) *n.* 屠夫

** **butter**[1] ('bʌtə) *n.* 奶油

* **butterfly**[1] ('bʌtə‚flaɪ) *n.* 蝴蝶

* **button**[2] ('bʌtn̩) *n.* 按鈕；鈕扣

** **buy**[1] (baɪ) *v.* 買

* **buzz**[3] (bʌz) *v.* 發出嗡嗡聲

** **by**[1] (baɪ) *prep.* 藉由；搭乘

　byte[6] (baɪt) *n.* 位元組

C c

\#**cabbage**[2] 〔'kæbɪdʒ〕 *n.* 甘藍菜

***cabin**[3] 〔'kæbɪn〕 *n.* 小木屋

***cabinet**[4] 〔'kæbənɪt〕 *n.* 櫥櫃

\#**cable**[2] 〔'kebḷ〕 *n.* 電纜;鋼索

cactus[5] 〔'kæktəs〕 *n.* 仙人掌

***cafe**[2] 〔kə'fe〕 *n.* 咖啡店 (= *café*)

\#**cafeteria**[2] 〔ˌkæfə'tɪrɪə〕 *n.* 自助餐廳

caffeine[6] 〔'kæfiɪn〕 *n.* 咖啡因

\#**cage**[1] 〔kedʒ〕 *n.* 籠子

\#**cake**[1] 〔kek〕 *n.* 蛋糕

calcium[6] 〔'kælsɪəm〕 *n.* 鈣

***calculate**[4] 〔'kælkjəˌlet〕 *v.* 計算

***calculation**[4] 〔ˌkælkjə'leʃən〕 *n.* 計算

***calculator**[4] 〔'kælkjəˌletɚ〕 *n.* 計算機

\#**calendar**[2] 〔'kæləndɚ〕 *n.* 日曆

calf[5] 〔kæf, kɑf〕 *n.* 小牛【注意發音】

\#**call**[1] 〔kɔl〕 *v.* 叫

calligraphy[5] 〔kə'lɪgrəfɪ〕 *n.* 書法

\#**calm**[2] 〔kɑm〕 *adj.* 冷靜的

C

calorie[4] ('kælərɪ) *n.* 卡路里 (= *calory*)

***camel**[1] ('kæml) *n.* 駱駝

‡**camera**[1] ('kæmərə) *n.* 照相機;攝影機

‡**camp**[1] (kæmp) *v.* 露營

***campaign**[4] (kæm'pen) *n.* 活動

***campus**[3] ('kæmpəs) *n.* 校園

‡**can**[1] (kæn) *aux.* 能夠

canal[5] (kə'næl) *n.* 運河

canary[5] (kə'nɛrɪ) *n.* 金絲雀

***cancel**[2] ('kænsl) *v.* 取消

***cancer**[2] ('kænsə) *n.* 癌症

***candidate**[4] ('kændə,det) *n.* 候選人

‡**candle**[2] ('kændl) *n.* 蠟燭

‡**candy**[1] ('kændɪ) *n.* 糖果

***cane**[3] (ken) *n.* 籐條;手杖

cannon[5] ('kænən) *n.* 大砲

***canoe**[3] (kə'nu) *n.* 獨木舟

canvas[6] ('kænvəs) *n.* 帆布

***canyon**[3] ('kænjən) *n.* 峽谷

‡**cap**[1] (kæp) *n.* (無邊的) 帽子

capability[6] 〔ˌkepəˈbɪlətɪ〕 *n.* 才能

* **capable**[3] 〔ˈkepəbḷ〕 *adj.* 能夠的

* **capacity**[4] 〔kəˈpæsətɪ〕 *n.* 容量

* **cape**[4] 〔kep〕 *n.* 披風

* **capital**[3,4] 〔ˈkæpətḷ〕 *n.* 首都；資本

* **capitalism**[4] 〔ˈkæpətḷˌɪzəm〕 *n.* 資本主義

  capitalist[4] 〔ˈkæpətḷɪst〕 *n.* 資本家

  capsule[6] 〔ˈkæpsḷ〕 *n.* 膠囊

‡ **captain**[2] 〔ˈkæptən〕 *n.* 船長

  caption[6] 〔ˈkæpʃən〕 *n.* 標題；(照片的) 說明

  captive[6] 〔ˈkæptɪv〕 *n.* 俘虜

  captivity[6] 〔kæpˈtɪvətɪ〕 *n.* 囚禁

* **capture**[3] 〔ˈkæptʃɚ〕 *v.* 抓住

‡‡‡ **car**[1] 〔kɑr〕 *n.* 汽車

  carbohydrate[6] 〔ˌkɑrboˈhaɪdret〕 *n.* 碳水
  化合物

  carbon[5] 〔ˈkɑrbən〕 *n.* 碳

‡‡ **card**[1] 〔kɑrd〕 *n.* 卡片

  cardboard[5] 〔ˈkɑrdˌbord〕 *n.* 厚紙板

‡‡‡ **care**[1] 〔kɛr〕 *v.* 在乎

* **career**[4] 〔kəˈrɪr〕 *n.* 職業

carefree[5] 〔'kɛr,fri 〕 *adj.* 無憂無慮的

‡careful[1] 〔'kɛrfəl 〕 *adj.* 小心的

caress[6] 〔kə'rɛs 〕 *v.* 撫摸

caretaker[5] 〔'kɛr,tekɚ 〕 *n.* 照顧者

* **cargo**[4] 〔'kargo 〕 *n.* 貨物

carnation[5] 〔kar'neʃən 〕 *n.* 康乃馨

carnival[5] 〔'karnəvl 〕 *n.* 嘉年華會

carol[6] 〔'kærəl 〕 *n.* 耶誕頌歌

carp[5] 〔karp 〕 *n.* 鯉魚

* **carpenter**[3] 〔'karpəntɚ 〕 *n.* 木匠

* **carpet**[2] 〔'karpɪt 〕 *n.* 地毯

* **carriage**[3] 〔'kærɪdʒ 〕 *n.* 四輪馬車

carrier[4] 〔'kærɪɚ 〕 *n.* 帶菌者

* **carrot**[2] 〔'kærət 〕 *n.* 胡蘿蔔

‡carry[1] 〔'kærɪ 〕 *v.* 攜帶;拿著

* **cart**[2] 〔kart 〕 *n.* 手推車

carton[5] 〔'kartn 〕 *n.* 紙箱;紙盒

* **cartoon**[2] 〔kar'tun 〕 *n.* 卡通

* **carve**[4] 〔karv 〕 *v.* 雕刻

‡case[1] 〔kes 〕 *n.* 情況;例子

* **cash**[2] 〔kæʃ 〕 *n.* 現金

C

cashier[6] 〔kæ'ʃɪr〕 *n.* 出納員

cassette[2] 〔kæ'sɛt〕 *n.* 卡式錄音帶

cast[3] 〔kæst〕 *v.* 投擲

castle[2] 〔'kæsl̩〕 *n.* 城堡

casual[3] 〔'kæʒʊəl〕 *adj.* 非正式的

casualty[6] 〔'kæʒʊəltɪ〕 *n.* 死傷（者）

cat[1] 〔kæt〕 *n.* 貓

catalogue[4] 〔'kætl̩ˌɔg〕 *n.* 目錄（= *catalog*）

catastrophe[6] 〔kə'tæstrəfɪ〕 *n.* 大災難

catch[1] 〔kætʃ〕 *v.* 抓住；吸引（注意）

category[5] 〔'kætəˌgorɪ〕 *n.* 範疇；類別

cater[6] 〔'ketɚ〕 *v.* 迎合

caterpillar[3] 〔'kætɚˌpɪlɚ〕 *n.* 毛毛蟲

cathedral[5] 〔kə'θidrəl〕 *n.* 大教堂

cattle[3] 〔'kætl̩〕 *n.* 牛

cause[1] 〔kɔz〕 *n.* 原因 *v.* 造成

caution[5] 〔'kɔʃən〕 *n.* 小心；謹慎

cautious[5] 〔'kɔʃəs〕 *adj.* 小心的；謹慎的

cavalry[6] 〔'kævl̩rɪ〕 *n.* 騎兵

cave[2] 〔kev〕 *n.* 洞穴

cavity[6] 〔'kævətɪ〕 *n.* 蛀牙

*CD⁴ *n.* 雷射唱片 (= *compact disk*)

*cease⁴ 〔 sis 〕 *v.* 停止

‡ceiling² 〔'silɪŋ 〕 *n.* 天花板

‡celebrate³ 〔'sɛlə,bret 〕 *v.* 慶祝

*celebration⁴ 〔,sɛlə'breʃən 〕 *n.* 慶祝活動

celebrity⁵ 〔 sə'lɛbrətɪ 〕 *n.* 名人

celery⁵ 〔'sɛlərɪ 〕 *n.* 芹菜

*cell² 〔 sɛl 〕 *n.* 細胞

‡cell phone⁵ *n.* 手機 (= *cellular phone*)

cellar⁵ 〔'sɛlɚ 〕 *n.* 地窖

cello⁵ 〔'tʃɛlo 〕 *n.* 大提琴

*cement⁴ 〔 sə'mɛnt 〕 *n.* 水泥

cemetery⁶ 〔'sɛmə,tɛrɪ 〕 *n.* 墓地

‡cent¹ 〔 sɛnt 〕 *n.* 分

‡center¹ 〔'sɛntɚ 〕 *n.* 中心 (= *centre* 【英式用法】)

centigrade⁵ 〔'sɛntə,gred 〕 *adj.* 攝氏的

‡centimeter³ 〔'sɛntə,mitɚ 〕 *n.* 公分

　　(= *centimetre* 【英式用法】)

‡central² 〔'sɛntrəl 〕 *adj.* 中央的

*century² 〔'sɛntʃərɪ 〕 *n.* 世紀

ceramic[3] ﹝ səˈræmɪk ﹞ *adj.* 陶器的

‡cereal[2] ﹝ˈsɪrɪəl﹞ *n.* 穀類

* **ceremony**[5] ﹝ˈsɛrəˌmonɪ﹞ *n.* 典禮

‡certain[1] ﹝ˈsɝtn̩﹞ *adj.* 確定的

certainty[6] ﹝ˈsɝtn̩tɪ﹞ *n.* 確信；把握

certificate[5] ﹝ səˈtɪfəkɪt ﹞ *n.* 證書

certify[6] ﹝ˈsɝtəˌfaɪ﹞ *v.* 證明

* **chain**[3] ﹝ tʃen ﹞ *n.* 鏈子

‡chair[1] ﹝ tʃɛr ﹞ *n.* 椅子

chairman[5] ﹝ˈtʃɛrmən﹞ *n.* 主席

chairperson[5] ﹝ˈtʃɛrˌpɝsn̩﹞ *n.* 主席

chairwoman[5] ﹝ˈtʃɛrˌwumən﹞ *n.* 女主席

‡chalk[2] ﹝ tʃɔk ﹞ *n.* 粉筆

* **challenge**[3] ﹝ˈtʃælɪndʒ﹞ *n.* 挑戰

* **chamber**[4] ﹝ˈtʃembɚ﹞ *n.* 房間

champagne[6] ﹝ ʃæmˈpen ﹞ *n.* 香檳

* **champion**[3] ﹝ˈtʃæmpɪən﹞ *n.* 冠軍

* **championship**[4] ﹝ˈtʃæmpɪənˌʃɪp﹞ *n.* 冠軍資格

‡chance[1] ﹝ tʃæns ﹞ *n.* 機會

‡change[2] ﹝ tʃendʒ ﹞ *v.* 改變

* **changeable**³ 〔'tʃendʒəbḷ〕 adj. 可改變的

* **channel**³ 〔'tʃænḷ〕 n. 頻道；海峽

chant⁵ 〔tʃænt〕 v. 吟唱

chaos⁶ 〔'keas〕 n. 混亂

chapter³ 〔'tʃæptɚ〕 n. 章

* **character**² 〔'kærɪktɚ〕 n. 性格

* **characteristic**⁴ 〔ˌkærɪktə'rɪstɪk〕 n. 特性

characterize⁶ 〔'kærɪktəˌraɪz〕 v. 以…為
  特色

charcoal⁶ 〔'tʃarˌkol〕 n. 木炭

* **charge**² 〔tʃardʒ〕 v. 收費；控告

chariot⁶ 〔'tʃærɪət〕 n. 兩輪戰車

charitable⁶ 〔'tʃærətəbḷ〕 adj. 慈善的

* **charity**⁴ 〔'tʃærətɪ〕 n. 慈善機構

* **charm**³ 〔tʃarm〕 n. 魅力

* **chart**¹ 〔tʃart〕 n. 圖表

* **chase**¹ 〔tʃes〕 v. 追趕

* **chat**³ 〔tʃæt〕 v. 聊天

chatter⁵ 〔'tʃætɚ〕 v. 喋喋不休

* **cheap**² 〔tʃip〕 adj. 便宜的

‡‡**cheat**[2] (tʃit) v. 欺騙；作弊

‡‡**check**[1] (tʃɛk) v. 檢查 n. 支票

  checkbook[5] ('tʃɛk,buk) n. 支票簿

  check-in[5] ('tʃɛk,ɪn) n. 登記住宿

  check-out[5] ('tʃɛk,aut) n. 結帳退房

  checkup[5] ('tʃɛk,ʌp) n. 健康檢查

* **cheek**[3] (tʃik) n. 臉頰

‡**cheer**[3] (tʃɪr) v. 使振作

* **cheerful**[3] ('tʃɪrfəl) adj. 愉快的

‡**cheese**[3] (tʃiz) n. 起司

  chef[5] (ʃɛf) n. 主廚

* **chemical**[2] ('kɛmɪkḷ) n. 化學物質 adj. 化學的

  chemist[5] ('kɛmɪst) n. 化學家

‡**chemistry**[4] ('kɛmɪstrɪ) n. 化學

* **cherish**[4] ('tʃɛrɪʃ) v. 珍惜

* **cherry**[3] ('tʃɛrɪ) n. 櫻桃

‡**chess**[2] (tʃɛs) n. 西洋棋

* **chest**[3] (tʃɛst) n. 胸部

  chestnut[5] ('tʃɛsnət) n. 栗子

* **chew**[3] (tʃu) v. 嚼

* **chick**[1] ﹝ tʃɪk ﹞ *n.* 小雞

* **chicken**[1] ﹝'tʃɪkən﹞ *n.* 雞;雞肉

* **chief**[1] ﹝ tʃif ﹞ *adj.* 主要的 *n.* 首長

* **child**[1] ﹝ tʃaɪld ﹞ *n.* 小孩

* **childhood**[3] ﹝'tʃaɪld,hʊd ﹞ *n.* 童年

* **childish**[2] ﹝'tʃaɪldɪʃ ﹞ *adj.* 幼稚的

* **childlike**[2] ﹝'tʃaɪld,laɪk ﹞ *adj.* 純真的

 chili[5] ﹝'tʃɪlɪ ﹞ *n.* 紅番椒

 chill[3] ﹝ tʃɪl ﹞ *n.* 寒冷

* **chilly**[3] ﹝'tʃɪlɪ ﹞ *adj.* 寒冷的

* **chimney**[3] ﹝'tʃɪmnɪ ﹞ *n.* 煙囪

 chimpanzee[5] ﹝,tʃɪmpæn'zi ﹞ *n.* 黑猩猩

* **chin**[2] ﹝ tʃɪn ﹞ *n.* 下巴

* **chip**[3] ﹝ tʃɪp ﹞ *n.* 薄片;晶片

* **chirp**[3] ﹝ tʃɝp ﹞ *v.* 發出啁啾聲

* **chocolate**[2] ﹝'tʃɔkəlɪt ﹞ *n.* 巧克力 *adj.* 巧克力的

* **choice**[2] ﹝ tʃɔɪs ﹞ *n.* 選擇

 choir[5] ﹝ kwaɪr ﹞ *n.* 唱詩班【注意發音】

* **choke**[3] ﹝ tʃok ﹞ *v.* 使窒息;噎住

 cholesterol[6] ﹝ kə'lɛstə,rol ﹞ *n.* 膽固醇

＊choose² 〔 tʃuz 〕 v. 選擇

＊chop³ 〔 tʃap 〕 v. 砍；剁碎

＊chopsticks² 〔'tʃap,stɪks 〕 n. pl. 筷子

chord⁵ 〔 kɔrd 〕 n. 和弦

＊chore⁴ 〔 tʃor 〕 n. 雜事

＊chorus⁴ 〔'korəs 〕 n. 合唱團

＊Christmas¹ 〔'krɪsməs 〕 n. 聖誕節 (= Xmas)

chronic⁶ 〔'kranɪk 〕 adj. 慢性的

＊chubby⁵ 〔'tʃʌbɪ 〕 adj. 圓胖的

chuckle⁶ 〔'tʃʌkḷ 〕 v. 咯咯地笑

chunk⁶ 〔 tʃʌŋk 〕 n. 厚塊

＊church¹ 〔 tʃɝtʃ 〕 n. 教堂

cigar⁴ 〔 sɪ'gɑr 〕 n. 雪茄

＊cigarette³ 〔'sɪgə,rɛt 〕 n. 香煙

＊cinema⁴ 〔'sɪnəmə 〕 n. 電影 (= movie)

＊circle² 〔'sɝkḷ 〕 n. 圓圈

circuit⁵ 〔'sɝkɪt 〕 n. 電路

＊circular⁴ 〔'sɝkjələ 〕 adj. 圓的

＊circulate⁴ 〔'sɝkjə,let 〕 v. 循環

＊circulation⁴ 〔,sɝkjə'leʃən 〕 n. 循環

＊circumstance⁴ 〔'sɝkəm,stæns 〕 n. 情況

* **circus**[3] ('sɝkəs) *n.* 馬戲團

  cite[5] (saɪt) *v.* 引用

* **citizen**[2] ('sɪtəzn̩) *n.* 公民

** **city**[1] ('sɪtɪ) *n.* 都市

  civic[5] ('sɪvɪk) *adj.* 公民的

  civil[3] ('sɪvl̩) *adj.* 公民的

  civilian[4] (sə'vɪljən) *n.* 平民

* **civilization**[4] (ˌsɪvl̩aɪ'zeʃən) *n.* 文明

  civilize[6] ('sɪvl̩ˌaɪz) *v.* 教化

* **claim**[2] (klem) *v.* 宣稱；要求

  clam[5] (klæm) *n.* 蛤蜊

  clamp[6] (klæmp) *n.* 鉗子

  clan[5] (klæn) *n.* 家族；氏族

** **clap**[2] (klæp) *v.* 鼓掌

* **clarify**[4] ('klærəˌfaɪ) *v.* 清楚地說明

  clarity[6] ('klærətɪ) *n.* 清晰

* **clash**[4] (klæʃ) *v.* 起衝突；不相稱

  clasp[5] (klæsp) *v.* 緊握

*** **class**[1] (klæs) *n.* 班級

* **classic**[2] ('klæsɪk) *adj.* 第一流的；古典的

C

‡ **classical**[3] 〔'klæsɪkl̩〕 *adj.* 古典的

* **classification**[4] 〔͵klæsəfə'keʃən〕 *n.* 分類

* **classify**[4] 〔'klæsə͵faɪ〕 *v.* 分類

 clause[5] 〔klɔz〕 *n.* 子句

* **claw**[2] 〔klɔ〕 *n.* 爪

* **clay**[2] 〔kle〕 *n.* 黏土

‡ **clean**[1] 〔klin〕 *adj.* 乾淨的

 cleaner[2] 〔'klinɚ〕 *n.* 清潔工；乾洗店

 cleanse[6] 〔klɛnz〕 *v.* 使清潔【注意發音】

‡ **clear**[1] 〔klɪr〕 *adj.* 清楚的；清澈的

 clearance[6] 〔'klɪrəns〕 *n.* 清理

 clench[6] 〔klɛntʃ〕 *v.* 握緊

‡ **clerk**[2] 〔klɝk〕 *n.* 店員；職員

‡ **clever**[2] 〔'klɛvɚ〕 *adj.* 聰明的

* **click**[3] 〔klɪk〕 *n.* 喀嗒聲

* **client**[3] 〔'klaɪənt〕 *n.* 客戶

* **cliff**[4] 〔klɪf〕 *n.* 懸崖

‡ **climate**[2] 〔'klaɪmɪt〕 *n.* 氣候

* **climax**[4] 〔'klaɪmæks〕 *n.* 高潮

‡ **climb**[1] 〔klaɪm〕 *v.* 爬；攀登

C

cling⁵ 〔 klɪŋ 〕 v. 黏住；緊抓住

* **clinic**³ 〔 'klɪnɪk 〕 n. 診所

clinical⁶ 〔 'klɪnɪkḷ 〕 adj. 臨床的

* **clip**³ 〔 klɪp 〕 v. 修剪

** **clock**¹ 〔 klɑk 〕 n. 時鐘

clockwise⁵ 〔 'klɑk,waɪz 〕 adv. 順時針方向地

clone⁶ 〔 klon 〕 n. 複製的生物　v. 複製

** **close**¹ 〔 kloz 〕 v. 關上　〔 klos 〕 adj. 接近的

* **closet**² 〔 'klɑzɪt 〕 n. 衣櫥

closure⁶ 〔 'kloʒɚ 〕 n. 關閉；終止

* **cloth**² 〔 klɔθ 〕 n. 布

* **clothe**² 〔 kloð 〕 v. 穿衣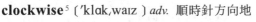

** **clothes**² 〔 kloz 〕 n. pl. 衣服

* **clothing**² 〔 'kloðɪŋ 〕 n. 衣服【集合名詞】

** **cloud**¹ 〔 klaʊd 〕 n. 雲

** **cloudy**² 〔 'klaʊdɪ 〕 adj. 多雲的

clover⁵ 〔 'klovɚ 〕 n. 苜蓿；三葉草

* **clown**² 〔 klaʊn 〕 n. 小丑

** **club**² 〔 klʌb 〕 n. 俱樂部；社團

* **clue**³ 〔 klu 〕 n. 線索

* **clumsy**⁴ 〔 'klʌmzɪ 〕 adj. 笨拙的

cluster[5] 〔'klʌstɚ〕 v. 聚集

clutch[5] 〔klʌtʃ〕 v. 緊抓　 n. 離合器

*‡*coach**[2] 〔kotʃ〕 n. 教練

***coal**[2] 〔kol〕 n. 煤

***coarse**[4] 〔kors〕 adj. 粗糙的

*‡*coast**[1] 〔kost〕 n. 海岸

coastline[5] 〔'kost,laɪn〕 n. 海岸線

*‡‡*coat**[1] 〔kot〕 n. 外套；大衣

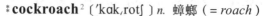

***cock**[2] 〔kak〕 n. 公雞

*‡*cockroach**[2] 〔'kak,rotʃ〕 n. 蟑螂 (= *roach*)

***cocktail**[3] 〔'kak,tel〕 n. 雞尾酒

***coconut**[3] 〔'kokənət〕 n. 椰子

cocoon[5] 〔kə'kun〕 n. 繭

***code**[4] 〔kod〕 n. 密碼

*‡‡*coffee**[1] 〔'kɔfɪ〕 n. 咖啡

coffin[6] 〔'kɔfɪn〕 n. 棺材

coherent[6] 〔ko'hɪrənt〕 adj. 有條理的；
　前後一致的

coil[5] 〔kɔɪl〕 n. 捲；圈

***coin**[2] 〔kɔɪn〕 n. 硬幣

coincide[6] ﹝͵koɪn'saɪd﹞ v. 與…同時發生

coincidence[6] ﹝ko'ɪnsədəns﹞ n. 巧合

***Coke**[1] ﹝kok﹞ n. 可口可樂 (= *Coca-Cola*)

cola[1] ﹝'kolə﹞ n. 可樂

***cold**[1] ﹝kold﹞ adj. 冷的

*****collapse**[4] ﹝kə'læps﹞ v. 倒塌;倒下

***collar**[3] ﹝'kalɚ﹞ n. 衣領

colleague[5] ﹝'kalig﹞ n. 同事【注意發音】

***collect**[2] ﹝kə'lɛkt﹞ v. 收集

*****collection**[3] ﹝kə'lɛkʃən﹞ n. 收集;收藏品

collective[6] ﹝kə'lɛktɪv﹞ adj. 集體的

collector[6] ﹝kə'lɛktɚ﹞ n. 收藏家

***college**[3] ﹝'kalɪdʒ﹞ n. 大學;學院

collide[6] ﹝kə'laɪd﹞ v. 相撞

collision[6] ﹝kə'lɪʒən﹞ n. 相撞

colloquial[6] ﹝kə'lokwɪəl﹞ adj. 口語的

colonel[5] ﹝'kɝnḷ﹞ n. 上校

colonial[5] ﹝kə'lonɪəl﹞ adj. 殖民地的

***colony**[3] ﹝'kalənɪ﹞ n. 殖民地

*****color**[1] ﹝'kʌlɚ﹞ n. 顏色

colorful[2] (ˈkʌləfəl) *adj.* 多彩多姿的
(= *colourful*【英式用法】)

* **column**[3] (ˈkɑləm) *n.* 專欄;圓柱

* **columnist**[6] (ˈkɑləmnɪst) *n.* 專欄作家

* **comb**[2] (kom) *n.* 梳子

  combat[5] (ˈkɑmbæt) *v.* 與…戰鬥

* **combination**[4] (ˌkɑmbəˈneʃən) *n.* 結合

* **combine**[3] (kəmˈbaɪn) *v.* 結合

* **come**[1] (kʌm) *v.* 來

  comedian[5] (kəˈmidɪən) *n.* 喜劇演員

* **comedy**[4] (ˈkɑmədɪ) *n.* 喜劇

  comet[5] (ˈkɑmɪt) *n.* 彗星

* **comfort**[3] (ˈkʌmfət) *n.* 舒適 *v.* 安慰

* **comfortable**[2] (ˈkʌmfətəbḷ) *adj.* 舒適的;舒服的

* **comic**[4] (ˈkɑmɪk) *n.* 漫畫

* **comma**[3] (ˈkɑmə) *n.* 逗點

* **command**[3] (kəˈmænd) *v.* 命令

* **commander**[4] (kəˈmændɚ) *n.* 指揮官

  commemorate[6] (kəˈmɛməˌret) *v.* 紀念

  commence[6] (kəˈmɛns) *v.* 開始

* **comment**[4] (ˈkɑmɛnt) *n.* 評論

commentary[6] ('kamən,tɛrɪ) n. 評論

commentator[5] ('kamən,tetɚ) n. 評論家

*** commerce**[4] ('kamɝs) n. 商業

*** commercial**[3] (kə'mɝʃəl) adj. 商業的
  n. (電視、廣播的) 商業廣告

commission[5] (kə'mɪʃən) n. 佣金

*** commit**[4] (kə'mɪt) v. 犯 (罪)

commitment[6] (kə'mɪtmənt) n. 承諾

*** committee**[3] (kə'mɪtɪ) n. 委員會

commodity[5] (kə'madətɪ) n. 商品

***** common**[1] ('kamən) adj. 常見的

commonplace[5] ('kamən,ples) n. 老生常談

*** communicate**[3] (kə'mjunə,ket) v. 溝通；聯繫

*** communication**[4] (kə,mjunə'keʃən) n.

  溝通；通訊

communicative[6] (kə'mjunə,ketɪv) adj. 溝通的

communism[5] ('kamju,nɪzəm) n. 共產主義

communist[5] ('kamju,nɪst) n. 共產主義者

*** community**[4] (kə'mjunətɪ) n. 社區

commute[5] (kə'mjut) v. 通勤

commuter[5] 〔 kə'mjutə 〕 *n.* 通勤者

compact[5] 〔 kəm'pækt 〕 *adj.* 小型的

***companion**[4] 〔 kəm'pænjən 〕 *n.* 同伴；朋友

companionship[6] 〔 kəm'pænjən‚ʃɪp 〕 *n.* 友誼

****company**[2] 〔 'kʌmpənɪ 〕 *n.* 公司

comparable[6] 〔 'kampərəbḷ 〕 *adj.* 可比較的

comparative[6] 〔 kəm'pærətɪv 〕 *adj.* 比較的

****compare**[2] 〔 kəm'pɛr 〕 *v.* 比較；比喻

***comparison**[3] 〔 kəm'pærəsṇ 〕 *n.* 比較

compass[5] 〔 'kʌmpəs 〕 *n.* 羅盤；指南針

compassion[5] 〔 kəm'pæʃən 〕 *n.* 同情

compassionate[5] 〔 kəm'pæʃənɪt 〕 *adj.* 同情的

compatible[6] 〔 kəm'pætəbḷ 〕 *adj.* 相容的；
合得來的

compel[5] 〔 kəm'pɛl 〕 *v.* 強迫 (= *force*)

compensate[6] 〔 'kampən‚set 〕 *v.* 補償

compensation[6] 〔‚kampən'seʃən 〕 *n.* 補償

***compete**[3] 〔 kəm'pit 〕 *v.* 競爭

competence[6] 〔 'kampətəns 〕 *n.* 能力

competent[6] 〔 'kampətənt 〕 *adj.* 能幹的

***competition**[4] 〔‚kampə'tɪʃən 〕 *n.* 競爭

*competitive[4] ﹝ kəm'pɛtətɪv ﹞ adj. 競爭的；
   競爭激烈的

*competitor[4] ﹝ kəm'pɛtətə ﹞ n. 競爭者

compile[6] ﹝ kəm'paɪl ﹞ v. 編輯；收集

*complain[2] ﹝ kəm'plen ﹞ v. 抱怨

*complaint[3] ﹝ kəm'plent ﹞ n. 抱怨

complement[6] ﹝'kamplə,mɛnt ﹞ v. 補充；
   與…相配 ﹝'kampləmənt ﹞ n.

*complete[2] ﹝ kəm'plit ﹞ adj. 完整的　v. 完成

*complex[3] ﹝ kəm'plɛks , 'kamplɛks ﹞ adj. 複雜的

complexion[6] ﹝ kəm'plɛkʃən ﹞ n. 膚色

complexity[6] ﹝ kəm'plɛksətɪ ﹞ n. 複雜

*complicate[4] ﹝'kamplə,ket ﹞ v. 使複雜

complication[6] ﹝,kamplə'keʃən ﹞ n. 複雜

*compliment[5] ﹝'kampləmənt ﹞ n. 稱讚
   ﹝'kamplə,mɛnt ﹞ v.

component[6] ﹝ kəm'ponənt ﹞ n. 成分

*compose[4] ﹝ kəm'poz ﹞ v. 組成；作曲

*composer[4] ﹝ kəm'pozə ﹞ n. 作曲家

*composition[4] ﹝,kampə'zɪʃən ﹞ n. 作文

compound[5] ('kampaʊnd) *n.* 化合物

comprehend[5] (,kamprɪ'hɛnd) *v.* 理解

comprehension[5] (,kamprɪ'hɛnʃən) *n.* 理解力

comprehensive[6] (,kamprɪ'hɛnsɪv) *adj.* 全面的

comprise[6] (kəm'praɪz) *v.* 組成；包含

compromise[5] ('kamprə,maɪz) *v.* 妥協

__compute__[5] (kəm'pjut) *v.* 計算

__computer__[2] (kəm'pjutɚ) *n.* 電腦

computerize[5] (kəm'pjutɚ,raɪz) *v.* 使電腦化

comrade[5] ('kamræd) *n.* 同志；夥伴

conceal[5] (kən'sil) *v.* 隱藏

concede[6] (kən'sid) *v.* 承認

conceit[6] (kən'sit) *n.* 自負

conceive[5] (kən'siv) *v.* 想像；認爲

__concentrate__[4] ('kansṇ,tret) *v.* 專心；集中

__concentration__[4] (,kansṇ'treʃən) *n.* 專心；集中

__concept__[4] ('kansɛpt) *n.* 觀念

conception[6] (kən'sɛpʃən) *n.* 觀念

__concern__[3] (kən'sɝn) *n.* 關心

__concerning__[4] (kən'sɝnɪŋ) *prep.* 關於

__concert__[3] ('kansɝt) *n.* 音樂會

C

concession[6] (kən'sɛʃən) *n.* 讓步

concise[6] (kən'saɪs) *adj.* 簡明的

* **conclude**[3] (kən'klud) *v.* 下結論；結束

* **conclusion**[3] (kən'kluʒən) *n.* 結論

* **concrete**[4] (kɑn'krit) *adj.* 具體的

condemn[5] (kən'dɛm) *v.* 譴責

condense[6] (kən'dɛns) *v.* 濃縮

* **condition**[3] (kən'dɪʃən) *n.* 情況

conduct[5] (kən'dʌkt) *v.* 進行；做

* **conductor**[4] (kən'dʌktə) *n.* 指揮

* **cone**[3] (kon) *n.* 圓錐體

confer[6] (kən'fɝ) *v.* 商量；商議

* **conference**[4] ('kɑnfərəns) *n.* 會議

* **confess**[4] (kən'fɛs) *v.* 招認

confession[5] (kən'fɛʃən) *n.* 招認；告解

* **confidence**[4] ('kɑnfədəns) *n.* 信心

* **confident**[3] ('kɑnfədənt) *adj.* 有信心的

confidential[6] (ˌkɑnfə'dɛnʃəl) *adj.* 機密的

* **confine**[4] (kən'faɪn) *v.* 限制；關閉

* **confirm**[2] (kən'fɝm) *v.* 證實；確認

* **conflict**[2] ('kɑnflɪkt) *n.* 衝突

conform[6] ﹝kənˋfɔrm﹞ v. 遵守；一致

* **confront**[5] ﹝kənˋfrʌnt﹞ v. 使面對

* **confrontation**[6] ﹝͵kɑnfrənˋteʃən﹞ n. 對立；衝突

   Confucius[2] ﹝kənˋfjuʃəs﹞ n. 孔子

‡ **confuse**[3] ﹝kənˋfjuz﹞ v. 使困惑

* **confusion**[4] ﹝kənˋfjuʒən﹞ n. 困惑

* **congratulate**[4] ﹝kənˋgrætʃə͵let﹞ v. 祝賀

‡ **congratulations**[2] ﹝kən͵grætʃəˋleʃənz﹞
   n. pl. 恭喜

* **congress**[4] ﹝ˋkɑŋgrəs﹞ n. 議會；會議

   congressman[6] ﹝ˋkɑŋgrəsmən﹞ n. 議員

* **conjunction**[4] ﹝kənˋdʒʌŋkʃən﹞ n. 連接詞

* **connect**[3] ﹝kəˋnɛkt﹞ v. 連接

* **connection**[3] ﹝kəˋnɛkʃən﹞ n. 關聯

* **conquer**[4] ﹝ˋkɑŋkɚ﹞ v. 征服

   conquest[6] ﹝ˋkɑŋkwɛst﹞ n. 征服

* **conscience**[4] ﹝ˋkɑnʃəns﹞ n. 良心

   conscientious[6] ﹝͵kɑnʃɪˋɛnʃəs﹞ adj. 有良心的；
   負責盡職的

* **conscious**[3] ﹝ˋkɑnʃəs﹞ adj. 知道的；察覺到的

C

consensus[6] 〔kənˈsɛnsəs〕 *n.* 共識

consent[5] 〔kənˈsɛnt〕 *v.* 同意

consequence[4] 〔ˈkɑnsəˌkwɛns〕 *n.* 後果

consequent[4] 〔ˈkɑnsəˌkwɛnt〕 *adj.* 接著發生的

conservation[6] 〔ˌkɑnsəˈveʃən〕 *n.* 節省;保護

conservative[4] 〔kənˈsɜvətɪv〕 *adj.* 保守的

conserve[5] 〔kənˈsɜv〕 *v.* 節省;保護

consider[2] 〔kənˈsɪdə〕 *v.* 認為;考慮

considerable[3] 〔kənˈsɪdərəbḷ〕 *adj.* 相當大的

considerate[5] 〔kənˈsɪdərɪt〕 *adj.* 體貼的

consideration[3] 〔kənˌsɪdəˈreʃən〕 *n.* 考慮

consist[4] 〔kənˈsɪst〕 *v.* 由…組成

consistent[4] 〔kənˈsɪstənt〕 *adj.* 一致的

consolation[6] 〔ˌkɑnsəˈleʃən〕 *n.* 安慰

console[5] 〔kənˈsol〕 *v.* 安慰

consonant[4] 〔ˈkɑnsənənt〕 *n.* 子音

conspiracy[6] 〔kənˈspɪrəsɪ〕 *n.* 陰謀

constant[3] 〔ˈkɑnstənt〕 *adj.* 不斷的

constituent[6] 〔kənˈstɪtʃuənt〕 *adj.* 構成的

constitute[4] 〔ˈkɑnstəˌtjut〕 *v.* 構成

* **constitution**[4] ﹝ˌkɑnstə'tjuʃən﹞ *n.* 憲法

  constitutional[5] ﹝ˌkɑnstə'tjuʃən̩﹞ *adj.* 憲法的

* **construct**[4] ﹝kən'strʌkt﹞ *v.* 建造

* **construction**[4] ﹝kən'strʌkʃən﹞ *n.* 建設

* **constructive**[4] ﹝kən'strʌktɪv﹞ *adj.* 建設性的

* **consult**[4] ﹝kən'sʌlt﹞ *v.* 查閱；請教

* **consultant**[4] ﹝kən'sʌltənt﹞ *n.* 顧問

  consultation[6] ﹝ˌkɑnsl̩'teʃən﹞ *n.* 諮詢

* **consume**[4] ﹝kən'sum, -'sjum﹞ *v.* 消耗；
  吃（喝）

* **consumer**[4] ﹝kən'sumɚ, -'sjumɚ﹞ *n.* 消費者

  consumption[6] ﹝kən'sʌmpʃən﹞ *n.* 消耗；
  吃（喝）

* **contact**[2] ﹝'kɑntækt﹞ *n.* 接觸；聯絡

  contagious[5] ﹝kən'tedʒəs﹞ *adj.* 傳染性的

* **contain**[2] ﹝kən'ten﹞ *v.* 包含

* **container**[4] ﹝kən'tenɚ﹞ *n.* 容器

  contaminate[5] ﹝kən'tæmə,net﹞ *v.* 污染

  contemplate[5] ﹝'kɑntəm,plet﹞ *v.* 沉思；仔細
  考慮

C

contemplation[6] 〔͵kɑntəm'pleʃən 〕 *n.* 沉思

contemporary[5] 〔 kən'tɛmpə͵rɛrɪ 〕 *adj.*
當代的；同時代的

contempt[5] 〔 kən'tɛmpt 〕 *n.* 輕視

contend[5] 〔 kən'tɛnd 〕 *v.* 爭奪；爭論

* **content**[4] 〔'kɑntɛnt 〕 *n.* 內容
〔 kən'tɛnt 〕 *adj.* 滿足的

contentment[4] 〔 kən'tɛntmənt 〕 *n.* 滿足

* **contest**[4] 〔'kɑntɛst 〕 *n.* 比賽

contestant[6] 〔 kən'tɛstənt 〕 *n.* 參賽者

* **context**[4] 〔'kɑntɛkst 〕 *n.* 上下文

* **continent**[3] 〔'kɑntənənt 〕 *n.* 洲；大陸

* **continental**[5] 〔͵kɑntə'nɛntḷ 〕 *adj.* 大陸的

* **continual**[4] 〔 kən'tɪnjʊəl 〕 *adj.* 連續的

** **continue**[1] 〔 kən'tɪnju 〕 *v.* 繼續

continuity[5] 〔͵kɑntə'njuətɪ 〕 *n.* 連續

* **continuous**[4] 〔 kən'tɪnjʊəs 〕 *adj.* 連續的

** **contract**[3] 〔'kɑntrækt 〕 *n.* 合約

contractor[6] 〔'kɑntræktɚ 〕 *n.* 承包商

contradict[6] 〔͵kɑntrə'dɪkt 〕 *v.* 與…矛盾

contradiction[6] (ˌkantrə'dıkʃən) *n.* 矛盾

* **contrary**[4] ('kantrɛrı) *adj.* 相反的　*n.* 正相反

* **contrast**[4] ('kantræst) *n.* 對比

* **contribute**[4] (kən'trıbjut) *v.* 貢獻

* **contribution**[4] (ˌkantrə'bjuʃən) *n.* 貢獻

* **control**[2] (kən'trol) *v. n.* 控制

controller[2] (kən'trolə) *n.* 管理者

controversial[6] (ˌkantrə'vɜʃəl) *adj.* 引起爭
論的；有爭議的

controversy[6] ('kantrəˌvɜsı) *n.* 爭論

* **convenience**[4] (kən'vinjəns) *n.* 方便

* **convenient**[2] (kən'vinjənt) *adj.* 方便的

* **convention**[4] (kən'vɛnʃən) *n.* 代表大會

* **conventional**[4] (kən'vɛnʃənl̩) *adj.* 傳統的

* **conversation**[2] (ˌkanvə'seʃən) *n.* 對話

* **converse**[4] (kən'vɜs) *v.* 談話

conversion[5] (kən'vɜʃən) *n.* 轉換

convert[5] (kən'vɜt) *v.* 改變；使改信 (宗教)

* **convey**[4] (kən've) *v.* 傳達

convict[5] (kən'vıkt) *v.* 定罪

C

conviction[6]〔kən'vɪkʃən〕n. 定罪

*convince[4] 〔kən'vɪns〕v. 使相信

‡cook[1] 〔kuk〕v. 做菜

*cooker[2] 〔'kukɚ〕n. 烹調器具

‡cookie[1] 〔'kukɪ〕n. 餅乾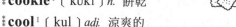

‡cool[1] 〔kul〕adj. 涼爽的

*cooperate[4] 〔ko'apə,ret〕v. 合作

*cooperation[4] 〔ko,apə'reʃən〕n. 合作

*cooperative[4] 〔ko'apə,retɪv〕adj. 合作的

coordinate[6] 〔ko'ɔrdn̩,et〕v. 使協調

*cope[4] 〔kop〕v. 處理

*copper[4] 〔'kapɚ〕n. 銅

‡copy[2] 〔'kapɪ〕v. 影印 n. 影本；複製品

copyright[5] 〔'kapɪ,raɪt〕n. 著作權

coral[5] 〔'kɔrəl〕n. 珊瑚

*cord[4] 〔kɔrd〕n. 細繩

cordial[6] 〔'kɔrdʒəl〕adj. 熱誠的

core[6] 〔kor〕n. 核心

*cork[4] 〔kɔrk〕n. 軟木塞

‡corn[1] 〔kɔrn〕n. 玉米

‡corner[2] ('kɔrnə) *n.* 角落

corporate[6] ('kɔrpərɪt) *adj.* 法人的

corporation[5] (,kɔrpə'reʃən) *n.* 公司

corps[6] (kor) *n.* 部隊；團體【注意發音】

corpse[6] (kɔrps) *n.* 屍體

‡‡correct[1] (kə'rɛkt) *adj.* 正確的

＊correspond[4] (,kɔrə'spand) *v.* 通信；符合

correspondence[5] (,kɔrə'spandəns) *n.* 通信

correspondent[6] (,kɔrə'spandənt) *n.*

通訊記者；特派員

corridor[5] ('kɔrədə) *n.* 走廊

corrupt[5] (kə'rʌpt) *adj.* 貪污的；腐敗的

corruption[6] (kə'rʌpʃən) *n.* 貪污；腐敗

cosmetic[6] (kaz'mɛtɪk) *adj.* 化妝用的；

美容用的

cosmetics[6] (kaz'mɛtɪks) *n. pl.* 化妝品

cosmopolitan[6] (,kazmə'palətṇ) *adj.*

世界性的；國際的

‡‡cost[1] (kɔst) *v.* 花費 *n.* 費用

＊costly[2] ('kɔstlɪ) *adj.* 昂貴的

C

* **costume**[4] 〔'kɑstjum 〕 *n.* 服裝

* **cottage**[4] 〔'kɑtɪdʒ 〕 *n.* 農舍

** **cotton**[2] 〔'kɑtn̩ 〕 *n.* 棉

** **couch**[3] 〔kautʃ 〕 *n.* 長沙發

** **cough**[2] 〔kɔf 〕 *n. v.* 咳嗽

* **council**[4] 〔'kaunsl̩ 〕 *n.* 議會

counsel[5] 〔'kaunsl̩ 〕 *n.* 勸告；建議

counselor[5] 〔'kaunslɚ 〕 *n.* 顧問

（ = *counsellor*【英式用法】）

** **count**[1] 〔kaunt 〕 *v.* 數；重要

* **countable**[3] 〔'kauntəbl̩ 〕 *adj.* 可數的

* **counter**[4] 〔'kauntɚ 〕 *n.* 櫃台

counterclockwise[5] 〔,kauntɚ'klɑk,waɪz 〕 *adv.* 逆時針方向地

counterpart[6] 〔'kauntɚ,pɑrt 〕 *n.* 相對應的人或物

** **country**[1] 〔'kʌntrɪ 〕 *n.* 國家

* **countryside**[2] 〔'kʌntrɪ,saɪd 〕 *n.* 鄉間

* **county**[2] 〔'kauntɪ 〕 *n.* 縣；郡

** **couple**[2] 〔'kʌpl̩ 〕 *n.* 一對男女；夫婦

coupon[5] 〔'kupɑn 〕 *n.* 折價券

‡**courage**[2] 〔'kɜɪdʒ 〕 *n.* 勇氣

***courageous**[4] 〔 kə'redʒəs 〕 *adj.* 勇敢的

‡**course**[1] 〔 kɔrs 〕 *n.* 課程

***court**[2] 〔 kort 〕 *n.* 法院；(網球) 球場

***courteous**[4] 〔'kɜtɪəs 〕 *adj.* 有禮貌的

***courtesy**[4] 〔'kɜtəsɪ 〕 *n.* 禮貌

courtyard[5] 〔'kort,jɑrd 〕 *n.* 庭院

‡**cousin**[2] 〔'kʌzn̩ 〕 *n.* 表 (堂) 兄弟姊妹

‡**cover**[1] 〔'kʌvɚ 〕 *v.* 覆蓋

coverage[6] 〔'kʌvərɪdʒ 〕 *n.* 涵蓋的範圍

covet[6] 〔'kʌvɪt 〕 *v.* 覬覦；垂涎

‡**cow**[1] 〔 kau 〕 *n.* 母牛

***coward**[3] 〔'kauəd 〕 *n.* 懦夫

cowardly[5] 〔'kauədlɪ 〕 *adj.* 膽小的

‡**cowboy**[1] 〔'kau,bɔɪ 〕 *n.* 牛仔

***cozy**[5] 〔'kozɪ 〕 *adj.* 溫暖而舒適的

‡**crab**[2] 〔 kræb 〕 *n.* 螃蟹

***crack**[4] 〔 kræk 〕 *v.* 使破裂；說 (笑話)

cracker[5] 〔'krækɚ 〕 *n.* 薄脆餅；爆竹

C

* **cradle**³ 〔'kredḷ 〕 *n.* 搖籃

* **craft**⁴ 〔 kræft 〕 *n.* 技藝；技術

* **cram**⁴ 〔 kræm 〕 *v.* 填塞

　cramp⁶ 〔 kræmp 〕 *n.* 抽筋

* **crane**² 〔 kren 〕 *n.* 起重機；鶴

* **crash**³ 〔 kræʃ 〕 *v.n.* 墜毀；撞毀

　crater⁵ 〔'kretɚ 〕 *n.* 火山口

* **crawl**³ 〔 krɔl 〕 *v.* 爬行

* **crayon**² 〔'kreən 〕 *n.* 蠟筆

‡ **crazy**² 〔'krezɪ 〕 *adj.* 瘋狂的

　creak⁵ 〔 krik 〕 *v.* 發出嘎嘎聲

‡ **cream**² 〔 krim 〕 *n.* 奶油

‡ **create**² 〔 krɪ'et 〕 *v.* 創造

* **creation**⁴ 〔 krɪ'eʃən 〕 *n.* 創造

* **creative**³ 〔 krɪ'etɪv 〕 *adj.* 有創造力的

* **creativity**⁴ 〔ˌkrie'tɪvətɪ 〕 *n.* 創造力

　creator³ 〔 krɪ'etɚ 〕 *n.* 創造者

* **creature**³ 〔'kritʃɚ 〕 *n.* 生物；動物

　credibility⁶ 〔ˌkrɛdə'bɪlətɪ 〕 *n.* 可信度

　credible⁶ 〔'krɛdəbḷ 〕 *adj.* 可信的

* **credit**³ 〔'krɛdɪt 〕 *n.* 信用

creek[5]〔krik〕*n.* 小河

* **creep**[3]〔krip〕*v.* 悄悄地前進

* **crew**[3]〔kru〕*n.* (船、飛機的) 全體工作人員

 crib[5]〔krɪb〕*n.* 嬰兒床

* **cricket**[3]〔'krɪkɪt〕*n.* 蟋蟀

** **crime**[2]〔kraɪm〕*n.* 罪

* **criminal**[3]〔'krɪmənl〕*n.* 罪犯

* **cripple**[4]〔'krɪpl〕*n.* 跛子 *v.* 使殘廢

* **crisis**[2]〔'kraɪsɪs〕*n.* 危機

* **crispy**[3]〔'krɪspɪ〕*adj.* 酥脆的

 criterion[6]〔kraɪ'tɪrɪən〕*n.* 標準

* **critic**[4]〔'krɪtɪk〕*n.* 評論家

* **critical**[4]〔'krɪtɪkl〕*adj.* 批評的；危急的

* **criticism**[4]〔'krɪtəˌsɪzəm〕*n.* 批評

* **criticize**[4]〔'krɪtəˌsaɪz〕*v.* 批評

 crocodile[5]〔'krɑkəˌdaɪl〕*n.* 鱷魚

 crook[6]〔kruk〕*n.* 彎曲；騙子

 crooked[6]〔'krukɪd〕*adj.* 彎曲的

* **crop**[2]〔krɑp〕*n.* 農作物

** **cross**[2]〔krɔs〕*v.* 越過

 crossing[5]〔'krɔsɪŋ〕*n.* 穿越處

crouch[5] 〔 krautʃ 〕 v. 蹲伏

***crow**[1,2] 〔 kro 〕 n. 烏鴉　 v. (公雞) 啼叫

****crowd**[2] 〔 kraud 〕 n. 群眾；人群

***crown**[3] 〔 kraun 〕 n. 皇冠

crucial[6] 〔 'kruʃəl 〕 adj. 非常重要的

crude[6] 〔 krud 〕 adj. 未經加工的

****cruel**[2] 〔 'kruəl 〕 adj. 殘忍的

cruelty[4] 〔 'kruəltɪ 〕 n. 殘忍

cruise[6] 〔 kruz 〕 n. 巡航；乘船遊覽

cruiser[6] 〔 'kruzɚ 〕 n. 巡洋艦

crumb[6] 〔 krʌm 〕 n. 碎屑

crumble[6] 〔 'krʌmbḷ 〕 v. 粉碎

crunch[5] 〔 krʌntʃ 〕 v. 嘎吱嘎吱地咬

***crunchy**[3] 〔 'krʌntʃɪ 〕 adj. 鬆脆的

***crush**[4] 〔 krʌʃ 〕 v. 壓扁；壓碎　 n. 迷戀

crust[6] 〔 krʌst 〕 n. 地殼

***crutch**[3] 〔 krʌtʃ 〕 n. 枴杖

*****cry**[1] 〔 kraɪ 〕 v. 哭

crystal[5] 〔 'krɪstḷ 〕 n. 水晶

***cub**[1] 〔 kʌb 〕 n. 幼獸

C

cube⁴ 〔 kjub 〕 *n.* 立方體

* **cucumber**⁴ 〔'kjukʌmbɚ 〕 *n.* 黃瓜

* **cue**⁴ 〔 kju 〕 *v.* 暗示

cuisine⁵ 〔 kwɪ'zin 〕 *n.* 菜餚

* **cultivate**⁶ 〔'kʌltə,vet 〕 *v.* 培養

* **cultural**³ 〔'kʌltʃərəl 〕 *adj.* 文化的

‡ **culture**² 〔'kʌltʃɚ 〕 *n.* 文化

cumulative⁶ 〔'kjumjə,letɪv 〕 *adj.* 累積的

* **cunning**⁴ 〔'kʌnɪŋ 〕 *adj.* 狡猾的

‡‡ **cup**¹ 〔 kʌp 〕 *n.* 杯子

* **cupboard**³ 〔'kʌbəd 〕 *n.* 碗櫥【注意發音】

curb⁵ 〔 kɝb 〕 *n.* (人行道旁的) 邊石

‡ **cure**² 〔 kjur 〕 *v.* 治療

* **curiosity**⁴ 〔,kjurɪ'asətɪ 〕 *n.* 好奇心

‡ **curious**² 〔'kjurɪəs 〕 *adj.* 好奇的

* **curl**⁴ 〔 kɝl 〕 *v.* 捲曲

currency⁵ 〔'kɝənsɪ 〕 *n.* 貨幣

‡ **current**³ 〔'kɝənt 〕 *adj.* 現在的

curriculum⁵ 〔 kə'rɪkjələm 〕 *n.* 課程

curry⁵ 〔'kɝɪ 〕 *n.* 咖哩

* **curse**⁴ 〔 kɝs 〕 *v. n.* 詛咒

D

****curtain**² 〔'kɜtṇ〕 *n.* 窗簾

***curve**⁴ 〔kɜv〕 *n.* 曲線

***cushion**⁴ 〔'kuʃən〕 *n.* 墊子

***custom**² 〔'kʌstəm〕 *n.* 習俗

　customary⁶ 〔'kʌstəmˌɛrɪ〕 *adj.* 習慣的

***customer**² 〔'kʌstəmɚ〕 *n.* 顧客

　customs⁵ 〔'kʌstəmz〕 *n.* 海關

****cut**¹ 〔kʌt〕 *v.* 切;割

****cute**¹ 〔kjut〕 *adj.* 可愛的

***cycle**³ 〔'saɪkḷ〕 *n.* 循環

D d

****dad**¹ 〔dæd〕 *n.* 爸爸 (= *daddy* = *papa* = *pa* = *pop*)

****daddy**¹ 〔'dædɪ〕 *n.* 爸爸

　daffodil⁶ 〔'dæfəˌdɪl〕 *n.* 黃水仙

***daily**² 〔'delɪ〕 *adj.* 每天的

***dairy**³ 〔'dɛrɪ〕 *n.* 酪農場

***dam**³ 〔dæm〕 *n.* 水壩

****damage**² 〔'dæmɪdʒ〕 *v.* 損害

***damn**⁴ 〔dæm〕 *v.* 詛咒

*__damp__⁴ 〔 dæmp 〕 *adj.* 潮濕的

‡‡__dance__¹ 〔 dæns 〕 *v.* 跳舞

*__dancer__¹ 〔'dænsə 〕 *n.* 舞者

__dandruff__⁶ 〔'dændrəf 〕 *n.* 頭皮屑

‡__danger__¹ 〔'dendʒə 〕 *n.* 危險

‡‡__dangerous__² 〔'dendʒərəs 〕 *adj.* 危險的

*__dare__³ 〔 dɛr 〕 *v.* 敢

‡‡__dark__¹ 〔 dark 〕 *adj.* 黑暗的

*__darling__³ 〔'darlıŋ 〕 *n.* 親愛的人

__dart__⁵ 〔 dart 〕 *n.* 飛鏢

*__dash__³ 〔 dæʃ 〕 *v.* 猛衝

*__data__² 〔'detə 〕 *n. pl.* 資料 (單數為 __datum__ 〔'detəm 〕)

‡__date__¹ 〔 det 〕 *n.* 日期；約會

‡‡__daughter__¹ 〔'dɔtə 〕 *n.* 女兒

‡‡__dawn__² 〔 dɔn 〕 *n.* 黎明

‡‡__day__¹ 〔 de 〕 *n.* 天

__daybreak__⁶ 〔'de,brek 〕 *n.* 破曉

__dazzle__⁵ 〔'dæzḷ 〕 *v.* 使目眩

‡‡__dead__¹ 〔 dɛd 〕 *adj.* 死的

*__deadline__⁴ 〔'dɛd,laın 〕 *n.* 最後期限

__deadly__⁶ 〔'dɛdlı 〕 *adj.* 致命的

****deaf**[2] 〔 dɛf 〕 *adj.* 聾的

　deafen[3] 〔'dɛfən 〕 *v.* 使聾

***deal**[1] 〔 dil 〕 *v.* 處理

　dealer[3] 〔'dilɚ 〕 *n.* 商人

****dear**[1] 〔 dɪr 〕 *adj.* 親愛的

***death**[1] 〔 dɛθ 〕 *n.* 死亡

***debate**[2] 〔 dɪ'bet 〕 *v.* 辯論

***debt**[2] 〔 dɛt 〕 *n.* 債務

***decade**[3] 〔'dɛked 〕 *n.* 十年

　decay[5] 〔 dɪ'ke 〕 *v.* 腐爛

　deceive[5] 〔 dɪ'siv 〕 *v.* 欺騙

****December**[1] 〔 dɪ'sɛmbɚ 〕 *n.* 十二月

　decent[6] 〔'disn̩t 〕 *adj.* 高尚的

****decide**[1] 〔 dɪ'saɪd 〕 *v.* 決定

***decision**[2] 〔 dɪ'sɪʒən 〕 *n.* 決定

　decisive[6] 〔 dɪ'saɪsɪv 〕 *adj.* 決定性的

***deck**[3] 〔 dɛk 〕 *n.* 甲板；一副（紙牌）

***declaration**[5] 〔 ,dɛklə'reʃən 〕 *n.* 宣言

***declare**[4] 〔 dɪ'klɛr 〕 *v.* 宣佈

　decline[6] 〔 dɪ'klaɪn 〕 *v.* 拒絕；衰退

***decorate**[2] 〔'dɛkə,ret 〕 *v.* 裝飾

* **decoration**⁴ 〔͵dɛkə'reʃən 〕 *n.* 裝飾

* **decrease**⁴ 〔 dɪ'kris 〕 *v.* 減少

　dedicate⁶ 〔'dɛdə͵ket 〕 *v.* 奉獻；使致力於

　dedication⁶ 〔͵dɛdə'keʃən 〕 *n.* 奉獻

* **deed**³ 〔 did 〕 *n.* 行為

　deem⁶ 〔 dim 〕 *v.* 認為

* **deep**¹ 〔 dip 〕 *adj.* 深的

　deepen³ 〔'dipən 〕 *v.* 加深

* **deer**¹ 〔 dɪr 〕 *n.* 鹿【單複數同形】

* **defeat**⁴ 〔 dɪ'fit 〕 *v.* 打敗

　defect⁶ 〔'difɛkt͵dɪ'fɛkt 〕 *n.* 瑕疵；缺點

* **defend**⁴ 〔 dɪ'fɛnd 〕 *v.* 保衛

* **defense**⁴ 〔 dɪ'fɛns 〕 *n.* 防禦

* **defensible**⁴ 〔 dɪ'fɛnsəbḷ 〕 *adj.* 可防禦的

* **defensive**⁴ 〔 dɪ'fɛnsɪv 〕 *adj.* 防禦的

　deficiency⁶ 〔 dɪ'fɪʃənsɪ 〕 *n.* 不足

* **define**³ 〔 dɪ'faɪn 〕 *v.* 下定義

* **definite**⁴ 〔'dɛfənɪt 〕 *adj.* 明確的

* **definition**³ 〔͵dɛfə'nɪʃən 〕 *n.* 定義

degrade[6] 〔 dɪ'gred 〕 v. 降低（地位、人格）

***degree**[2] 〔 dɪ'gri 〕 n. 程度

***delay**[2] 〔 dɪ'le 〕 v. 延遲；耽擱

delegate[5] 〔'dɛləgɪt ,'dɛlə,get 〕 n. 代表

delegation[5] 〔,dɛlə'geʃən 〕 n. 代表團

deliberate[6] 〔 dɪ'lɪbərɪt 〕 adj. 故意的

***delicate**[4] 〔'dɛləkət ,-kɪt 〕 adj. 細緻的

****delicious**[2] 〔 dɪ'lɪʃəs 〕 adj. 美味的

***delight**[4] 〔 dɪ'laɪt 〕 n. 高興

***delightful**[4] 〔 dɪ'laɪtfəl 〕 adj. 令人高興的

delinquent[6] 〔 dɪ'lɪŋkwənt 〕 n. 犯罪者

***deliver**[2] 〔 dɪ'lɪvɚ 〕 v. 遞送

***delivery**[3] 〔 dɪ'lɪvərɪ 〕 n. 遞送

***demand**[4] 〔 dɪ'mænd 〕 v. 要求

***democracy**[3] 〔 də'mɑkrəsɪ 〕 n. 民主政治

democrat[5] 〔'dɛmə,kræt 〕 n. 民主主義者

***democratic**[3] 〔,dɛmə'krætɪk 〕 adj. 民主的

***demonstrate**[4] 〔'dɛmən,stret 〕 v. 示威；示範

***demonstration**[4] 〔,dɛmən'streʃən 〕 n. 示威；示範

denial[5] 〔 dɪ'naɪəl 〕 n. 否認

denounce⁶ 〔 dɪˋnaʊns 〕 v. 譴責

***dense**⁴ 〔 dɛns 〕 adj. 濃密的

density⁶ 〔 ˋdɛnsətɪ 〕 n. 密度

dental⁶ 〔 ˋdɛntḷ 〕 adj. 牙齒的

****dentist**² 〔 ˋdɛntɪst 〕 n. 牙醫

***deny**² 〔 dɪˋnaɪ 〕 v. 否認

***depart**⁴ 〔 dɪˋpart 〕 v. 離開

****department**² 〔 dɪˋpartmənt 〕 n. 部門；系

***departure**⁴ 〔 dɪˋpartʃɚ 〕 n. 離開

****depend**² 〔 dɪˋpɛnd 〕 v. 依賴

***dependable**⁴ 〔 dɪˋpɛndəbḷ 〕 adj. 可靠的

***dependent**⁴ 〔 dɪˋpɛndənt 〕 adj. 依賴的

depict⁶ 〔 dɪˋpɪkt 〕 v. 描繪；描述

***deposit**³ 〔 dɪˋpazɪt 〕 n. 存款

***depress**⁴ 〔 dɪˋprɛs 〕 v. 使沮喪

***depression**⁴ 〔 dɪˋprɛʃən 〕 n. 沮喪；不景氣

deprive⁶ 〔 dɪˋpraɪv 〕 v. 剝奪；使喪失

***depth**² 〔 dɛpθ 〕 n. 深度

deputy⁶ 〔 ˋdɛpjətɪ 〕 adj. 副的；代理的

derive⁶ 〔 dəˋraɪv 〕 v. 源自

descend[6] ﹝ dɪ'sɛnd ﹞ v. 下降

descendant[6] ﹝ dɪ'sɛndənt ﹞ n. 子孫

descent[6] ﹝ dɪ'sɛnt ﹞ n. 下降

*﹡**describe**[2] ﹝ dɪ'skraɪb ﹞ v. 描述

D

*description**[3] ﹝ dɪ'skrɪpʃən ﹞ n. 描述

descriptive[5] ﹝ dɪ'skrɪptɪv ﹞ adj. 敘述的

*﹡**desert**[2] ﹝ 'dɛzət ﹞ n. 沙漠 ﹝ dɪ'zɜt ﹞ v. 拋棄

*deserve**[4] ﹝ dɪ'zɜv ﹞ v. 應得

*﹡**design**[2] ﹝ dɪ'zaɪn ﹞ v. n. 設計

designate[6] ﹝ 'dɛzɪg,net ﹞ v. 指定

*designer**[3] ﹝ dɪ'zaɪnə ﹞ n. 設計師

desirable[3] ﹝ dɪ'zaɪrəb! ﹞ adj. 合意的

*﹡**desire**[2] ﹝ dɪ'zaɪr ﹞ n. 慾望；渴望

*﹡**desk**[1] ﹝ dɛsk ﹞ n. 書桌

despair[5] ﹝ dɪ'spɛr ﹞ n. 絕望

***desperate**[4] ﹝ 'dɛspərɪt ﹞ adj. 絕望的；
（因絕望而）不顧一切的

despise[5] ﹝ dɪ'spaɪz ﹞ v. 輕視

*despite**[4] ﹝ dɪ'spaɪt ﹞ prep. 儘管

*﹡**dessert**[2] ﹝ dɪ'zɜt ﹞ n. 甜點

* **destination**[5] (ˌdɛstə'neʃən) n. 目的地

destined[6] ('dɛstɪnd) adj. 注定的

destiny[5] ('dɛstənɪ) n. 命運

* **destroy**[3] (dɪ'strɔɪ) v. 破壞

* **destruction**[4] (dɪ'strʌkʃən) n. 破壞

* **destructive**[5] (dɪ'strʌktɪv) adj. 破壞性的

detach[6] (dɪ'tætʃ) v. 使分離

* **detail**[3] ('ditel , dɪ'tel) n. 細節

detain[6] (dɪ'ten) v. 拘留

\# **detect**[2] (dɪ'tɛkt) v. 發現;察覺

* **detective**[4] (dɪ'tɛktɪv) n. 偵探

deter[6] (dɪ'tɝ) v. 阻礙;使打消念頭

* **detergent**[5] (dɪ'tɝdʒənt) n. 清潔劑

deteriorate[6] (dɪ'tɪrɪəˌret) v. 惡化

* **determination**[4] (dɪˌtɝmə'neʃən) n. 決心

* **determine**[3] (dɪ'tɝmɪn) v. 決定;決心

devalue[6] (di'vælju) v. 使貶值

\# **develop**[2] (dɪ'vɛləp) v. 發展;研發

* **development**[2] (dɪ'vɛləpmənt) n. 發展

* **device**[4] (dɪ'vaɪs) n. 裝置

D

* **devil**[3] ('dɛvl̩) n. 魔鬼

* **devise**[4] (dɪ'vaɪz) v. 設計；發明

* **devote**[4] (dɪ'vot) v. 使致力於

* **devotion**[5] (dɪ'voʃən) n. 致力；熱愛

  devour[5] (dɪ'vaʊr) v. 狼吞虎嚥

  dew[2] (dju) n. 露水

  diabetes[6] (‚daɪə'bitɪs) n. 糖尿病

  diagnose[6] (‚daɪəg'noz) v. 診斷

  diagnosis[6] (‚daɪəg'nosɪs) n. 診斷

  diagram[6] ('daɪə‚græm) n. 圖表

** **dial**[2] ('daɪəl) v. 撥 (號)

  dialect[5] ('daɪə‚lɛkt) n. 方言

* **dialogue**[3] ('daɪə‚lɔg) n. 對話

  diameter[6] (daɪ'æmətə) n. 直徑

** **diamond**[2] ('daɪəmənd) n. 鑽石

  diaper[4] ('daɪəpə) n. 尿布

** **diary**[2] ('daɪərɪ) n. 日記

  dictate[6] ('dɪktet) v. 聽寫

  dictation[6] (dɪk'teʃən) n. 聽寫

  dictator[6] ('dɪktetə) n. 獨裁者

‡**dictionary**[2] 〔'dɪkʃən‚ɛrɪ 〕 *n.* 字典

‡**die**[1] 〔 daɪ 〕 *v.* 死

‡**diet**[3] 〔'daɪət 〕 *n.* 飲食

***differ**[4] 〔'dɪfɚ 〕 *v.* 不同

‡**difference**[2] 〔'dɪfərəns 〕 *n.* 不同

‡**different**[1] 〔'dɪfərənt 〕 *adj.* 不同的

differentiate[6] 〔‚dɪfə'rɛnʃɪ‚et 〕 *v.* 區別

‡**difficult**[1] 〔'dɪfə‚kʌlt 〕 *adj.* 困難的

‡**difficulty**[2] 〔'dɪfə‚kʌltɪ 〕 *n.* 困難

‡**dig**[1] 〔 dɪg 〕 *v.* 挖

***digest**[4] 〔 daɪ'dʒɛst 〕 *v.* 消化 〔'daɪdʒɛst 〕 *n.* 文摘

***digestion**[4] 〔 daɪ'dʒɛstʃən 〕 *n.* 消化

***digital**[4] 〔'dɪdʒɪtl̩ 〕 *adj.* 數位的

***dignity**[4] 〔'dɪgnətɪ 〕 *n.* 尊嚴

dilemma[6] 〔 də'lɛmə 〕 *n.* 困境

***diligence**[4] 〔'dɪlədʒəns 〕 *n.* 勤勉

‡**diligent**[3] 〔'dɪlədʒənt 〕 *adj.* 勤勉的

***dim**[3] 〔 dɪm 〕 *adj.* 昏暗的

***dime**[3] 〔 daɪm 〕 *n.* 一角硬幣

dimension[6] 〔 də'mɛnʃən 〕 *n.* 尺寸；(…度) 空間

diminish[6] 〔 dəˈmɪnɪʃ 〕 *v.* 減少

* **dine**[3] 〔 daɪn 〕 *v.* 用餐

** **dinner**[1] 〔ˈdɪnɚ 〕 *n.* 晚餐

** **dinosaur**[2] 〔ˈdaɪnəˌsɔr 〕 *n.* 恐龍

* **dip**[3] 〔 dɪp 〕 *v.* 沾；浸

* **diploma**[4] 〔 dɪˈplomə 〕 *n.* 畢業證書

diplomacy[6] 〔 dɪˈploməsɪ 〕 *n.* 外交；外交手腕

** **diplomat**[4] 〔ˈdɪpləˌmæt 〕 *n.* 外交官

diplomatic[6] 〔ˌdɪpləˈmætɪk 〕 *adj.* 外交的；有外
交手腕的

** **direct**[1] 〔 dəˈrɛkt 〕 *adj.* 直接的

** **direction**[2] 〔 dəˈrɛkʃən 〕 *n.* 方向

* **director**[2] 〔 dəˈrɛktɚ 〕 *n.* 導演

directory[6] 〔 dəˈrɛktərɪ 〕 *n.* 電話簿

* **dirt**[3] 〔 dɝt 〕 *n.* 污垢

** **dirty**[1] 〔ˈdɝtɪ 〕 *adj.* 髒的

disability[6] 〔ˌdɪsəˈbɪlətɪ 〕 *n.* 無能力

disable[6] 〔 dɪsˈeblˌ 〕 *v.* 使失去能力；使殘廢

* **disadvantage**[4] 〔ˌdɪsədˈvæntɪdʒ 〕 *n.* 不利的
條件

* **disagree**[2] 〔͵dɪsə'gri 〕 v. 不同意

* **disagreement**[2] 〔͵dɪsə'grimənt 〕 n. 意見不合

* **disappear**[2] 〔͵dɪsə'pɪr 〕 v. 消失

* **disappoint**[3] 〔͵dɪsə'pɔɪnt 〕 v. 使失望

* **disappointment**[3] 〔͵dɪsə'pɔɪntmənt 〕 n. 失望

  disapprove[6] 〔͵dɪsə'pruv 〕 v. 不贊成

* **disaster**[4] 〔 dɪz'æstə 〕 n. 災難

  disastrous[6] 〔 dɪz'æstrəs 〕 adj. 悲慘的

  disbelief[5] 〔͵dɪsbə'lif 〕 n. 不信

* **discard**[5] 〔 dɪs'kɑrd 〕 v. 丟棄

  discharge[6] 〔 dɪs'tʃɑrdʒ 〕 v. 解雇

  disciple[5] 〔 dɪ'saɪpl̩ 〕 n. 弟子

  disciplinary[6] 〔'dɪsəplɪn͵ɛrɪ 〕 adj. 紀律的

* **discipline**[4] 〔'dɪsəplɪn 〕 n. 紀律；訓練

  disclose[6] 〔 dɪs'kloz 〕 v. 洩露

  disclosure[6] 〔 dɪs'kloʒə 〕 n. 洩露

* **disco**[3] 〔'dɪsko 〕 n. 迪斯可舞廳

  (= discotheque)

  discomfort[6] 〔 dɪs'kʌmfət 〕 n. 不舒服

* **disconnect**[4] 〔͵dɪskə'nɛkt 〕 v. 切斷

* **discount**³ ﹝'dɪskaʊnt﹞ *n.* 折扣
* **discourage**⁴ ﹝dɪs'kɝɪdʒ﹞ *v.* 使氣餒
* **discouragement**⁴ ﹝dɪs'kɝɪdʒmənt﹞ *n.* 氣餒
‡ **discover**¹ ﹝dɪ'skʌvɚ﹞ *v.* 發現
* **discovery**³ ﹝dɪ'skʌvərɪ﹞ *n.* 發現
　discreet⁶ ﹝dɪ'skrit﹞ *adj.* 謹慎的
　discriminate⁵ ﹝dɪ'skrɪməˌnet﹞ *v.* 歧視
　discrimination⁶ ﹝dɪˌskrɪmə'neʃən﹞ *n.* 歧視
‡ **discuss**² ﹝dɪ'skʌs﹞ *v.* 討論
‡ **discussion**² ﹝dɪ'skʌʃən﹞ *n.* 討論
* **disease**³ ﹝dɪ'ziz﹞ *n.* 疾病
　disgrace⁶ ﹝dɪs'gres﹞ *n.* 恥辱
　disgraceful⁶ ﹝dɪs'gresfəl﹞ *adj.* 可恥的
* **disguise**⁴ ﹝dɪs'gaɪz﹞ *v. n.* 偽裝
* **disgust**⁴ ﹝dɪs'gʌst﹞ *v.* 使厭惡
‡ **dish**¹ ﹝dɪʃ﹞ *n.* 盤子；菜餚
‡ **dishonest**² ﹝dɪs'ɑnɪst﹞ *adj.* 不誠實的
* **disk**³ ﹝dɪsk﹞ *n.* 光碟 (= *disc*)
* **dislike**³ ﹝dɪs'laɪk﹞ *v.* 不喜歡
　dismantle⁶ ﹝dɪs'mæntl̩﹞ *v.* 拆除

dismay[6] 〔 dɪs'me 〕 n. 驚慌

***dismiss**[4] 〔 dɪs'mɪs 〕 v. 解散;下(課)

***disorder**[4] 〔 dɪs'ɔrdɚ 〕 n. 混亂;疾病

dispatch[6] 〔 dɪ'spætʃ 〕 v. 派遣

dispensable[6] 〔 dɪ'spɛnsəbḷ 〕 adj. 可有可無的

dispense[5] 〔 dɪ'spɛns 〕 v. 分發;使免除

disperse[6] 〔 dɪ'spɝs 〕 v. 驅散

displace[6] 〔 dɪs'ples 〕 v. 取代

***display**[2] 〔 dɪ'sple 〕 v. n. 展示

displease[6] 〔 dɪs'pliz 〕 v. 使不高興

disposable[6] 〔 dɪ'spozəbḷ 〕 adj. 用完即丟的

disposal[6] 〔 dɪ'spozḷ 〕 n. 處理

dispose[5] 〔 dɪ'spoz 〕 v. 處置

***dispute**[4] 〔 dɪ'spjut 〕 v. 爭論

disregard[6] 〔 ˌdɪsrɪ'gard 〕 v. 忽視

dissident[6] 〔 'dɪsədənt 〕 n. 意見不同者

dissolve[6] 〔 dɪ'zalv 〕 v. 溶解

dissuade[6] 〔 dɪ'swed 〕 v. 勸阻

*#**distance**[2] 〔 'dɪstəns 〕 n. 距離

*#**distant**[2] 〔 'dɪstənt 〕 adj. 遙遠的

D

* **distinct**[4] (dɪ'stɪŋkt) *adj.* 獨特的

* **distinction**[5] (dɪ'stɪŋkʃən) *n.* 差別

distinctive[5] (dɪ'stɪŋktɪv) *adj.* 獨特的

* **distinguish**[4] (dɪ'stɪŋgwɪʃ) *v.* 分辨

* **distinguished**[4] (dɪ'stɪŋgwɪʃt) *adj.* 卓越的

distort[6] (dɪs'tɔrt) *v.* 使扭曲

distract[6] (dɪ'strækt) *v.* 使分心

distraction[6] (dɪ'strækʃən) *n.* 分心

distress[5] (dɪ'strɛs) *n.* 痛苦

* **distribute**[4] (dɪ'strɪbjut) *v.* 分配；分發

* **distribution**[4] (,dɪstrə'bjuʃən) *n.* 分配

* **district**[4] ('dɪstrɪkt) *n.* 地區

distrust[6] (dɪs'trʌst) *v.* 不信任

* **disturb**[4] (dɪ'stɝb) *v.* 打擾

disturbance[6] (dɪ'stɝbəns) *n.* 擾亂

* **ditch**[3] (dɪtʃ) *n.* 水溝

* **dive**[3] (daɪv) *v.* 潛水

diverse[6] (də'vɝs , daɪ-) *adj.* 各種的

diversify[6] (də'vɝsə,faɪ , daɪ-) *v.* 使多樣化

diversion[6] (də'vɝʒən , daɪ- , -ʃən) *n.* 轉移；
消遣；娛樂

diversity[6] 〔 dəˈvɜsətɪ , daɪ- 〕 n. 多樣性

divert[6] 〔 daɪˈvɜt 〕 v. 轉移

****divide**[2] 〔 dəˈvaɪd 〕 v. 劃分；分割

***divine**[4] 〔 dəˈvaɪn 〕 adj. 神聖的

***division**[2] 〔 dəˈvɪʒən 〕 n. 劃分；分配

***divorce**[4] 〔 dəˈvors 〕 n. 離婚

****dizzy**[2] 〔ˈdɪzɪ 〕 adj. 頭暈的

*****do**[1] 〔 du 〕 v. 做

***dock**[3] 〔 dak 〕 n. 碼頭

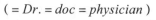

*****doctor**[1] 〔ˈdaktɚ 〕 n. 醫生

   (= *Dr.* = *doc* = *physician*)

doctrine[6] 〔ˈdaktrɪn 〕 n. 教義

***document**[5] 〔ˈdakjəmənt 〕 n. 文件

documentary[6] 〔ˌdakjəˈmɛntərɪ 〕 n. 記錄片

***dodge**[3] 〔 dadʒ 〕 v. n. 躲避

****dog**[1] 〔 dɔg 〕 n. 狗

****doll**[1] 〔 dal 〕 n. 洋娃娃

*****dollar**[1] 〔ˈdalɚ 〕 n. 元

****dolphin**[2] 〔ˈdalfɪn 〕 n. 海豚

dome[6] 〔 dom 〕 n. 圓頂

***domestic**[3] 〔 dəˈmɛstɪk 〕 adj. 國內的

* **dominant**[4] (ˈdɑmənənt) *adj.* 支配的；
  最有勢力的

* **dominate**[4] (ˈdɑməˌnet) *v.* 支配

  donate[6] (ˈdonet) *v.* 捐贈

  donation[6] (doˈneʃən) *n.* 捐贈

** **donkey**[2] (ˈdɑŋkɪ) *n.* 驢子

  donor[6] (ˈdonɚ) *n.* 捐贈者

  doom[6] (dum) *v.* 註定

** **door**[1] (dɔr) *n.* 門

  doorstep[5] (ˈdɔrˌstɛp) *n.* 門階

  doorway[5] (ˈdɔrˌwe) *n.* 門口

* **dormitory**[4,5] (ˈdɔrməˌtorɪ) *n.* 宿舍 (= *dorm*)；
  (在市內工作者的)郊外住宅區

  dosage[6] (ˈdosɪdʒ) *n.* 劑量

* **dose**[3] (dos) *n.* (藥的)一劑；服用量

** **dot**[2] (dɑt) *n.* 點

** **double**[2] (ˈdʌbḷ) *adj.* 兩倍的

** **doubt**[2] (daʊt) *v. n.* 懷疑

* **doubtful**[3] (ˈdaʊtfəl) *adj.* 懷疑的；不確定的

  dough[5] (do) *n.* 麵糰【注意發音】

** **doughnut**[2] (ˈdoˌnʌt) *n.* 甜甜圈

D

*dove¹ 〔 dʌv 〕 *n.* 鴿子

‡down¹ 〔 daʊn 〕 *adv.* 向下

*download⁴ 〔'daʊn‚lod 〕 *v.* 下載

‡downstairs¹ 〔'daʊn'stɛrz 〕 *adv.* 到樓下

‡downtown² 〔'daʊn'taʊn 〕 *adv.* 到市中心

downward⁵ 〔'daʊnwɚd 〕 *adj.* 向下的

downwards⁵ 〔'daʊnwɚdz 〕 *adv.* 向下

*doze⁴ 〔 doz 〕 *v.* 打瞌睡

‡dozen¹ 〔'dʌzn̩ 〕 *n.* 一打

‡Dr.² 〔'dɑktɚ 〕 *n.* 醫生；博士 (= *Doctor*)

*draft⁴ 〔 dræft 〕 *n.* 草稿

*drag² 〔 dræg 〕 *v.* 拖

‡dragon² 〔'drægən 〕 *n.* 龍

*dragonfly² 〔'drægən‚flaɪ 〕 *n.* 蜻蜓

*drain³ 〔 dren 〕 *v.* 排出…的水

‡drama² 〔'drɑmə‚'dræmə 〕 *n.* 戲劇

*dramatic³ 〔 drə'mætɪk 〕 *adj.* 戲劇的

drape⁵ 〔 drep 〕 *n.* 窗簾

drastic⁶ 〔'dræstɪk 〕 *adj.* 激烈的

‡draw¹ 〔 drɔ 〕 *v.* 畫；拉；吸引

D

drawback[6] 〔'drɔ͵bæk 〕 *n.* 缺點

***drawer**[2] 〔 drɔr 〕 *n.* 抽屜

***drawing**[2] 〔'drɔɪŋ 〕 *n.* 圖畫

***dread**[4] 〔 drɛd 〕 *v.* 害怕

***dreadful**[5] 〔'drɛdfəl 〕 *adj.* 可怕的

dream[1] 〔 drim 〕 *n.* 夢

dreary[6] 〔'drɪrɪ 〕 *adj.* (天氣) 陰沉的

dress[2] 〔 drɛs 〕 *n.* 衣服

dresser[5] 〔'drɛsɚ 〕 *n.* 梳妝台

dressing[5] 〔'drɛsɪŋ 〕 *n.* 調味醬

***drift**[4] 〔 drɪft 〕 *v.* 漂流

***drill**[4] 〔 drɪl 〕 *n.* 鑽孔機

drink[1] 〔 drɪŋk 〕 *v.* 喝

***drip**[3] 〔 drɪp 〕 *v.* 滴下

drive[1] 〔 draɪv 〕 *v.* 開車

driver[1] 〔'draɪvɚ 〕 *n.* 駕駛人

driveway[5] 〔'draɪv͵we 〕 *n.* 私人車道

drizzle[6] 〔'drɪzḷ 〕 *v.* 下毛毛雨

drop[2] 〔 drɑp 〕 *v.* 落下

drought[6] 〔 draʊt 〕 *n.* 乾旱

* **drown**³ 〔 draʊn 〕 v. 淹死

* **drowsy**³ 〔'draʊzɪ 〕 adj. 想睡的

* **drug**² 〔 drʌg 〕 n. 藥

   drugstore² 〔'drʌg͵stɔr 〕 n. 藥房

‡ **drum**² 〔 drʌm 〕 n. 鼓

* **drunk**³ 〔 drʌŋk 〕 adj. 喝醉的

‡ **dry**¹ 〔 draɪ 〕 adj. 乾的

‡ **dryer**² 〔'draɪɚ 〕 n. 烘乾機 (= drier)

   dual⁶ 〔'djuəl 〕 adj. 雙重的

   dubious⁶ 〔'djubɪəs 〕 adj. 可疑的

‡ **duck**¹ 〔 dʌk 〕 n. 鴨子

* **duckling**¹ 〔'dʌklɪŋ 〕 n. 小鴨

* **due**³ 〔 dju 〕 adj. 到期的;應得的

* **dull**² 〔 dʌl 〕 adj. 遲鈍的;笨的

‡ **dumb**² 〔 dʌm 〕 adj. 啞的

* **dump**³ 〔 dʌmp 〕 v. 傾倒

‡ **dumpling**² 〔'dʌmplɪŋ 〕 n. 水餃

* **durable**⁴ 〔'djʊrəbl̩ 〕 adj. 耐用的

* **duration**⁵ 〔 djʊ'reʃən 〕 n. 期間

‡ **during**¹ 〔'djʊrɪŋ 〕 prep. 在…期間

   dusk⁵ 〔 dʌsk 〕 n. 黃昏

* **dust**³ 〔 dʌst 〕 *n.* 灰塵

   dusty⁴ 〔'dʌstɪ 〕 *adj.* 滿是灰塵的

** **duty**² 〔'djutɪ 〕 *n.* 責任;關稅

* **DVD**⁴ *n.* 數位影音光碟 (= *digital video disk*)

   dwarf⁵ 〔 dwɔrf 〕 *n.* 侏儒

   dwell⁵ 〔 dwɛl 〕 *v.* 居住

   dwelling⁵ 〔'dwɛlɪŋ 〕 *n.* 住宅

E

* **dye**⁴ 〔 daɪ 〕 *v.* 染

* **dynamic**⁴ 〔 daɪ'næmɪk 〕 *adj.* 充滿活力的

   dynamite⁶ 〔'daɪnə,maɪt 〕 *n.* 炸藥

* **dynasty**⁴ 〔'daɪnəstɪ 〕 *n.* 朝代

E e

** **each**¹ 〔 itʃ 〕 *adj.* 每個

* **eager**³ 〔'igɚ 〕 *adj.* 渴望的

** **eagle**¹ 〔'igḷ 〕 *n.* 老鷹

** **ear**¹ 〔 ɪr 〕 *n.* 耳朵

** **early**¹ 〔'ɝlɪ 〕 *adj.* 早的

** **earn**² 〔 ɝn 〕 *v.* 賺

* **earnest**⁴ 〔'ɝnɪst 〕 *adj.* 認真的

*earnings[3] 〔'ɝnɪŋz〕 *n. pl.* 收入

*earphone[4] 〔'ɪr,fon〕 *n.* 耳機

*earth[1] 〔ɝθ〕 *n.* 地球

*earthquake[2] 〔'ɝθ,kwek〕 *n.* 地震

*ease[1] 〔iz〕 *n.* 容易；輕鬆

*east[1] 〔ist〕 *n.* 東方

*eastern[2] 〔'istən〕 *adj.* 東方的

*easy[1] 〔'izɪ〕 *adj.* 容易的

*eat[1] 〔it〕 *v.* 吃

ebb[6] 〔ɛb〕 *n. v.* 退潮

eccentric[6] 〔ɪk'sɛntrɪk〕 *adj.* 古怪的

*echo[3] 〔'ɛko〕 *n.* 回音

eclipse[5] 〔ɪ'klɪps〕 *n.* (日、月)蝕

ecology[6] 〔ɪ'kɑlədʒɪ〕 *n.* 生態學

*economic[4] 〔,ikə'nɑmɪk〕 *adj.* 經濟的

*economical[4] 〔,ikə'nɑmɪkḷ〕 *adj.* 節省的

*economics[4] 〔,ikə'nɑmɪks〕 *n.* 經濟學

*economist[4] 〔ɪ'kɑnəmɪst〕 *n.* 經濟學家

*economy[4] 〔ɪ'kɑnəmɪ〕 *n.* 經濟

ecstasy[6] 〔'ɛkstəsɪ〕 *n.* 狂喜

*edge[1] 〔ɛdʒ〕 *n.* 邊緣

* **edible**[6]〔'ɛdəbl̩〕*adj.* 可以吃的

* **edit**[3]〔'ɛdɪt〕*v.* 編輯

* **edition**[3]〔ɪ'dɪʃən〕*n.* (發行物的) 版

* **editor**[3]〔'ɛdɪtɚ〕*n.* 編輯

　editorial[6]〔ˌɛdə'tɔrɪəl〕*n.* 社論

* **educate**[3]〔'ɛdʒəˌket〕*v.* 教育

* **education**[2]〔ˌɛdʒə'keʃən〕*n.* 教育

* **educational**[3]〔ˌɛdʒə'keʃənl̩〕*adj.* 教育的

　eel[5]〔il〕*n.* 鰻魚

* **effect**[2]〔ɪ'fɛkt〕*n.* 影響

* **effective**[2]〔ɪ'fɛktɪv〕*adj.* 有效的

* **efficiency**[4]〔ə'fɪʃənsɪ〕*n.* 效率

* **efficient**[3]〔ə'fɪʃənt〕*adj.* 有效率的

* **effort**[2]〔'ɛfɚt〕*n.* 努力

* **egg**[1]〔ɛg〕*n.* 蛋

　ego[5]〔'igo〕*n.* 自我；自尊心

* **eight**[1]〔et〕*n.* 八

* **eighteen**[1]〔'e'tin〕*n.* 十八

* **eighty**[1]〔'etɪ〕*n.* 八十

* **either**[1]〔'iðɚ〕*adv.* …或～；也 (不)

　elaborate[5]〔ɪ'læbərɪt〕*adj.* 精巧的

* **elastic**[4] 〔 ɪ'læstɪk 〕 *adj.* 有彈性的
* **elbow**[3] 〔'ɛl,bo 〕 *n.* 手肘
* **elder**[2] 〔'ɛldɚ 〕 *adj.* 年長的
* **elderly**[3] 〔'ɛldɚlɪ 〕 *adj.* 年老的
* **elect**[2] 〔 ɪ'lɛkt 〕 *v.* 選舉
* **election**[3] 〔 ɪ'lɛkʃən 〕 *n.* 選舉
* **electric**[3] 〔 ɪ'lɛktrɪk 〕 *adj.* 電的
* **electrical**[3] 〔 ɪ'lɛktrɪkl̩ 〕 *adj.* 與電有關的
* **electrician**[4] 〔 ɪ,lɛk'trɪʃən 〕 *n.* 電工
* **electricity**[3] 〔 ɪ,lɛk'trɪsətɪ 〕 *n.* 電
  electron[6] 〔 ɪ'lɛktrɑn 〕 *n.* 電子
* **electronic**[3] 〔 ɪ,lɛk'trɑnɪk 〕 *adj.* 電子的
* **electronics**[4] 〔 ɪ,lɛk'trɑnɪks 〕 *n.* 電子學
* **elegant**[4] 〔'ɛləgənt 〕 *adj.* 優雅的
* **element**[2] 〔'ɛləmənt 〕 *n.* 要素
* **elementary**[4] 〔,ɛlə'mɛntərɪ 〕 *adj.* 基本的
* **elephant**[1] 〔'ɛləfənt 〕 *n.* 大象
  elevate[5] 〔'ɛlə,vet 〕 *v.* 提高
* **elevator**[2] 〔'ɛlə,vetɚ 〕 *n.* 電梯；升降機
* **eleven**[1] 〔 ɪ'lɛvən 〕 *n.* 十一

E

eligible[6] 〔'ɛlɪdʒəbḷ〕 *adj.* 有資格的

*eliminate**[4] 〔ɪ'lɪmə,net〕 *v.* 除去

elite[6] 〔ɪ'lit〕 *n.* 菁英分子【集合名詞】

eloquence[6] 〔'ɛləkwəns〕 *n.* 雄辯；口才

eloquent[6] 〔'ɛləkwənt〕 *adj.* 雄辯的；口才好的

else[1] 〔ɛls〕 *adv.* 其他

*elsewhere**[4] 〔'ɛls,hwɛr〕 *adv.* 在別處

e-mail[4] 〔'i,mel〕 *n.* 電子郵件
　　(= *electronic mail*)

embark[6] 〔ɪm'bɑrk〕 *v.* 搭乘；從事

*embarrass**[4] 〔ɪm'bærəs〕 *v.* 使尷尬

*embarrassment**[4] 〔ɪm'bærəsmənt〕 *n.* 尷尬

*embassy**[4] 〔'ɛmbəsɪ〕 *n.* 大使館

embrace[5] 〔ɪm'bres〕 *v.* 擁抱

*emerge**[4] 〔ɪ'mɝdʒ〕 *v.* 出現

*emergency**[3] 〔ɪ'mɝdʒənsɪ〕 *n.* 緊急情況

emigrant[6] 〔'ɛməgrənt〕 *n.* (移出的) 移民

emigrate[6] 〔'ɛmə,gret〕 *v.* 移出

emigration[6] 〔,ɛmə'greʃən〕 *n.* 移出

emotion[2] 〔ɪ'moʃən〕 *n.* 情緒

*emotional**[4] 〔ɪ'moʃənḷ〕 *adj.* 感情的

E

* **emperor**³ (ˈɛmpərə) *n.* 皇帝

* **emphasis**⁴ (ˈɛmfəsɪs) *n.* 強調

* **emphasize**³ (ˈɛmfəˌsaɪz) *v.* 強調

  emphatic⁶ (ɪmˈfætɪk) *adj.* 強調的

* **empire**⁴ (ˈɛmpaɪr) *n.* 帝國

* **employ**³ (ɪmˈplɔɪ) *v.* 雇用

* **employee**³ (ˌɛmplɔɪˈi) *n.* 員工

* **employer**³ (ɪmˈplɔɪə) *n.* 雇主

* **employment**³ (ɪmˈplɔɪmənt) *n.* 雇用；工作

* **empty**³ (ˈɛmptɪ) *adj.* 空的

* **enable**³ (ɪnˈebl) *v.* 使能夠

  enact⁶ (ɪnˈækt) *v.* 制定

  enactment⁶ (ɪnˈæktmənt) *n.* (法律的) 制定；
    法規

* **enclose**⁴ (ɪnˈkloz) *v.* (隨函) 附寄

  enclosure⁶ (ɪnˈkloʒə) *n.* 附寄物

* **encounter**⁴ (ɪnˈkaʊntə) *v.* 遭遇

* **encourage**² (ɪnˈkɝɪdʒ) *v.* 鼓勵

* **encouragement**² (ɪnˈkɝɪdʒmənt) *n.* 鼓勵

  encyclopedia⁶ (ɪnˌsaɪkləˈpidɪə) *n.* 百科全書

* **end**¹ (ɛnd) *n. v.* 結束

* **endanger**[4] 〔 ɪn'dendʒɚ 〕 v. 危害

　endeavor[5] 〔 ɪn'dɛvɚ 〕 v. 努力

* **ending**[2] 〔'ɛndɪŋ 〕 n. 結局

　endurance[6] 〔 ɪn'djʊrəns 〕 n. 忍耐

* **endure**[4] 〔 ɪn'djʊr 〕 v. 忍受

** **enemy**[2] 〔'ɛnəmɪ 〕 n. 敵人

** **energetic**[3] 〔ˌɛnɚ'dʒɛtɪk 〕 adj. 充滿活力的

** **energy**[2] 〔'ɛnɚdʒɪ 〕 n. 活力

* **enforce**[4] 〔 ɪn'fors 〕 v. 執行

* **enforcement**[4] 〔 ɪn'forsmənt 〕 n. 實施

* **engage**[3] 〔 ɪn'gedʒ 〕 v. 從事

* **engagement**[3] 〔 ɪn'gedʒmənt 〕 n. 訂婚

** **engine**[3] 〔'ɛndʒən 〕 n. 引擎

** **engineer**[3] 〔ˌɛndʒə'nɪr 〕 n. 工程師

* **engineering**[4] 〔ˌɛndʒə'nɪrɪŋ 〕 n. 工程學

*** **English**[1] 〔'ɪŋglɪʃ 〕 n. 英語

　enhance[6] 〔 ɪn'hæns 〕 v. 提高；增加

　enhancement[6] 〔 ɪn'hænsmənt 〕 n. 提高；增進

*** **enjoy**[2] 〔 ɪn'dʒɔɪ 〕 v. 享受；喜歡

* **enjoyable**[3] 〔 ɪn'dʒɔɪəbḷ 〕 adj. 令人愉快的

E

* **enjoyment**[2] (ɪn'dʒɔɪmənt) *n.* 樂趣

* **enlarge**[4] (ɪn'lardʒ) *v.* 擴大；放大

* **enlargement**[4] (ɪn'lardʒmənt) *n.* 擴大

   enlighten[6] (ɪn'laɪtn̩) *v.* 啓蒙；教導

   enlightenment[6] (ɪn'laɪtn̩mənt) *n.* 啓發

* **enormous**[4] (ɪ'nɔrməs) *adj.* 巨大的

‡ **enough**[1] (ɪ'nʌf , ə'nʌf) *adj.* 足夠的

   enrich[6] (ɪn'rɪtʃ) *v.* 使豐富

   enrichment[6] (ɪn'rɪtʃmənt) *n.* 豐富

   enroll[5] (ɪn'rol) *v.* 登記；入學

   enrollment[5] (ɪn'rolmənt) *n.* 登記；入學；
   註冊人數

‡ **enter**[1] ('ɛntɚ) *v.* 進入

   enterprise[5] ('ɛntɚ‚praɪz) *n.* 企業

* **entertain**[4] (‚ɛntɚ'ten) *v.* 娛樂

* **entertainment**[4] (‚ɛntɚ'tenmənt) *n.* 娛樂

* **enthusiasm**[4] (ɪn'θjuzɪ‚æzəm) *n.* 熱忱

* **enthusiastic**[5] (ɪn‚θjuzɪ'æstɪk) *adj.* 熱心的

* **entire**[2] (ɪn'taɪr) *adj.* 整個的

   entitle[5] (ɪn'taɪtl̩) *v.* 將…命名爲

‡ **entrance**[2] ('ɛntrəns) *n.* 入口

* **entry**[3] (ˈɛntrɪ) *n.* 進入

* **envelope**[2] (ˈɛnvəˌlop) *n.* 信封

* **envious**[4] (ˈɛnvɪəs) *adj.* 羨慕的

* **environment**[2] (ɪnˈvaɪrənmənt) *n.* 環境

* **environmental**[3] (ɪnˌvaɪrənˈmɛntḷ) *adj.* 環境的

* **envy**[3] (ˈɛnvɪ) *n. v.* 羨慕

  epidemic[6] (ˌɛpəˈdɛmɪk) *n.* 傳染病

    adj. 傳染性的

  episode[6] (ˈɛpəˌsod) *n.* (連續劇的) 一集

  EQ[6] *n.* 情緒商數 (= *emotional quotient* =

    emotional intelligence)

* **equal**[1] (ˈikwəl) *adj.* 相等的

* **equality**[4] (ɪˈkwɑlətɪ) *n.* 相等

  equate[5] (ɪˈkwet) *v.* 把…視為同等

  equation[6] (ɪˈkweʃən) *n.* 方程式

  equator[6] (ɪˈkwetɚ) *n.* 赤道

* **equip**[4] (ɪˈkwɪp) *v.* 裝備；使配備

* **equipment**[4] (ɪˈkwɪpmənt) *n.* 設備

  equivalent[6] (ɪˈkwɪvələnt) *adj.* 相等的

* **era**[4] (ˈɪrə, ˈirə) *n.* 時代【注意發音】

E

* **erase**³ (ɪˋres) v. 擦掉

‡ **eraser**² (ɪˋresɚ) n. 橡皮擦

erect⁵ (ɪˋrɛkt) v. 豎立

erode⁶ (ɪˋrod) v. 侵蝕

* **errand**⁴ (ˋɛrənd) n. 差事

‡ **error**² (ˋɛrɚ) n. 錯誤

erupt⁵ (ɪˋrʌpt) v. 爆發

eruption⁶ (ɪˋrʌpʃən) n. 爆發

escalate⁶ (ˋɛskə,let) v. 逐漸擴大；逐漸上漲

* **escalator**⁴ (ˋɛskə,letɚ) n. 電扶梯

* **escape**³ (əˋskep) v. 逃走

escort⁵ (ˋɛskɔrt) n. 男伴；護花使者

‡ **especially**² (əˋspɛʃəlɪ) adv. 特別地

* **essay**⁴ (ˋɛse) n. 文章；論說文

essence⁶ (ˋɛsn̩s) n. 本質

essential⁴ (əˋsɛnʃəl) adj. 必要的

* **establish**⁴ (əˋstæblɪʃ) v. 建立

* **establishment**⁴ (əˋstæblɪʃmənt) n. 建立

estate⁵ (əˋstet) n. 地產

esteem⁵ (əˋstim) n. 尊敬

* **estimate**⁴ (ˋɛstə,met) v. 估計

eternal[5] 〔 ɪ'tɜnḷ 〕 *adj.* 永恆的;永遠的

eternity[6] 〔 ɪ'tɜnətɪ 〕 *n.* 永恆

ethic[5] 〔'εθɪk 〕 *n.* 道德規範

ethical[6] 〔'εθɪkḷ 〕 *adj.* 道德的

ethics[5] 〔'εθɪks 〕 *n. pl.* 道德;倫理

ethnic[6] 〔'εθnɪk 〕 *adj.* 種族的

evacuate[6] 〔 ɪ'vækjuˌet 〕 *v.* 疏散

*****evaluate**[4] 〔 ɪ'væljuˌet 〕 *v.* 評估

*****evaluation**[4] 〔 ɪˌvælju'eʃən 〕 *n.* 評價

eve[4] 〔 iv 〕 *n.* (節日的) 前夕

even[1] 〔'ivən 〕 *adv.* 甚至

evening[1] 〔'ivnɪŋ 〕 *n.* 傍晚

event[2] 〔 ɪ'vεnt 〕 *n.* 事件

*****eventual**[4] 〔 ɪ'vεntʃuəl 〕 *adj.* 最後的

ever[1] 〔'εvɚ 〕 *adv.* 曾經

evergreen[5] 〔'εvɚˌgrin 〕 *adj.* 常綠的

every[1] 〔'εvrɪ ,'εvərɪ 〕 *adj.* 每一個

*****evidence**[4] 〔'εvədəns 〕 *n.* 證據

*****evident**[4] 〔'εvədənt 〕 *adj.* 明顯的

evil[3] 〔'ivḷ 〕 *adj.* 邪惡的

E

evolution[6] 〔͵ɛvə'luʃən 〕 *n.* 進化

evolve[6] 〔 ɪ'vɑlv 〕 *v.* 進化

* exact[2] 〔 ɪg'zækt 〕 *adj.* 精確的

* exaggerate[4] 〔 ɪg'zædʒə͵ret 〕 *v.* 誇大

* exaggeration[5] 〔 ɪg͵zædʒə'reʃən 〕 *n.* 誇大

‡ exam[1] 〔 ɪg'zæm 〕 *n.* 考試

* examination[1] 〔 ɪg͵zæmə'neʃən 〕 *n.* 考試

* examine[1] 〔 ɪg'zæmɪn 〕 *v.* 檢查

* examinee[4] 〔 ɪg͵zæmə'ni 〕 *n.* 應試者

* examiner[4] 〔 ɪg'zæmɪnɚ 〕 *n.* 主考官

‡ example[1] 〔 ɪg'zæmpl̩ 〕 *n.* 例子

exceed[5] 〔 ɪk'sid 〕 *v.* 超過

excel[5] 〔 ɪk'sɛl 〕 *v.* 勝過；擅長

* excellence[3] 〔 'ɛkslə̩ns 〕 *n.* 優秀

‡ excellent[2] 〔 'ɛkslə̩nt 〕 *adj.* 優秀的

‡ except[1] 〔 ɪk'sɛpt 〕 *prep.* 除了

* exception[4] 〔 ɪk'sɛpʃən 〕 *n.* 例外

* exceptional[5] 〔 ɪk'sɛpʃənl̩ 〕 *adj.* 例外的

excerpt[6] 〔 ɪk'sɝpt 〕 *v.* 摘錄；引用

excess[5] 〔 ɪk'sɛs 〕 *n.* 超過

excessive⁶ (ɪk'sɛsɪv) *adj.* 過度的

*__exchange__³ (ɪks'tʃendʒ) *v.* 交換

*__excite__² (ɪk'saɪt) *v.* 使興奮

*__excitement__² (ɪk'saɪtmənt) *n.* 興奮

exclaim⁵ (ɪk'sklem) *v.* 大叫

exclude⁵ (ɪk'sklud) *v.* 排除

exclusive⁶ (ɪk'sklusɪv) *adj.* 獨家的

*__excuse__² (ɪk'skjuz) *v.* 原諒

execute⁵ ('ɛksɪ,kjut) *v.* 執行;處死

execution⁶ (,ɛksɪ'kjuʃən) *n.* 執行;處死

executive⁵ (ɪg'zɛkjʊtɪv) *n.* 主管

*__exercise__² ('ɛksə˞,saɪz) *v. n.* 運動

exert⁶ (ɪg'zɝt) *v.* 運用

*__exhaust__⁴ (ɪg'zɔst) *v.* 使筋疲力盡   *n.* 廢氣

*__exhibit__⁴ (ɪg'zɪbɪt) *v.* 展示;展現

*__exhibition__³ (,ɛksə'bɪʃən) *n.* 展覽會

exile⁵ (ɪg'zaɪl) *v.* 放逐

*__exist__² (ɪg'zɪst) *v.* 存在

*__existence__³ (ɪg'zɪstəns) *n.* 存在

*__exit__³ ('ɛgzɪt , 'ɛksɪt) *n.* 出口

exotic[6] 〔 ɪgˊzɑtɪk 〕 *adj.* 有異國風味的

*__expand__[4] 〔 ɪkˊspænd 〕 *v.* 擴大

*__expansion__[4] 〔 ɪkˊspænʃən 〕 *n.* 擴大

‡__expect__[2] 〔 ɪkˊspɛkt 〕 *v.* 期待

*__expectation__[3] 〔 ˌɛkspɛkˊteʃən 〕 *n.* 期望

__expedition__[6] 〔 ˌɛkspɪˊdɪʃən 〕 *n.* 探險

__expel__[6] 〔 ɪkˊspɛl 〕 *v.* 驅逐；開除

*__expense__[3] 〔 ɪkˊspɛns 〕 *n.* 費用

‡__expensive__[2] 〔 ɪkˊspɛnsɪv 〕 *adj.* 昂貴的

‡__experience__[2] 〔 ɪkˊspɪrɪəns 〕 *n.* 經驗

*__experiment__[3] 〔 ɪkˊspɛrəmənt 〕 *n.* 實驗

*__experimental__[4] 〔 ɪkˌspɛrəˊmɛntḷ 〕 *adj.* 實驗的

*__expert__[2] 〔 ˊɛkspɝt 〕 *n.* 專家

__expertise__[6] 〔 ˌɛkspɚˊtiz 〕 *n.* 專門的知識

__expiration__[6] 〔 ˌɛkspəˊreʃən 〕 *n.* 期滿

__expire__[6] 〔 ɪkˊspaɪr 〕 *v.* 到期

‡__explain__[2] 〔 ɪkˊsplen 〕 *v.* 解釋

*__explanation__[4] 〔 ˌɛkspləˊneʃən 〕 *n.* 解釋

__explicit__[6] 〔 ɪkˊsplɪsɪt 〕 *adj.* 明確的

*__explode__[3] 〔 ɪkˊsplod 〕 *v.* 爆炸

exploit[6] 〔ɪk'splɔɪt〕 v. 開發;利用

exploration[6] 〔,ɛksplə'reʃən〕 n. 探險

* **explore**[4] 〔ɪk'splor〕 v. 在…探險;探討

* **explosion**[4] 〔ɪk'sploʒən〕 n. 爆炸

* **explosive**[4] 〔ɪk'splosɪv〕 adj. 爆炸性的 n. 炸藥

* **export**[3] 〔ɪks'port, ɛks'port〕 v. 出口

* **expose**[4] 〔ɪk'spoz〕 v. 暴露;使接觸

* **exposure**[4] 〔ɪk'spoʒɚ〕 n. 暴露;接觸

* **express**[2] 〔ɪk'sprɛs〕 v. 表達 adj. 快遞的;快速的

* **expression**[3] 〔ɪk'sprɛʃən〕 n. 表達;表情;說法

expressive[3] 〔ɪk'sprɛsɪv〕 adj. 表達的

exquisite[6] 〔ɪk'skwɪzɪt〕 adj. 精緻的;高雅的

* **extend**[4] 〔ɪk'stɛnd〕 v. 延伸;延長

* **extension**[5] 〔ɪk'stɛnʃən〕 n. 延伸;(電話)分機

* **extensive**[5] 〔ɪk'stɛnsɪv〕 adj. 大規模的

* **extent**[4] 〔ɪk'stɛnt〕 n. 程度

exterior[5] 〔ɪk'stɪrɪɚ〕 adj. 外面的 n. 外部

external[5] 〔ɪk'stɝnl̩〕 adj. 外部的

extinct[5] 〔ɪk'stɪŋkt〕 adj. 絕種的

* **extra**[2] 〔'ɛkstrə〕 adj. 額外的

E

extract[6] 〔 ɪk'strækt 〕 v. 拔出

extracurricular[6] 〔ˌɛkstrəkə'rɪkjələ 〕 adj.
課外的

* **extraordinary**[4] 〔 ɪk'strɔrdn̩ˌɛrɪ 〕 adj.
不尋常的；特別的

* **extreme**[3] 〔 ɪk'strim 〕 adj. 極端的

*** **eye**[1] 〔 aɪ 〕 n. 眼睛

* **eyebrows**[2] 〔'aɪˌbraʊz 〕 n. pl. 眉毛

eyelash[5] 〔'aɪˌlæʃ 〕 n. 睫毛

eyelid[5] 〔'aɪˌlɪd 〕 n. 眼皮

eyesight[6] 〔'aɪˌsaɪt 〕 n. 視力

F f

* **fable**[3] 〔'febḷ 〕 n. 寓言

fabric[5] 〔'fæbrɪk 〕 n. 布料

fabulous[6] 〔'fæbjələs 〕 adj. 極好的

*** **face**[1] 〔 fes 〕 n. 臉   v. 面對；使面對

facial[4] 〔'feʃəl 〕 adj. 臉部的

facilitate[6] 〔 fə'sɪləˌtet 〕 v. 使便利

* **facility**[4] 〔 fə'sɪlətɪ 〕 n. 設備；設施

‡**fact**[1] 〔 fækt 〕 *n.* 事實

faction[6] 〔ˈfækʃən 〕 *n.* 派系

***factor**[3] 〔ˈfæktɚ 〕 *n.* 因素

‡**factory**[1] 〔ˈfæktrɪ 〕 *n.* 工廠

faculty[6] 〔ˈfækḷtɪ 〕 *n.* 全體教職員

fad[5] 〔 fæd 〕 *n.* 一時的流行

***fade**[3] 〔 fed 〕 *v.* 褪色

Fahrenheit[5] 〔ˈfærənˌhaɪt 〕 *adj.* 華氏的

F

‡**fail**[2] 〔 fel 〕 *v.* 失敗

***failure**[2] 〔ˈfeljɚ 〕 *n.* 失敗

***faint**[3] 〔 fent 〕 *v.* 昏倒

***fair**[2] 〔 fɛr 〕 *adj.* 公平的

***fairly**[3] 〔ˈfɛrlɪ 〕 *adv.* 公平地；相當地

***fairy**[3] 〔ˈfɛrɪ 〕 *n.* 仙女

***faith**[3] 〔 feθ 〕 *n.* 信念；信任

***faithful**[4] 〔ˈfeθfəl 〕 *adj.* 忠實的

***fake**[3] 〔 fek 〕 *adj.* 假的；仿冒的

‡**fall**[1] 〔 fɔl 〕 *v.* 落下 *n.* 秋天 (= *autumn*)

‡**false**[1] 〔 fɔls 〕 *adj.* 錯誤的

falter[5] ﹝'fɔltɚ﹞ v. 蹣跚;搖晃

* **fame**[4] ﹝fem﹞ n. 名聲

* **familiar**[3] ﹝fə'mɪljɚ﹞ adj. 熟悉的

familiarity[6] ﹝fə,mɪlɪ'ærətɪ﹞ n. 熟悉

family[1] ﹝'fæməlɪ﹞ n. 家庭;家人

famine[6] ﹝'fæmɪn﹞ n. 飢荒

famous[2] ﹝'feməs﹞ adj. 有名的

fan[3,1] ﹝fæn﹞ n. (影、歌、球) 迷;風扇

* **fancy**[3] ﹝'fænsɪ﹞ adj. 花俏的;昂貴的

* **fantastic**[4] ﹝fæn'tæstɪk﹞ adj. 極好的

* **fantasy**[4] ﹝'fæntəsɪ﹞ n. 幻想

far[1] ﹝fɑr﹞ adj. 遠的

* **fare**[3] ﹝fɛr﹞ n. 車資

* **farewell**[4] ﹝,fɛr'wɛl﹞ n. 告別

farm[1] ﹝fɑrm﹞ n. 農田

farmer[1] ﹝'fɑrmɚ﹞ n. 農夫

* **farther**[3] ﹝'fɑrðɚ﹞ adj. 更遠的

fascinate[5] ﹝'fæsn̩,et﹞ v. 使著迷

fascination[6] ﹝,fæsn̩'eʃən﹞ n. 魅力

* **fashion**[3] ﹝'fæʃən﹞ n. 流行

fashionable[3] ﹝'fæʃənəbl̩﹞ adj. 流行的

fast[1] 〔 fæst 〕 *adj.* 快的

fasten[3] 〔'fæsn 〕 *v.* 繫上

fat[1] 〔 fæt 〕 *adj.* 胖的

fatal[4] 〔'fetl 〕 *adj.* 致命的

fate[3] 〔 fet 〕 *n.* 命運

father[1] 〔'faðə 〕 *n.* 父親

fatigue[5] 〔 fə'tig 〕 *n.* 疲勞

faucet[3] 〔'fɔsɪt 〕 *n.* 水龍頭

fault[2] 〔 fɔlt 〕 *n.* 過錯

favor[2] 〔'fevə 〕 *n.* 恩惠；幫忙

favorable[4] 〔'fevərəbl 〕 *adj.* 有利的

favorite[2] 〔'fevərɪt 〕 *adj.* 最喜愛的

fax[3] 〔 fæks 〕 *v.* 傳眞

fear[1] 〔 fɪr 〕 *n.* 恐懼

fearful[2] 〔'fɪrfəl 〕 *adj.* 害怕的；可怕的

feasible[6] 〔'fizəbl 〕 *adj.* 可實行的

feast[4] 〔 fist 〕 *n.* 盛宴

feather[3] 〔'fɛðə 〕 *n.* 羽毛

feature[3] 〔'fitʃə 〕 *n.* 特色

February[1] 〔'fɛbrʊ,ɛrɪ 〕 *n.* 二月

federal[5] (ˈfɛdərəl) *adj.* 聯邦的

federation[6] (ˌfɛdəˈreʃən) *n.* 聯邦政府

***fee**[2] (fi) *n.* 費用

feeble[5] (ˈfibḷ) *adj.* 虛弱的

***feed**[1] (fid) *v.* 餵

feedback[6] (ˈfidˌbæk) *n.* 反應；反饋

***feel**[1] (fil) *v.* 覺得

***feeling**[1] (ˈfilɪŋ) *n.* 感覺

***feelings**[1] (ˈfilɪŋz) *n. pl.* 感情

***fellow**[2] (ˈfɛlo) *n.* 傢伙；同伴

***female**[2] (ˈfimel) *adj.* 女性的 *n.* 女性

feminine[5] (ˈfɛmənɪn) *adj.* 女性的

***fence**[2] (fɛns) *n.* 籬笆；圍牆

***ferry**[4] (ˈfɛrɪ) *n.* 渡輪

***fertile**[4] (ˈfɝtḷ) *adj.* 肥沃的

fertility[6] (fɝˈtɪlətɪ) *n.* 肥沃

***fertilizer**[5] (ˈfɝtḷˌaɪzɚ) *n.* 肥料

***festival**[2] (ˈfɛstəvḷ) *n.* 節日

***fetch**[4] (fɛtʃ) *v.* 拿來

***fever**[2] (ˈfivɚ) *n.* 發燒

few[1] 〔 fju 〕*adj.* 很少的

 fiancé[5] 〔 ,fiən'se , fi'anse 〕*n.* 未婚夫

 fiancée[5] 〔 ,fiən'se , fi'anse 〕*n.* 未婚妻

 fiber[5] 〔 'faɪbɚ 〕*n.* 纖維

* **fiction**[4] 〔 'fɪkʃən 〕*n.* 小說；虛構的事

 fiddle[5] 〔 'fɪdḷ 〕*n.* 小提琴 (= *violin*)

 fidelity[6] 〔 fə'dɛlətɪ ,faɪ'dɛlətɪ 〕*n.* 忠實

* **field**[2] 〔 fild 〕*n.* 田野

* **fierce**[4] 〔 fɪrs 〕*adj.* 兇猛的；激烈的

fifteen[1] 〔 fɪf'tin 〕*n.* 十五

fifty[1] 〔 'fɪftɪ 〕*n.* 五十

fight[1] 〔 faɪt 〕*v.* 打架

* **fighter**[2] 〔 'faɪtɚ 〕*n.* 戰士

* **figure**[2] 〔 'fɪgjɚ 〕*n.* 數字；人物

* **file**[3] 〔 faɪl 〕*n.* 檔案

fill[1] 〔 fɪl 〕*v.* 使充滿

* **film**[2] 〔 fɪlm 〕*n.* 影片

 filter[5] 〔 'fɪltɚ 〕*v.* 過濾

 fin[5] 〔 fɪn 〕*n.* 鰭

* **final**[1] 〔 'faɪnḷ 〕*adj.* 最後的

* **finance**[4] 〔 fə'næns 〕 *n.* 財務   *v.* 資助

* **financial**[4] 〔 faɪ'nænʃəl 〕 *adj.* 財務的

‡ **find**[1] 〔 faɪnd 〕 *v.* 找到

‡ **fine**[1] 〔 faɪn 〕 *adj.* 好的

‡ **finger**[1] 〔'fɪŋɚ 〕 *n.* 手指

‡ **finish**[1] 〔'fɪnɪʃ 〕 *v.* 結束；完成

 finite[6] 〔'faɪnaɪt 〕 *adj.* 有限的

‡ **fire**[1] 〔 faɪr 〕 *n.* 火

* **firecrackers**[4] 〔'faɪr,krækɚz 〕 *n. pl.* 鞭炮

 fireman[2] 〔'faɪrmən 〕 *n.* 消防隊員

* **fireplace**[4] 〔'faɪr,ples 〕 *n.* 壁爐

 fireproof[6] 〔'faɪr'pruf 〕 *adj.* 防火的

* **firework**[3] 〔'faɪr,wɝk 〕 *n.* 煙火

* **firm**[2] 〔 fɝm 〕 *adj.* 堅定的   *n.* 公司

‡ **first**[1] 〔 fɝst 〕 *adj.* 第一的

‡ **fish**[1] 〔 fɪʃ 〕 *n.* 魚

‡ **fisherman**[2] 〔'fɪʃəmən 〕 *n.* 漁夫

 fishery[5] 〔'fɪʃərɪ 〕 *n.* 漁業

* **fist**[3] 〔 fɪst 〕 *n.* 拳頭

‡ **fit**[2] 〔 fɪt 〕 *v.* 適合

*** **five**[1] ﹝ faɪv ﹞ *n.* 五

** **fix**[2] ﹝ fɪks ﹞ *v.* 修理

** **flag**[2] ﹝ flæg ﹞ *n.* 旗子

  flake[5] ﹝ flek ﹞ *n.* 薄片

* **flame**[3] ﹝ flem ﹞ *n.* 火焰

  flap[5] ﹝ flæp ﹞ *v.* 拍動

  flare[6] ﹝ flɛr ﹞ *v.* (火光)搖曳

* **flash**[2] ﹝ flæʃ ﹞ *n.* 閃光;(光的)閃爍

* **flashlight**[2] ﹝ˈflæʃ͵laɪt﹞ *n.* 手電筒;閃光燈

F

* **flat**[2] ﹝ flæt ﹞ *adj.* 平的

* **flatter**[4] ﹝ˈflætɚ﹞ *v.* 奉承;討好

* **flavor**[3] ﹝ˈflevɚ﹞ *n.* 口味

  flaw[5] ﹝ flɔ ﹞ *n.* 瑕疵

* **flea**[3] ﹝ fli ﹞ *n.* 跳蚤

* **flee**[4] ﹝ fli ﹞ *v.* 逃走;逃離

  fleet[6] ﹝ flit ﹞ *n.* 艦隊;船隊

* **flesh**[3] ﹝ flɛʃ ﹞ *n.* 肉

* **flexible**[4] ﹝ˈflɛksəbḷ﹞ *adj.* 有彈性的

  flick[5] ﹝ flɪk ﹞ *n. v.* 輕彈

  flicker[6] ﹝ˈflɪkɚ﹞ *v.* 閃爍不定

* **flight**[2] ﹝ flaɪt ﹞ *n.* 班機

fling[6] 〔 flɪŋ 〕 v. 扔；抛

flip[5] 〔 flɪp 〕 v. 將…輕輕地往上抛

* **float**[3] 〔 flot 〕 v. 飄浮；漂浮

* **flock**[3] 〔 flɑk 〕 v. 聚集　n. (鳥、羊) 群

* **flood**[2] 〔 flʌd 〕 n. 水災

*** **floor**[1] 〔 flor 〕 n. 地板；樓層

* **flour**[2] 〔 flaʊr 〕 n. 麵粉【注意發音】

flourish[5] 〔 ˈflɝɪʃ 〕 v. 繁榮；興盛

* **flow**[2] 〔 flo 〕 v. 流

*** **flower**[1] 〔 ˈflaʊɚ 〕 n. 花

* **flu**[2] 〔 flu 〕 n. 流行性感冒 (= *influenza*)

fluency[5] 〔 ˈfluənsɪ 〕 n. 流利

* **fluent**[4] 〔 ˈfluənt 〕 *adj.* 流利的

fluid[6] 〔 ˈfluɪd 〕 n. 液體

* **flunk**[4] 〔 flʌŋk 〕 v. 使不及格；當掉

* **flush**[4] 〔 flʌʃ 〕 v. 臉紅

* **flute**[2] 〔 flut 〕 n. 笛子

flutter[6] 〔 ˈflʌtɚ 〕 v. 拍動 (翅膀)

*** **fly**[1] 〔 flaɪ 〕 v. 飛　n. 蒼蠅

* **foam**[4] 〔 fom 〕 n. 泡沫

* **focus**[2] 〔 ˈfokəs 〕 n. 焦點　v. 對準焦點；集中

foe[5] 〔 fo 〕 *n.* 敵人（ = *enemy* ）

***fog**[1] 〔 fɔg, fɑg 〕 *n.* 霧

****foggy**[2] 〔 'fɑgɪ 〕 *adj.* 多霧的

foil[5] 〔 fɔɪl 〕 *n.* 金屬薄片；箔

***fold**[3] 〔 fold 〕 *v.* 摺疊

***folk**[3] 〔 fok 〕 *adj.* 民間的 *n.* 人們

folklore[5] 〔 'fok,lor 〕 *n.* 民間傳說

****follow**[1] 〔 'falo 〕 *v.* 跟隨；遵守

***follower**[3] 〔 'faloɚ 〕 *n.* 信徒

***following**[2] 〔 'faləwɪŋ 〕 *adj.* 下列的

***fond**[3] 〔 fand 〕 *adj.* 喜歡的

****food**[1] 〔 fud 〕 *n.* 食物

****fool**[2] 〔 ful 〕 *n.* 傻瓜

****foolish**[2] 〔 'fulɪʃ 〕 *adj.* 愚蠢的

****foot**[1] 〔 fʊt 〕 *n.* 腳；英呎

****football**[2] 〔 'fʊt,bɔl 〕 *n.* 橄欖球；足球

****for**[1] 〔 fɔr 〕 *prep.* 爲了；給

***forbid**[4] 〔 fɚ'bɪd 〕 *v.* 禁止

***force**[1] 〔 fors 〕 *n.* 力量 *v.* 強迫

***forecast**[4] 〔 for'kæst 〕 *v.* 預測 〔 'for,kæst 〕 *n.*

F

forehead[3] (ˈfɔrɪd, ˈforˌhɛd) *n.* 額頭

foreign[1] (ˈfɔrɪn) *adj.* 外國的

foreigner[2] (ˈfɔrɪnɚ) *n.* 外國人

foresee[6] (forˈsi) *v.* 預料

forest[1] (ˈfɔrɪst) *n.* 森林

forever[3] (fəˈɛvɚ) *adv.* 永遠

forget[1] (fəˈgɛt) *v.* 忘記

forgetful[5] (fəˈgɛtfəl) *adj.* 健忘的

forgive[2] (fəˈgɪv) *v.* 原諒

fork[1] (fɔrk) *n.* 叉子

form[2] (fɔrm) *v.* 形成 *n.* 形式

formal[2] (ˈfɔrml̩) *adj.* 正式的

format[5] (ˈfɔrmæt) *n.* 格式

formation[4] (forˈmeʃən) *n.* 形成

former[2] (ˈfɔrmɚ) *n.* 前者

formidable[6] (ˈfɔrmɪdəbl̩) *adj.* 可怕的；
難對付的

formula[4] (ˈfɔrmjələ) *n.* 公式；式

formulate[6] (ˈfɔrmjəˌlet) *v.* 使公式化

forsake[6] (fəˈsek) *v.* 拋棄

* **fort**[4] 〔 fɔrt 〕 *n.* 堡壘

* **forth**[3] 〔 forθ, fɔrθ 〕 *adv.* 向前

forthcoming[6] 〔'forθ'kʌmɪŋ 〕 *adj.* 即將出現的

fortify[6] 〔'fɔrtə,faɪ 〕 *v.* 強化

* **fortunate**[4] 〔'fɔrtʃənɪt 〕 *adj.* 幸運的

* **fortune**[3] 〔'fɔrtʃən 〕 *n.* 運氣；財富

** **forty**[1] 〔'fɔrtɪ 〕 *n.* 四十

** **forward**[2] 〔'fɔrwəd 〕 *adv.* 向前

　　(= *forwards*【英式用法】)

* **forwards**[2] 〔'fɔrwədz 〕 *adv.* 向前

fossil[4] 〔'fɑsḷ 〕 *n.* 化石

foster[6] 〔'fɔstə 〕 *adj.* 收養的

foul[5] 〔 faʊl 〕 *adj.* 有惡臭的

* **found**[3] 〔 faʊnd 〕 *v.* 建立

* **foundation**[4] 〔 faʊn'deʃən 〕 *n.* 建立；基礎

* **founder**[4] 〔'faʊndə 〕 *n.* 創立者

* **fountain**[3] 〔'faʊntṇ 〕 *n.* 噴泉；泉源

** **four**[1] 〔 for 〕 *n.* 四

** **fourteen**[1] 〔'for'tin 〕 *n.* 十四

fowl[5] 〔 faʊl 〕 *n.* 鳥；家禽【集合名詞】

‡**fox**² 〔 faks 〕 *n.* 狐狸

fraction⁵ 〔'frækʃən 〕 *n.* 小部分；分數

fracture⁶ 〔'fræktʃɚ 〕 *n.* 骨折

fragile⁶ 〔'frædʒəl 〕 *adj.* 脆弱的

fragment⁶ 〔'frægmənt 〕 *n.* 碎片

* **fragrance**⁴ 〔'fregrəns 〕 *n.* 芳香

fragrant⁴ 〔'fregrənt 〕 *adj.* 芳香的

frail⁶ 〔 frel 〕 *adj.* 虛弱的

* **frame**⁴ 〔 frem 〕 *n.* 框架

framework⁵ 〔'frem,wɝk 〕 *n.* 骨架

‡**frank**² 〔 fræŋk 〕 *adj.* 坦白的

frantic⁵ 〔'fræntɪk 〕 *adj.* 發狂的

fraud⁶ 〔 frɔd 〕 *n.* 詐欺

freak⁶ 〔 frik 〕 *n.* 怪人

‡**free**¹ 〔 fri 〕 *adj.* 自由的；免費的

‡**freedom**² 〔'fridəm 〕 *n.* 自由

* **freeway**⁴ 〔'fri,we 〕 *n.* 高速公路

* **freeze**³ 〔 friz 〕 *v.* 結冰

‡**freezer**² 〔'frizɚ 〕 *n.* 冰箱

freight⁵ 〔 fret 〕 *n.* 貨物

* **frequency**[4] (ˈfrikwənsɪ) *n.* 頻繁;頻率

* **frequent**[3] (ˈfrikwənt) *adj.* 經常的

‡ **fresh**[1] (frɛʃ) *adj.* 新鮮的;沒有鹽份的

* **freshman**[4] (ˈfrɛʃmən) *n.* 大一新生

fret[6] (frɛt) *v.* 苦惱

friction[6] (ˈfrɪkʃən) *n.* 摩擦

‡ **Friday**[1] (ˈfraɪdɪ) *n.* 星期五

‡ **friend**[1] (frɛnd) *n.* 朋友

‡ **friendly**[2] (ˈfrɛndlɪ) *adj.* 友善的

* **friendship**[3] (ˈfrɛndʃɪp) *n.* 友誼

* **fright**[2] (fraɪt) *n.* 驚嚇

* **frighten**[2] (ˈfraɪtn̩) *v.* 使驚嚇

‡ **frog**[1] (frɑg) *n.* 青蛙

‡ **from**[1] (frɑm) *prep.* 從…

‡ **front**[1] (frʌnt) *n.* 前面

frontier[5] (frʌnˈtɪr) *n.* 邊境

* **frost**[4] (frɔst) *n.* 霜

* **frown**[4] (fraʊn) *v.* 皺眉頭

‡ **fruit**[1] (frut) *n.* 水果

* **frustrate**[3] (ˈfrʌstret) *v.* 使受挫

* **frustration**[4] 〔 frʌsˈtreʃən 〕 n. 挫折

‡ **fry**[3] 〔 fraɪ 〕 v. 油炸

* **fuel**[4] 〔ˈfjuəl 〕 n. 燃料

* **fulfill**[4] 〔 fʊlˈfɪl 〕 v. 實現

* **fulfillment**[4] 〔 fʊlˈfɪlmənt 〕 n. 實現

‡‡ **full**[1] 〔 fʊl 〕 adj. 充滿的

  fume[5] 〔 fjum 〕 n. 煙霧【常用複數形】

‡‡ **fun**[1] 〔 fʌn 〕 n. 樂趣

* **function**[2] 〔ˈfʌŋkʃən 〕 n. 功能

* **functional**[4] 〔ˈfʌŋkʃənḷ 〕 adj. 功能的

* **fund**[3] 〔 fʌnd 〕 n. 資金；基金

* **fundamental**[4] 〔ˌfʌndəˈmɛntḷ 〕 adj. 基本的

* **funeral**[4] 〔ˈfjunərəl 〕 n. 葬禮

‡‡ **funny**[1] 〔ˈfʌnɪ 〕 adj. 好笑的

* **fur**[3] 〔 fɝ 〕 n. 毛皮

* **furious**[4] 〔ˈfjʊrɪəs 〕 adj. 狂怒的

* **furnish**[4] 〔ˈfɝnɪʃ 〕 v. 裝置家具

‡ **furniture**[3] 〔ˈfɝnɪtʃɚ 〕 n. 傢俱

* **further**[2] 〔ˈfɝðɚ 〕 adj. 更進一步的
    adv. 更進一步地

* **furthermore**[4] 〔ˈfɝðɚˌmor 〕 adv. 此外

fury[5] 〔'fjʊrɪ〕 *n.* 憤怒

fuse[5] 〔fjuz〕 *n.* 保險絲

fuss[5] 〔fʌs〕 *n.* 大驚小怪

future[2] 〔'fjutʃɚ〕 *n.* 未來

G g

gain[2] 〔gen〕 *v.* 獲得

galaxy[6] 〔'gæləksɪ〕 *n.* 銀河

gallery[4] 〔'gælərɪ〕 *n.* 畫廊

gallon[3] 〔'gælən〕 *n.* 加侖 (容量單位)

gallop[5] 〔'gæləp〕 *v.* 疾馳

gamble[3] 〔'gæmbḷ〕 *v.* 賭博

game[1] 〔gem〕 *n.* 遊戲

gang[3] 〔gæŋ〕 *n.* 幫派

gangster[4] 〔'gæŋstɚ〕 *n.* 歹徒

gap[3] 〔gæp〕 *n.* 裂縫；差距

garage[2] 〔gə'rɑʒ〕 *n.* 車庫

garbage[2] 〔'gɑrbɪdʒ〕 *n.* 垃圾

garden[1] 〔'gɑrdṇ〕 *n.* 花園

gardener[2] 〔'gɑrdṇɚ〕 *n.* 園丁

* **garlic**[3] (ˈgɑrlɪk) *n.* 大蒜

 garment[5] (ˈgɑrmənt) *n.* 衣服

** **gas**[1] (gæs) *n.* 瓦斯;汽油

* **gasoline**[3] (ˈgæslˌin) *n.* 汽油
  (= *petrol*【英式用法】)

 gasp[5] (gæsp) *v.* 喘氣;屏息

** **gate**[2] (get) *n.* 大門

** **gather**[2] (ˈgæðɚ) *v.* 聚集

 gathering[5] (ˈgæðərɪŋ) *n.* 聚會

 gay[5] (ge) *n.* 男同性戀者

* **gaze**[4] (gez) *v. n.* 凝視;注視

* **gear**[4] (gɪr) *n.* 排檔

 gender[5] (ˈdʒɛndɚ) *n.* 性別

* **gene**[4] (dʒin) *n.* 基因

** **general**[1,2] (ˈdʒɛnərəl) *adj.* 一般的 *n.* 將軍

 generalize[6] (ˈdʒɛnərəlˌaɪz) *v.* 歸納

 generate[6] (ˈdʒɛnəˌret) *v.* 產生

* **generation**[4] (ˌdʒɛnəˈreʃən) *n.* 世代

 generator[6] (ˈdʒɛnəˌretɚ) *n.* 發電機

* **generosity**[4] (ˌdʒɛnəˈrɑsətɪ) *n.* 慷慨

** **generous**[2] (ˈdʒɛnərəs) *adj.* 慷慨的

G

genetic[6] (dʒə'nɛtɪk) *adj.* 遺傳的

genetics[6] (dʒə'nɛtɪks) *n.* 遺傳學

*****genius**[4] ('dʒinjəs) *n.* 天才

*****gentle**[2] ('dʒɛntḷ) *adj.* 溫柔的

*****gentleman**[2] ('dʒɛntḷmən) *n.* 紳士

*****genuine**[4] ('dʒɛnjuɪn) *adj.* 眞正的

geographical[5] (‚dʒiə'græfɪkḷ) *adj.* 地理的

*****geography**[2] (dʒi'ɑgrəfɪ) *n.* 地理學

geometry[5] (dʒi'ɑmətrɪ) *n.* 幾何學

*****germ**[4] (dʒɝm) *n.* 病菌

*****gesture**[3] ('dʒɛstʃɚ) *n.* 手勢

get[1] (gɛt) *v.* 得到

ghost[1] (gost) *n.* 鬼

*****giant**[2] ('dʒaɪənt) *n.* 巨人

gift[1] (gɪft) *n.* 禮物

*****gifted**[4] ('gɪftɪd) *adj.* 有天份的

*****gigantic**[4] (dʒaɪ'gæntɪk) *adj.* 巨大的

*****giggle**[4] ('gɪgḷ) *v.* 吃吃地笑

*****ginger**[4] ('dʒɪndʒɚ) *n.* 薑

*****giraffe**[2] (dʒə'ræf) *n.* 長頸鹿

G

girl[1] 〔 gɝl 〕 *n.* 女孩

give[1] 〔 gɪv 〕 *v.* 給

glacier[5] 〔 'gleʃɚ 〕 *n.* 冰河

glad[1] 〔 glæd 〕 *adj.* 高興的

glamour[6] 〔 'glæmɚ 〕 *n.* 魅力

glance[3] 〔 glæns 〕 *n. v.* 看一眼

glare[5] 〔 glɛr 〕 *v.* 怒視

glass[1] 〔 glæs 〕 *n.* 玻璃

glasses[1] 〔 'glæsɪz 〕 *n. pl.* 眼鏡

glassware[6] 〔 'glæs,wɛr 〕 *n.* 玻璃製品

gleam[5] 〔 glim 〕 *v.* 閃爍；發出微光

glee[5] 〔 gli 〕 *n.* 高興

glide[4] 〔 glaɪd 〕 *v.* 滑行

glimpse[4] 〔 glɪmps 〕 *v.* 瞥見；看一眼

glisten[6] 〔 'glɪsn̩ 〕 *v.* 閃爍

glitter[5] 〔 'glɪtɚ 〕 *v.* 閃爍

global[3] 〔 'globl̩ 〕 *adj.* 全球的

globe[4] 〔 glob 〕 *n.* 地球

gloom[5] 〔 glum 〕 *n.* 陰暗

gloomy[6] 〔 'glumɪ 〕 *adj.* 昏暗的

* **glorious** [4] ('gloriəs) *adj.* 光榮的

* **glory** [3] ('glori) *n.* 光榮

****glove** [2] (glʌv) *n.* 手套

* **glow** [3] (glo) *v.* 發光

****glue** [2] (glu) *n.* 膠水

GMO [6] *n.* 基因改造生物 (= *genetically modified organism*)

gnaw [5] (nɔ) *v.* 啃【注意發音】

****go** [1] (go) *v.* 去

* **goal** [2] (gol) *n.* 目標

****goat** [2] (got) *n.* 山羊

gobble [5] ('gabḷ) *v.* 狼吞虎嚥

* **god** [1] (gad) *n.* 神

* **goddess** [1] ('gadɪs) *n.* 女神

* **gold** [1] (gold) *n.* 黃金

golden [2] ('goldn) *adj.* 金色的;金製的

****golf** [2] (galf , gɔlf) *n.* 高爾夫球

****good** [1] (gud) *adj.* 好的

****good-bye** [1] (gud'baɪ) *interj.* 再見 (= *goodbye* ; *bye*)

* **goods** [4] (gudz) *n. pl.* 商品

G

****goose**[1] 〔 gus 〕 *n.* 鵝

　gorge[5] 〔 gɔrdʒ 〕 *n.* 峽谷

　gorgeous[5] 〔ˋgɔrdʒəs 〕 *adj.* 非常漂亮的

　gorilla[5] 〔 gəˋrɪlə 〕 *n.* 大猩猩

　gospel[5] 〔ˋgɑspḷ 〕 *n.* 福音

***gossip**[3] 〔ˋgɑsəp 〕 *v.* 說閒話

***govern**[2] 〔ˋgʌvən 〕 *v.* 統治

****government**[2] 〔ˋgʌvənmənt 〕 *n.* 政府

***governor**[3] 〔ˋgʌvənə 〕 *n.* 州長

***gown**[3] 〔 gaʊn 〕 *n.* 禮服

***grab**[3] 〔 græb 〕 *v.* 抓住

***grace**[4] 〔 gres 〕 *n.* 優雅

***graceful**[4] 〔ˋgresfəl 〕 *adj.* 優雅的

***gracious**[4] 〔ˋgreʃəs 〕 *adj.* 親切的

*****grade**[2] 〔 gred 〕 *n.* 成績 (= *score*)

***gradual**[3] 〔ˋgrædʒʊəl 〕 *adj.* 逐漸的

***graduate**[3] 〔ˋgrædʒʊ͵et 〕 *v.* 畢業

***graduation**[4] 〔͵grædʒʊˋeʃən 〕 *n.* 畢業

***grain**[3] 〔 gren 〕 *n.* 穀物

****gram**[3] 〔 græm 〕 *n.* 公克

***grammar**[4] 〔ˋgræmə 〕 *n.* 文法

G

* **grammatical**[4] 〔 grəˈmætɪkl̩ 〕 *adj.* 文法上的

* **grand**[1] 〔 grænd 〕 *adj.* 雄偉的

* **grandchild**[1] 〔ˈgrændˌtʃaɪld 〕 *n.* 孫子；孫女

* **granddaughter**[1] 〔ˈgrænˌdɔtɚ 〕 *n.* 孫女

* **grandfather**[1] 〔ˈgrændˌfɑðɚ 〕 *n.* 祖父
　　(= *grandpa*)

* **grandmother**[1] 〔ˈgrændˌmʌðɚ 〕 *n.* 祖母
　　(= *grandma*)

* **grandson**[1] 〔ˈgrænˌsʌn 〕 *n.* 孫子

　grant[5] 〔 grænt 〕 *v.* 答應

* **grape**[2] 〔 grep 〕 *n.* 葡萄

* **grapefruit**[4] 〔ˈgrepˌfrut 〕 *n.* 葡萄柚

　graph[6] 〔 græf 〕 *n.* 圖表

　graphic[6] 〔ˈgræfɪk 〕 *adj.* 圖解的

* **grasp**[3] 〔 græsp 〕 *v.* 抓住

* **grass**[1] 〔 græs 〕 *n.* 草

* **grasshopper**[3] 〔ˈgræsˌhɑpɚ 〕 *n.* 蚱蜢

　grassy[2] 〔ˈgræsɪ 〕 *adj.* 多草的

* **grateful**[4] 〔ˈgretfəl 〕 *adj.* 感激的

* **gratitude**[4] 〔ˈgrætəˌtjud 〕 *n.* 感激

G

* **grave**[4] 〔grev〕 *n.* 墳墓
* **gravity**[5] 〔'grævətɪ〕 *n.* 重力
* **gray**[1] 〔gre〕 *adj.* 灰色的 (= *grey*)
  graze[5] 〔grez〕 *v.* 吃草
  grease[5] 〔gris〕 *n.* 油脂
* **greasy**[4] 〔'grisɪ〕 *adj.* 油膩的
* **great**[1] 〔gret〕 *adj.* 大的；很棒的
  greed[5] 〔grid〕 *n.* 貪心
* **greedy**[2] 〔'gridɪ〕 *adj.* 貪心的
* **green**[1] 〔grin〕 *adj.* 綠色的
* **greenhouse**[3] 〔'grin‚haʊs〕 *n.* 溫室
* **greet**[2] 〔grit〕 *v.* 問候；迎接
* **greeting**[4] 〔'gritɪŋ〕 *n.* 問候
* **grief**[4] 〔grif〕 *n.* 悲傷
* **grieve**[4] 〔griv〕 *v.* 悲傷
  grill[6] 〔grɪl〕 *n.* 烤架   *v.* 用烤架烤
  grim[5] 〔grɪm〕 *adj.* 嚴厲的
* **grin**[3] 〔grɪn〕 *v.* 露齒而笑
* **grind**[4] 〔graɪnd〕 *v.* 磨
  grip[5] 〔grɪp〕 *v.* 緊抓

G

groan[5] 〔 gron 〕 v. 呻吟 (= *moan*)

grocer[6] 〔'grosɚ 〕 n. 雜貨商

***grocery**[3] 〔'grosərɪ 〕 n. 雜貨店

grope[6] 〔 grop 〕 v. 摸索

gross[5] 〔 gros 〕 adj. 全部的

****ground**[1] 〔 graʊnd 〕 n. 地面

****group**[1] 〔 grup 〕 n. 群;團體;小組

****grow**[1] 〔 gro 〕 v. 成長

growl[5] 〔 graʊl 〕 v. 咆哮

***growth**[2] 〔 groθ 〕 n. 成長

grumble[5] 〔'grʌmbl̩ 〕 v. 抱怨

G

***guarantee**[4] 〔ˌgærən'ti 〕 v. 保證

***guard**[2] 〔 gɑrd 〕 n. 警衛

guardian[3] 〔'gɑrdɪən 〕 n. 監護人

****guava**[2] 〔'gwɑvə 〕 n. 芭樂

guerrilla[6] 〔 gə'rɪlə 〕 n. 游擊隊隊員

****guess**[1] 〔 gɛs 〕 v. 猜

***guest**[1] 〔 gɛst 〕 n. 客人

***guidance**[3] 〔'gaɪdn̩s 〕 n. 指導

****guide**[1] 〔 gaɪd 〕 v. 引導   n. 導遊

guideline[5]〔'gaɪd,laɪn〕*n.* 指導方針

* **guilt**[4] 〔gɪlt〕*n.* 罪

* **guilty**[4] 〔'gɪltɪ〕*adj.* 有罪的

** **guitar**[2] 〔gɪ'tɑr〕*n.* 吉他

* **gulf**[4] 〔gʌlf〕*n.* 海灣

gulp[5] 〔gʌlp〕*v.* 大口地喝

* **gum**[3] 〔gʌm〕*n.* 口香糖 (= *chewing gum*)

** **gun**[1] 〔gʌn〕*n.* 槍

gust[5] 〔gʌst〕*n.* 一陣風

gut[5] 〔gʌt〕*n.* 腸

** **guy**[2] 〔gaɪ〕*n.* 人；傢伙

** **gym**[3] 〔dʒɪm〕*n.* 體育館；健身房 (= *gymnasium*)

Gypsy[5] 〔'dʒɪpsɪ〕*n.* 吉普賽人

H h

** **habit**[2] 〔'hæbɪt〕*n.* 習慣

habitat[6] 〔'hæbə,tæt〕*n.* 棲息地

* **habitual**[4] 〔hə'bɪtʃʊəl〕*adj.* 習慣性的

hack[6] 〔hæk〕*v.* 猛砍

hacker[6] 〔'hækɚ〕*n.* 駭客

hail[6,5] 〔hel〕 v. 向～歡呼 n. 冰雹

hair[1] 〔hɛr〕 n. 頭髮

haircut[1] 〔'hɛr͵kʌt〕 n. 理髮

hairdo[5] 〔'hɛr͵du〕 n. 髮型

hairdresser[3] 〔'hɛr͵drɛsɚ〕 n. 美髮師

hairstyle[5] 〔'hɛr͵staɪl〕 n. 髮型

half[1] 〔hæf〕 n. 一半【注意發音】

hall[2] 〔hɔl〕 n. 大廳

hallway[3] 〔'hɔl͵we〕 n. 走廊

halt[4] 〔hɔlt〕 v. 停止

ham[1] 〔hæm〕 n. 火腿

hamburger[2] 〔'hæmbɝgɚ〕 n. 漢堡 (= burger)

hammer[2] 〔'hæmɚ〕 n. 鐵鎚

hand[1] 〔hænd〕 n. 手

handful[3] 〔'hænd͵fʊl〕 n. 一把

handicap[5] 〔'hændɪ͵kæp〕 n. 身心殘障

handicraft[5] 〔'hændɪ͵kræft〕 n. 手工藝

handkerchief[2] 〔'hæŋkɚtʃɪf〕 n. 手帕

handle[2] 〔'hændḷ〕 v. 處理

handsome[2] 〔'hænsəm〕 adj. 英俊的

H

* **handwriting**[4] ('hænd,raɪtɪŋ) *n.* 筆跡

* **handy**[3] ('hændɪ) *adj.* 便利的;附近的

\# **hang**[2] (hæŋ) *v.* 懸掛

\#\# **hanger**[2] ('hæŋɚ) *n.* 衣架

\#\# **happen**[1] ('hæpən) *v.* 發生

\#\# **happy**[1] ('hæpɪ) *adj.* 快樂的

   harass[6] (hə'ræs) *v.* 騷擾

   harassment[6] (hə'ræsmənt) *n.* 騷擾

* **harbor**[3] ('harbɚ) *n.* 港口

\# **hard**[1] (hard) *adj.* 困難的   *adv.* 努力地

* **harden**[4] ('hardṇ) *v.* 變硬

\# **hardly**[2] ('hardlɪ) *adv.* 幾乎不

* **hardship**[4] ('hardʃɪp) *n.* 艱難

* **hardware**[4] ('hard,wɛr) *n.* 硬體

   hardy[5] ('hardɪ) *adj.* 強健的;耐寒的

* **harm**[3] (harm) *v. n.* 傷害

* **harmful**[3] ('harmfəl) *adj.* 有害的

* **harmonica**[4] (har'manɪkə) *n.* 口琴

* **harmony**[4] ('harmənɪ) *n.* 和諧

   harness[5] ('harnɪs) *v.* 利用

* **harsh**[4] 〔 hɑrʃ 〕 *adj.* 嚴厲的

* **harvest**[3] 〔'hɑrvɪst 〕 *n.* 收穫

* **haste**[4] 〔 hest 〕 *n.* 匆忙

* **hasten**[4] 〔'hesn̩ 〕 *v.* 催促；趕快

* **hasty**[3] 〔'hestɪ 〕 *adj.* 匆忙的

** **hat**[1] 〔 hæt 〕 *n.* 帽子

* **hatch**[3] 〔 hætʃ 〕 *v.* 孵化

** **hate**[1] 〔 het 〕 *v.* 恨；討厭

  hateful[2] 〔'hetfəl 〕 *adj.* 可恨的

* **hatred**[4] 〔'hetrɪd 〕 *n.* 憎恨

  haul[5] 〔 hɔl 〕 *v.* 拖；拉

  haunt[5] 〔 hɔnt 〕 *v.* (鬼魂) 出沒於

** **have**[1] 〔 hæv 〕 *v.* 有

* **hawk**[3] 〔 hɔk 〕 *n.* 老鷹

* **hay**[3] 〔 he 〕 *n.* 乾草

  hazard[6] 〔'hæzəd 〕 *n.* 危險

** **he**[1] 〔 hi 〕 *pron.* 他

** **head**[1] 〔 hɛd 〕 *n.* 頭

* **headline**[3] 〔'hɛd‚laɪn 〕 *n.* (報紙的) 標題

* **headphone**[4] 〔'hɛd‚fon 〕 *n.* 耳機

H

* **headquarters**³ (ˈhɛdˈkwɔrtɚz) *n.* 總部

* **heal**³ (hil) *v.* 痊癒

‡ **health**¹ (hɛlθ) *n.* 健康

* **healthful**⁴ (ˈhɛlθfəl) *adj.* 有益健康的

‡ **healthy**² (ˈhɛlθɪ) *adj.* 健康的

* **heap**³ (hip) *n.* (一) 堆

‡ **hear**¹ (hɪr) *v.* 聽到

‡ **heart**¹ (hɑrt) *n.* 心

hearty⁵ (ˈhɑrtɪ) *adj.* 真摯的

‡ **heat**¹ (hit) *n.* 熱

‡ **heater**² (ˈhitɚ) *n.* 暖氣機

* **heaven**³ (ˈhɛvən) *n.* 天堂

heavenly⁵ (ˈhɛvənlɪ) *adj.* 天空的

‡ **heavy**¹ (ˈhɛvɪ) *adj.* 重的；大量的

hedge⁵ (hɛdʒ) *n.* 樹籬

heed⁵ (hid) *v. n.* 注意

* **heel**³ (hil) *n.* 腳跟

‡ **height**² (haɪt) *n.* 高度

heighten⁵ (ˈhaɪtn̩) *v.* 升高

heir⁵ (ɛr) *n.* 繼承人【注意發音】

‡ **helicopter**⁴ (ˈhɛlɪˌkɑptɚ) *n.* 直昇機

* **hell**³ 〔hɛl〕 *n.* 地獄

‡ **hello**¹ 〔hə'lo〕 *interj.* 哈囉

* **helmet**³ 〔'hɛlmɪt〕 *n.* 安全帽

‡ **help**¹ 〔hɛlp〕 *n. v.* 幫助

‡ **helpful**² 〔'hɛlpfəl〕 *adj.* 有幫助的

hemisphere⁶ 〔'hɛməs,fɪr〕 *n.* 半球

‡ **hen**² 〔hɛn〕 *n.* 母雞

hence⁵ 〔hɛns〕 *adv.* 因此

‡ **her**¹ 〔hɝ〕 *pron.* 她的

herald⁵ 〔'hɛrəld〕 *n.* 預兆；前鋒 *v.* 預告

herb⁵ 〔ɝb , hɝb〕 *n.* 草藥

* **herd**⁴ 〔hɝd〕 *n.* (牛) 群

‡ **here**¹ 〔hɪr〕 *adv.* 這裡

hereafter⁶ 〔hɪr'æftɚ〕 *adv.* 今後；將來

heritage⁶ 〔'hɛrətɪdʒ〕 *n.* 遺產

hermit⁵ 〔'hɝmɪt〕 *n.* 隱士

* **hero**² 〔'hɪro〕 *n.* 英雄

heroic⁵ 〔hɪ'ro·ɪk〕 *adj.* 英雄的；英勇的

heroin⁶ 〔'hɛro·ɪn〕 *n.* 海洛英

* **heroine**² 〔'hɛro·ɪn〕 *n.* 女英雄

‡**hers**¹ 〔 hɝz 〕 *pron.* 她的（東西）

***hesitate**³ 〔 'hɛzə,tet 〕 *v.* 猶豫

***hesitation**⁴ 〔,hɛzə'teʃən 〕 *n.* 猶豫

heterosexual⁵ 〔,hɛtərə'sɛkʃʊəl 〕 *adj.* 異性戀的

‡‡**hide**² 〔 haɪd 〕 *v.* 隱藏

hi-fi⁵ 〔 'haɪ'faɪ 〕 *n.* 高傳眞（ = *high fidelity* ）

‡‡**high**¹ 〔 haɪ 〕 *adj.* 高的

highlight⁶ 〔 'haɪ,laɪt 〕 *v.* 強調

***highly**⁴ 〔 'haɪlɪ 〕 *adv.* 非常地

‡**highway**² 〔 'haɪ,we 〕 *n.* 公路

hijack⁵ 〔 'haɪ,dʒæk 〕 *v.* 劫（機）

‡**hike**³ 〔 haɪk 〕 *v.* 健行

‡‡**hill**¹ 〔 hɪl 〕 *n.* 山丘

‡‡**him**¹ 〔 hɪm 〕 *pron.* he 的受格

***hint**³ 〔 hɪnt 〕 *n.* 暗示

‡**hip**² 〔 hɪp 〕 *n.* 屁股

‡**hippo**² 〔 'hɪpo 〕 *n.* 河馬

***hippopotamus**² 〔,hɪpə'patəməs 〕 *n.* 河馬
　（ = *hippo* ）

‡**hire**² 〔 haɪr 〕 *v.* 僱用

‡‡ **his**[1] 〔 hɪz 〕 *pron.* 他的

  hiss[5] 〔 hɪs 〕 *v.* 發出嘶嘶聲；發出噓聲

* **historian**[3] 〔 hɪsˈtorɪən 〕 *n.* 歷史學家

* **historic**[3] 〔 hɪsˈtɔrɪk 〕 *adj.* 歷史上重要的

* **historical**[3] 〔 hɪsˈtɔrɪkḷ 〕 *adj.* 歷史的

‡ **history**[1] 〔 ˈhɪstrɪ 〕 *n.* 歷史

‡‡ **hit**[1] 〔 hɪt 〕 *v.* 打

* **hive**[3] 〔 haɪv 〕 *n.* 蜂巢

  hoarse[5] 〔 hors 〕 *adj.* 沙啞的

‡ **hobby**[2] 〔 ˈhɑbɪ 〕 *n.* 嗜好

  hockey[5] 〔 ˈhɑkɪ 〕 *n.* 曲棍球

‡‡ **hold**[1] 〔 hold 〕 *v.* 握住

  holder[2] 〔 ˈholdɚ 〕 *n.* 保持者

* **hole**[1] 〔 hol 〕 *n.* 洞

‡‡ **holiday**[1] 〔 ˈhɑləˌde 〕 *n.* 假日

* **hollow**[3] 〔 ˈhɑlo 〕 *adj.* 中空的

* **holy**[3] 〔 ˈholɪ 〕 *adj.* 神聖的

‡ **home**[1] 〔 hom 〕 *n.* 家

* **homeland**[4] 〔 ˈhomˌlænd 〕 *n.* 祖國

‡‡ **homesick**[2] 〔 ˈhomˌsɪk 〕 *adj.* 想家的

hometown[3]〔'hom'taʊn〕 *n.* 家鄉

*****homework**[1] 〔'hom,wɝk〕 *n.* 功課

homosexual[5] 〔,homə'sɛkʃʊəl〕 *adj.* 同性戀的

*****honest**[2] 〔'ɑnɪst〕 *adj.* 誠實的

****honesty**[3] 〔'ɑnɪstɪ〕 *n.* 誠實

****honey**[2] 〔'hʌnɪ〕 *n.* 蜂蜜

***honeymoon**[4] 〔'hʌnɪ,mun〕 *n.* 蜜月旅行

honk[5] 〔hɔŋk〕 *v.* 按（喇叭）

***honor**[3] 〔'ɑnɚ〕 *n.* 光榮

***honorable**[4] 〔'ɑnərəbḷ〕 *adj.* 光榮的

honorary[6] 〔'ɑnə,rɛrɪ〕 *adj.* 名譽的

hood[5] 〔hʊd〕 *n.* 頭巾；兜帽

hoof[5] 〔huf〕 *n.* （馬）蹄

***hook**[4] 〔hʊk〕 *n.* 鉤子

****hop**[2] 〔hap〕 *v.* 跳

****hope**[1] 〔hop〕 *v.* 希望

***hopeful**[4] 〔'hopfəl〕 *adj.* 充滿希望的

***horizon**[4] 〔hə'raɪzn̩〕 *n.* 地平線

horizontal[5] 〔,harə'zantḷ〕 *adj.* 水平的

hormone[6] 〔'hɔrmon〕 *n.* 荷爾蒙

* **horn**³ 〔 hɔrn 〕 *n.* (牛、羊的) 角；喇叭

** **horrible**³ 〔 ˈhɔrəbḷ, ˈhɑrəbḷ 〕 *adj.* 可怕的

* **horrify**⁴ 〔 ˈhɔrəˌfaɪ, ˈhɑrəˌfaɪ 〕 *v.* 使驚嚇

* **horror**³ 〔 ˈhɔrɚ, ˈhɑrɚ 〕 *n.* 恐怖

** **horse**¹ 〔 hɔrs 〕 *n.* 馬

* **hose**⁴ 〔 hoz 〕 *n.* 軟管

 hospitable⁶ 〔 ˈhɑspɪtəbḷ 〕 *adj.* 好客的

** **hospital**² 〔 ˈhɑspɪtḷ 〕 *n.* 醫院

 hospitality⁶ 〔 ˌhɑspɪˈtælətɪ 〕 *n.* 好客；慇懃款待

 hospitalize⁶ 〔 ˈhɑspɪtḷˌaɪz 〕 *v.* 使住院

** **host**²˒⁴ 〔 host 〕 *n.* 主人；主持人
   v. 擔任…的主人

 hostage⁵ 〔 ˈhɑstɪdʒ 〕 *n.* 人質

* **hostel**⁴ 〔 ˈhɑstḷ 〕 *n.* 青年旅館

* **hostess**² 〔 ˈhostɪs 〕 *n.* 女主人

 hostile⁵ 〔 ˈhɑstḷ, ˈhɑstɪl 〕 *adj.* 敵對的；有敵意的

 hostility⁶ 〔 hasˈtɪlətɪ 〕 *n.* 敵意

** **hot**¹ 〔 hat 〕 *adj.* 熱的

** **hotel**² 〔 hoˈtɛl 〕 *n.* 旅館

 hound⁵ 〔 haund 〕 *n.* 獵犬

** **hour**¹ 〔 aʊr 〕 *n.* 小時

* **hourly**³〔'aʊrlɪ〕*adj.* 每隔一小時的

** **house**¹〔haʊs〕*n.* 房子

* **household**⁴〔'haʊsˌhold〕*adj.* 家庭的

* **housekeeper**³〔'haʊsˌkipɚ〕*n.* 家庭主婦；女管家

** **housewife**⁴〔'haʊsˌwaɪf〕*n.* 家庭主婦

** **housework**⁴〔'haʊsˌwɝk〕*n.* 家事

* **housing**⁵〔'haʊzɪŋ〕*n.* 住宅

    hover⁵〔'hʌvɚ〕*v.* 盤旋

** **how**¹〔haʊ〕*adv.* 如何

** **however**²〔haʊ'ɛvɚ〕*adv.* 然而

    howl⁵〔haʊl〕*v.* 嗥叫

* **hug**³〔hʌg〕*v. n.* 擁抱

* **huge**¹〔hjudʒ〕*adj.* 巨大的

* **hum**²〔hʌm〕*v.* 哼唱

* **human**¹〔'hjumən〕*n.* 人

    humanitarian⁶〔hjuˌmænə'tɛrɪən〕*n.*
    人道主義者

* **humanity**⁴〔hju'mænətɪ〕*n.* 人性；人類

** **humble**²〔'hʌmbḷ〕*adj.* 謙卑的

** **humid**²〔'hjumɪd〕*adj.* 潮溼的

* **humidity**[4] ﹝ hju'mɪdətɪ ﹞ *n.* 潮溼

  humiliate[6] ﹝ hju'mɪlɪˌet ﹞ *v.* 使丟臉

** **humor**[2] ﹝ 'hjumɚ ﹞ *n.* 幽默 (= *humour*【英式用法】)

* **humorous**[3] ﹝ 'hjumərəs ﹞ *adj.* 幽默的

  hunch[6] ﹝ hʌntʃ ﹞ *n.* 預感；直覺

** **hundred**[1] ﹝ 'hʌndrəd ﹞ *n.* 百

** **hunger**[2] ﹝ 'hʌŋgɚ ﹞ *n.* 飢餓

** **hungry**[1] ﹝ 'hʌŋgrɪ ﹞ *adj.* 飢餓的

* **hunt**[2] ﹝ hʌnt ﹞ *v.* 打獵；獵捕

* **hunter**[2] ﹝ 'hʌntɚ ﹞ *n.* 獵人

  hurdle[6] ﹝ 'hɝdl̩ ﹞ *n.* 障礙物；跨欄

  hurl[5] ﹝ hɝl ﹞ *v.* 用力投擲

* **hurricane**[4] ﹝ 'hɝɪˌken ﹞ *n.* 颶風

** **hurry**[2] ﹝ 'hɝɪ ﹞ *v.* 趕快

** **hurt**[1] ﹝ hɝt ﹞ *v.* 傷害

** **husband**[1] ﹝ 'hʌzbənd ﹞ *n.* 丈夫

* **hush**[3] ﹝ hʌʃ ﹞ *v.* 使安靜

* **hut**[3] ﹝ hʌt ﹞ *n.* 小木屋

* **hydrogen**[4] ﹝ 'haɪdrədʒən ﹞ *n.* 氫

  hygiene[6] ﹝ 'haɪdʒin ﹞ *n.* 衛生

H

hymn[5] 〔 hɪm 〕 n. 讚美詩

hypocrisy[6] 〔 hɪˋpɑkrəsɪ 〕 n. 偽善

hypocrite[6] 〔ˋhɪpəˌkrɪt 〕 n. 偽君子

hysterical[6] 〔 hɪsˋtɛrɪkl̩ 〕 adj. 歇斯底里的

I i

I[1] 〔 aɪ 〕 pron. 我

ice[1] 〔 aɪs 〕 n. 冰

iceberg[4] 〔ˋaɪsˌbɝg 〕 n. 冰山

icy[3] 〔ˋaɪsɪ 〕 adj. 結冰的

idea[1] 〔 aɪˋdiə 〕 n. 想法

ideal[3] 〔 aɪˋdiəl 〕 adj. 理想的

identical[4] 〔 aɪˋdɛntɪkl̩ 〕 adj. 完全相同的

identification[4] 〔 aɪˌdɛntəfəˋkeʃən 〕 n. 確認身份；身份証明（文件）

identify[4] 〔 aɪˋdɛntəˌfaɪ 〕 v. 辨識；確認

identity[3] 〔 aɪˋdɛntətɪ 〕 n. 身分

idiom[4] 〔ˋɪdɪəm 〕 n. 成語

idiot[5] 〔ˋɪdɪət 〕 n. 白痴

idle[4] 〔ˋaɪdl̩ 〕 adj. 懶惰的；遊手好閒的

*__idol__⁴ 〔'aɪdḷ〕 *n.* 偶像

⁑__if__¹ 〔ɪf〕 *conj.* 如果

*__ignorance__³ 〔'ɪgnərəns〕 *n.* 無知

*__ignorant__⁴ 〔'ɪgnərənt〕 *adj.* 無知的

⁑__ignore__² 〔ɪg'nor〕 *v.* 忽視（= *neglect*）

⁑__ill__² 〔ɪl〕 *adj.* 生病的

  __illuminate__⁶ 〔ɪ'lumə͵net〕 *v.* 照亮

  __illusion__⁶ 〔ɪ'luʒən〕 *n.* 幻覺

*__illustrate__⁴ 〔'ɪləstret〕 *v.* 圖解說明

*__illustration__⁴ 〔͵ɪləs'treʃən〕 *n.* 插圖；實例

*__image__³ 〔'ɪmɪdʒ〕 *n.* 形象

*__imaginable__⁴ 〔ɪ'mædʒɪnəbḷ〕 *adj.* 想像得到的

*__imaginary__⁴ 〔ɪ'mædʒə͵nɛrɪ〕 *adj.* 虛構的

*__imagination__³ 〔ɪ͵mædʒə'neʃən〕 *n.* 想像力

*__imaginative__⁴ 〔ɪ'mædʒə͵netɪv〕 *adj.* 有想像力的

⁑__imagine__² 〔ɪ'mædʒɪn〕 *v.* 想像

*__imitate__⁴ 〔'ɪmə͵tet〕 *v.* 模仿

*__imitation__⁴ 〔͵ɪmə'teʃən〕 *n.* 模仿

*__immediate__³ 〔ɪ'midɪɪt〕 *adj.* 立刻的

  __immense__⁵ 〔ɪ'mɛns〕 *adj.* 巨大的

I

***immigrant**[4] 〔'ɪməgrənt 〕*n.* (從外國來的) 移民

***immigrate**[4] 〔'ɪməˌgret 〕*v.* 移入

***immigration**[4] 〔ˌɪmə'greʃən 〕*n.* 移入

 immune[6] 〔 ɪ'mjun 〕*adj.* 免疫的

***impact**[4] 〔'ɪmpækt 〕*n.* 衝擊；影響

 imperative[6] 〔 ɪm'pɛrətɪv 〕*adj.* 緊急的；必須的

 imperial[5] 〔 ɪm'pɪrɪəl 〕*adj.* 帝國的；皇室的

 implement[6] 〔'ɪmpləˌmɛnt 〕*v.* 實施

 implication[6] 〔ˌɪmplɪ'keʃən 〕*n.* 暗示

 implicit[6] 〔 ɪm'plɪsɪt 〕*adj.* 暗示的

***imply**[4] 〔 ɪm'plaɪ 〕*v.* 暗示

***import**[3] 〔 ɪm'port 〕*v.* 進口

****importance**[2] 〔 ɪm'portn̩s 〕*n.* 重要性

****important**[1] 〔 ɪm'portn̩t 〕*adj.* 重要的

 impose[5] 〔 ɪm'poz 〕*v.* 強加

 imposing[6] 〔 ɪm'pozɪŋ 〕*adj.* 雄偉的

***impress**[3] 〔 ɪm'prɛs 〕*v.* 使印象深刻

***impression**[4] 〔 ɪm'prɛʃən 〕*n.* 印象

***impressive**[3] 〔 ɪm'prɛsɪv 〕*adj.* 令人印象深刻的

 imprison[6] 〔 ɪm'prɪzn̩ 〕*v.* 囚禁

I

imprisonment[6]〔 ɪm'prɪzṇmənt 〕 *n.* 囚禁

***improve**[2]〔 ɪm'pruv 〕 *v.* 改善

***improvement**[2]〔 ɪm'pruvmənt 〕 *n.* 改善

impulse[5]〔 'ɪmpʌls 〕 *n.* 衝動

****in**[1]〔 ɪn 〕 *prep.* 在…裡面

incense[5]〔 'ɪnsɛns 〕 *n.* (供神所焚燒的) 香

incentive[6]〔 ɪn'sɛntɪv 〕 *n.* 鼓勵；動機

***inch**[1]〔 ɪntʃ 〕 *n.* 英吋

***incident**[4]〔 'ɪnsədənt 〕 *n.* 事件

incidental[6]〔 ‚ɪnsə'dɛntḷ 〕 *adj.* 附帶的；偶發的

incline[6]〔 ɪn'klaɪn 〕 *v.* 使傾向於

****include**[2]〔 ɪn'klud 〕 *v.* 包括

***including**[4]〔 ɪn'kludɪŋ 〕 *prep.* 包括

inclusive[6]〔 ɪn'klusɪv 〕 *adj.* 包括的

****income**[2]〔 'ɪn‚kʌm 〕 *n.* 收入

****increase**[2]〔 ɪn'kris 〕 *v.* 增加

***indeed**[3]〔 ɪn'did 〕 *adv.* 的確；真正地

***independence**[2]〔 ‚ɪndɪ'pɛndəns 〕 *n.* 獨立

***independent**[2]〔 ‚ɪndɪ'pɛndənt 〕 *adj.* 獨立的；
不依賴的

index[5] ('ɪndɛks) *n.* 索引

＊**indicate**[2] ('ɪndə,ket) *v.* 指出

＊**indication**[4] (,ɪndə'keʃən) *n.* 跡象；指標

indifference[5] (ɪn'dɪfrəns) *n.* 漠不關心

indifferent[5] (ɪn'dɪfrənt) *adj.* 漠不關心的

indignant[5] (ɪn'dɪgnənt) *adj.* 憤怒的

indignation[6] (,ɪndɪg'neʃən) *n.* 憤怒

indispensable[5] (,ɪndɪs'pɛnsəbḷ) *adj.* 不可或缺的

＊**individual**[3] (,ɪndə'vɪdʒuəl) *adj.* 個別的 *n.* 個人

＊**indoor**[3] ('ɪn,dor) *adj.* 室內的

＊**indoors**[3] ('ɪn'dorz) *adv.* 在室內

induce[5] (ɪn'djus , ɪn'dus) *v.* 引起；導致

indulge[5] (ɪn'dʌldʒ) *v.* 使沈迷

＊**industrial**[3] (ɪn'dʌstrɪəl) *adj.* 工業的

＊**industrialize**[4] (ɪn'dʌstrɪəl,aɪz) *v.* 使工業化

＊**industry**[2] ('ɪndəstrɪ) *n.* 工業；勤勉

inevitable[6] (ɪn'ɛvətəbḷ) *adj.* 不可避免的

＊**infant**[4] ('ɪnfənt) *n.* 嬰兒；幼兒

＊**infect**[4] (ɪn'fɛkt) *v.* 傳染；感染

＊**infection**[4] (ɪn'fɛkʃən) *n.* 感染

*infectious[6] (ɪn'fɛkʃəs) *adj.* 傳染性的

infer[6] (ɪn'fɝ) *v.* 推論

inference[6] ('ɪnfərəns) *n.* 推論

*inferior[3] (ɪn'fɪrɪə) *adj.* 較差的

infinite[5] ('ɪnfənɪt) *adj.* 無限的

*inflation[4] (ɪn'fleʃən) *n.* 通貨膨脹

*influence[2] ('ɪnfluəns) *n.* 影響

*influential[4] (ˌɪnflu'ɛnʃəl) *adj.* 有影響力的

*inform[3] (ɪn'fɔrm) *v.* 通知

*information[4] (ˌɪnfə'meʃən) *n.* 資訊

*informative[4] (ɪn'fɔrmətɪv) *adj.* 知識性的

ingenious[6] (ɪn'dʒinjəs) *adj.* 有發明才能的；
巧妙的

ingenuity[6] (ˌɪndʒə'nuətɪ) *n.* 聰明

*ingredient[4] (ɪn'gridɪənt) *n.* 原料

inhabit[6] (ɪn'hæbɪt) *v.* 居住於
(= *dwell in* = *reside in* = *live in*)

inhabitant[6] (ɪn'hæbətənt) *n.* 居民

inherent[6] (ɪn'hɪrənt) *adj.* 與生俱來的

inherit[5] (ɪn'hɛrɪt) *v.* 繼承

*__initial__[4] ﹝ ɪ'nɪʃəl ﹞ *adj.* 最初的

__initiate__[5] ﹝ ɪ'nɪʃɪˌet ﹞ *v.* 創始

__initiative__[6] ﹝ ɪ'nɪʃɪˌetɪv ﹞ *n.* 主動權

__inject__[6] ﹝ ɪn'dʒɛkt ﹞ *v.* 注射

__injection__[6] ﹝ ɪn'dʒɛkʃən ﹞ *n.* 注射

*__injure__[3] ﹝ 'ɪndʒɚ ﹞ *v.* 傷害

__injury__[3] ﹝ 'ɪndʒərɪ ﹞ *n.* 傷

__injustice__[6] ﹝ ɪn'dʒʌstɪs ﹞ *n.* 不公平

*__ink__[2] ﹝ ɪŋk ﹞ *n.* 墨水

__inland__[5] ﹝ 'ɪnlənd ﹞ *adj.* 內陸的;國內的

*__inn__[3] ﹝ ɪn ﹞ *n.* 小旅館

*__inner__[3] ﹝ 'ɪnɚ ﹞ *adj.* 內部的

*__innocence__[4] ﹝ 'ɪnəsn̩s ﹞ *n.* 清白;天眞

*__innocent__[3] ﹝ 'ɪnəsn̩t ﹞ *adj.* 清白的;天眞的

__innovation__[6] ﹝ ˌɪnə'veʃən ﹞ *n.* 創新

__innovative__[6] ﹝ 'ɪnoˌvetɪv ﹞ *adj.* 創新的

__innumerable__[5] ﹝ ɪ'njumərəbl̩ ﹞ *adj.* 無數的

*__input__[4] ﹝ 'ɪnˌpʊt ﹞ *n.* 輸入;投入

__inquire__[5] ﹝ ɪn'kwaɪr ﹞ *v.* 詢問 (= *ask*)

__inquiry__[6] ﹝ ɪn'kwaɪrɪ ﹞ *n.* 詢問

insect[2] ('msɛkt) *n.* 昆蟲

insert[4] (m's3t) *v.* 插入

inside[1] (m'saɪd) *prep.* 在…裡面

insight[6] ('m,saɪt) *n.* 洞察力；深入的了解

insist[2] (m'sɪst) *v.* 堅持

insistence[6] (m'sɪstəns) *n.* 堅持

inspect[3] (m'spɛkt) *v.* 檢查

inspection[4] (m'spɛkʃən) *n.* 檢查

inspector[3] (m'spɛktɚ) *n.* 檢查員

inspiration[4] (,mspə'reʃən) *n.* 靈感

inspire[4] (m'spaɪr) *v.* 激勵；給予靈感

install[4] (m'stɔl) *v.* 安裝

installation[6] (,mstə'leʃən) *n.* 安裝

installment[6] (m'stɔlmənt) *n.* 分期付款的錢

instance[2] ('mstəns) *n.* 實例

instant[2] ('mstənt) *adj.* 立即的

instead[3] (m'stɛd) *adv.* 作為代替

instinct[4] ('mstɪŋkt) *n.* 本能

institute[5] ('mstə,tjut) *n.* 協會；機構

institution[6] (,mstə'tjuʃən) *n.* 機構

instruct[4]〔 ɪn'strʌkt 〕 v. 教導

instruction[3] 〔 ɪn'strʌkʃən 〕 n. 教導

* **instructor**[4] 〔 ɪn'strʌktə 〕 n. 講師

‡ **instrument**[2] 〔'ɪnstrəmənt 〕 n. 儀器；樂器

* **insult**[4] 〔 ɪn'sʌlt 〕 v. 侮辱

* **insurance**[4] 〔 ɪn'ʃʊrəns 〕 n. 保險

insure[5] 〔 ɪn'ʃʊr 〕 v. 為…投保

intact[6] 〔 ɪn'tækt 〕 adj. 完整的

integrate[6] 〔'ɪntə‚gret 〕 v. 整合；合併

integration[6] 〔‚ɪntə'greʃən 〕 n. 整合

integrity[6] 〔 ɪn'tɛgrətɪ 〕 n. 正直

intellect[6] 〔'ɪntḷ‚ɛkt 〕 n. 智力；知識分子

* **intellectual**[4] 〔‚ɪntḷ'ɛktʃʊəl 〕 adj. 智力的

* **intelligence**[4] 〔 ɪn'tɛlədʒəns 〕 n. 智力；聰明才智

‡ **intelligent**[4] 〔 ɪn'tɛlədʒənt 〕 adj. 聰明的

* **intend**[4] 〔 ɪn'tɛnd 〕 v. 打算

* **intense**[4] 〔 ɪn'tɛns 〕 adj. 強烈的

* **intensify**[4] 〔 ɪn'tɛnsə‚faɪ 〕 v. 加強

* **intensity**[4] 〔 ɪn'tɛnsətɪ 〕 n. 強度

* **intensive**[4] 〔 ɪn'tɛnsɪv 〕 adj. 密集的

intent[5]〔 ɪn'tɛnt 〕 *n.* 意圖 *adj.* 專心的

***intention**[4] 〔 ɪn'tɛnʃən 〕 *n.* 企圖

***interact**[4] 〔 ˌɪntɚ'ækt 〕 *v.* 相互作用

***interaction**[4] 〔 ˌɪntɚ'ækʃən 〕 *n.* 相互作用

****interest**[1] 〔'ɪntrɪst 〕 *v.* 使感興趣

***interfere**[4] 〔 ˌɪntɚ'fɪr 〕 *v.* 干涉

***interference**[5] 〔 ˌɪntɚ'fɪrəns 〕 *n.* 干涉

interior[5] 〔 ɪn'tɪrɪɚ 〕 *adj.* 內部的

***intermediate**[4] 〔 ˌɪntɚ'midɪɪt 〕 *adj.* 中級的

***internal**[3] 〔 ɪn'tɝnḷ 〕 *adj.* 內部的

****international**[2] 〔 ˌɪntɚ'næʃənḷ 〕 *adj.* 國際的

****Internet**[4] 〔'ɪntɚˌnɛt 〕 *n.* 網際網路

***interpret**[4] 〔 ɪn'tɝprɪt 〕 *v.* 解釋;口譯

***interpretation**[5] 〔 ɪnˌtɝprɪ'teʃən 〕 *n.* 解釋

interpreter[5] 〔 ɪn'tɝprɪtɚ 〕 *n.* 口譯者

****interrupt**[3] 〔 ˌɪntə'rʌpt 〕 *v.* 打斷

***interruption**[4] 〔 ˌɪntə'rʌpʃən 〕 *n.* 打斷

intersection[6] 〔 ˌɪntɚ'sɛkʃən 〕 *n.* 十字路口
(= *crossroads*)

interval[6] 〔'ɪntɚvḷ 〕 *n.* (時間的) 間隔

I

intervene[6] 〔͵ɪntɚˋvin 〕 v. 介入；調停

intervention[6] 〔͵ɪntɚˋvɛnʃən 〕 n. 介入

‡**interview**[2] 〔ˋɪntɚ͵vju 〕 n. 面試

intimacy[6] 〔ˋɪntəməsɪ 〕 n. 親密

* **intimate**[4] 〔ˋɪntəmɪt 〕 adj. 親密的

intimidate[6] 〔ɪnˋtɪmə͵det 〕 v. 威脅

‡‡**into**[1] 〔ˋɪntʊ 〕 prep. 到…之內

* **intonation**[4] 〔͵ɪntoˋneʃən 〕 n. 語調

‡**introduce**[2] 〔͵ɪntrəˋdjus 〕 v. 介紹；引進

* **introduction**[3] 〔͵ɪntrəˋdʌkʃən 〕 n. 介紹

intrude[6] 〔ɪnˋtrud 〕 v. 闖入；打擾

intruder[6] 〔ɪnˋtrudɚ 〕 n. 入侵者

intuition[5] 〔͵ɪntjuˋɪʃən 〕 n. 直覺

* **invade**[4] 〔ɪnˋved 〕 v. 入侵

invaluable[6] 〔ɪnˋvæljəbḷ 〕 adj. 珍貴的；無價的

* **invasion**[4] 〔ɪnˋveʒən 〕 n. 侵略；侵害

‡**invent**[2] 〔ɪnˋvɛnt 〕 v. 發明

* **invention**[4] 〔ɪnˋvɛnʃən 〕 n. 發明

* **inventor**[3] 〔ɪnˋvɛntɚ 〕 n. 發明者

inventory[6] 〔ˋɪnvən͵torɪ 〕 n. 存貨清單

* **invest**[4] 〔ɪnˋvɛst 〕 v. 投資

*investigate³ 〔 ɪn'vɛstə,get 〕 v. 調查

*investigation⁴ 〔 ɪn,vɛstə'geʃən 〕 n. 調查

investigator⁶ 〔 ɪn'vɛstə,getɚ 〕 n. 調查員

*investment⁴ 〔 ɪn'vɛstmənt 〕 n. 投資

*invitation² 〔 ,ɪnvə'teʃən 〕 n. 邀請

*invite² 〔 ɪn'vaɪt 〕 v. 邀請

*involve⁴ 〔 ɪn'valv 〕 v. 使牽涉

*involvement⁴ 〔 ɪn'valvmənt 〕 n. 牽涉

inward⁵ 〔'ɪnwɚd 〕 adv. 向內地 (= inwards)

IQ⁶ n. 智商 (= intelligence quotient)

*iron¹ 〔'aɪən 〕 n. 鐵 v. 熨燙

ironic⁶ 〔 aɪ'ranɪk 〕 adj. 諷刺的

irony⁶ 〔'aɪrənɪ 〕 n. 諷刺

irritable⁶ 〔'ɪrətəbḷ 〕 adj. 易怒的

irritate⁶ 〔'ɪrə,tet 〕 v. 激怒

irritation⁶ 〔,ɪrə'teʃən 〕 n. 激怒

*is¹ 〔 ɪz 〕 v. be 的第三人稱單數

*island² 〔'aɪlənd 〕 n. 島

isle⁵ 〔 aɪl 〕 n. 島【注意發音】

*isolate⁴ 〔'aɪsḷ,et 〕 v. 使隔離

*__isolation__[4] ﹝ˌaɪslˈeʃən﹞ *n.* 隔離

 __issue__[5] ﹝'ɪʃu ,'ɪʃju﹞ *n.* 議題

‡__it__[1] ﹝ ɪt ﹞ *pron.* 它

*__itch__[4] ﹝ ɪtʃ ﹞ *v. n.* 癢

*__item__[2] ﹝'aɪtəm﹞ *n.* 項目

‡__its__[1] ﹝ ɪts ﹞ *pron.* 它的

*__ivory__[3] ﹝'aɪvərɪ﹞ *n.* 象牙

 __ivy__[5] ﹝'aɪvɪ﹞ *n.* 常春藤

J j

 __jack__[5] ﹝ dʒæk ﹞ *n.* 起重機

‡‡__jacket__[2] ﹝'dʒækɪt﹞ *n.* 夾克

 __jade__[5] ﹝ dʒed ﹞ *n.* 玉

*__jail__[3] ﹝ dʒel ﹞ *n.* 監獄

‡__jam__[1,2] ﹝ dʒæm ﹞ *n.* 果醬;阻塞

 __janitor__[5] ﹝'dʒænətɚ﹞ *n.* 管理員

‡‡__January__[1] ﹝'dʒænjuˌɛrɪ﹞ *n.* 一月

*__jar__[3] ﹝ dʒɑr ﹞ *n.* 廣口瓶

 __jasmine__[5] ﹝'dʒæsmɪn﹞ *n.* 茉莉

*__jaw__[3] ﹝ dʒɔ ﹞ *n.* 顎

jaywalk⁵〔'dʒe,wɔk〕v. 擅自穿越馬路

*__jazz__²〔dʒæz〕n. 爵士樂

jealous³〔'dʒɛləs〕adj. 嫉妒的

*__jealousy__⁴〔'dʒɛləsɪ〕n. 嫉妒

**__jeans__²〔dʒinz〕n. pl. 牛仔褲

*__jeep__²〔dʒip〕n. 吉普車

jeer⁵〔dʒɪr〕v. 嘲笑

*__jelly__³〔'dʒɛlɪ〕n. 果凍

*__jet__³〔dʒɛt〕n. 噴射機

*__jewel__³〔'dʒuəl〕n. 珠寶【可數名詞】

*__jewelry__³〔'dʒuəlrɪ〕n. 珠寶【集合名詞】

jingle⁵〔'dʒɪŋgl̩〕n. 叮噹的響聲 v. 使叮噹響

**__job__¹〔dʒɑb〕n. 工作

**__jog__²〔dʒɑg〕v. 慢跑

**__join__¹〔dʒɔɪn〕v. 加入

*__joint__²〔dʒɔɪnt〕n. 關節

*__joke__¹〔dʒok〕n. 笑話；玩笑

jolly⁵〔'dʒɑlɪ〕adj. 愉快的

*__journal__³〔'dʒɝnl̩〕n. 期刊

journalism⁵〔'dʒɝnl̩,ɪzəm〕n. 新聞學

J

journalist[5] 〔 'dʒɝnḷɪst 〕 *n.* 記者

journey[3] 〔 'dʒɝnɪ 〕 *n.* 旅程

joy[1] 〔 dʒɔɪ 〕 *n.* 喜悅

joyful[3] 〔 'dʒɔɪfəl 〕 *adj.* 愉快的

joyous[6] 〔 'dʒɔɪəs 〕 *adj.* 愉快的 (= *joyful*)

judge[2] 〔 dʒʌdʒ 〕 *v.* 判斷 *n.* 法官

judgment[2] 〔 'dʒʌdʒmənt 〕 *n.* 判斷

jug[5] 〔 dʒʌg 〕 *n.* 水罐

juice[1] 〔 dʒus 〕 *n.* 果汁

juicy[2] 〔 'dʒusɪ 〕 *adj.* 多汁的

July[1] 〔 dʒu'laɪ 〕 *n.* 七月

jump[1] 〔 dʒʌmp 〕 *v.* 跳

June[1] 〔 dʒun 〕 *n.* 六月

jungle[3] 〔 'dʒʌŋgḷ 〕 *n.* 叢林

junior[4] 〔 'dʒunjɚ 〕 *adj.* 年少的

junk[3] 〔 dʒʌŋk 〕 *n.* 垃圾

jury[5] 〔 'dʒʊrɪ 〕 *n.* 陪審團

just[1] 〔 dʒʌst 〕 *adv.* 僅；剛剛

justice[3] 〔 'dʒʌstɪs 〕 *n.* 正義

justify[5] 〔 'dʒʌstə,faɪ 〕 *v.* 使正當化

J

juvenile[5]〔'dʒuvən̩ , 'dʒuvə,naɪl 〕 *adj.* 青少年的

K k

*__**kangaroo**[3] 〔,kæŋgə'ru 〕 *n.* 袋鼠

*__**keen**[4] 〔 kin 〕 *adj.* 渴望的

*__**keep**[1] 〔 kip 〕 *v.* 保存

keeper[1] 〔'kipɚ 〕 *n.* 看守人;管理員

kernel[6] 〔'kɝn̩ 〕 *n.* 核心

*__**ketchup**[2] 〔'kɛtʃəp 〕 *n.* 蕃茄醬

*__**kettle**[3] 〔'kɛtl̩ 〕 *n.* 茶壺

*__**key**[1] 〔 ki 〕 *n.* 鑰匙 *adj.* 非常重要的

*__**keyboard**[3] 〔'ki,bord 〕 *n.* 鍵盤

*__**kick**[1] 〔 kɪk 〕 *v.* 踢

*__**kid**[1] 〔 kɪd 〕 *n.* 小孩

kidnap[6] 〔'kɪdnæp 〕 *v.* 綁架

*__**kidney**[3] 〔'kɪdnɪ 〕 *n.* 腎臟

*__**kill**[1] 〔 kɪl 〕 *v.* 殺死

*__**kilogram**[3] 〔'kɪlə,græm 〕 *n.* 公斤

*__**kilometer**[3] 〔'kɪlə,mitɚ 〕 *n.* 公里
  (= km = kilometre【英式用法】)

kin [5] 〔 kɪn 〕 *n.* 親戚【集合名詞】

kind [1] 〔 kaɪnd 〕 *adj.* 親切的；好心的

kindergarten [2] 〔ˈkɪndə͵gartn̩ 〕 *n.* 幼稚園

kindle [5] 〔ˈkɪndl̩ 〕 *v.* 點燃；照亮

king [1] 〔 kɪŋ 〕 *n.* 國王

kingdom [2] 〔ˈkɪŋdəm 〕 *n.* 王國

kiss [1] 〔 kɪs 〕 *v.* 親吻

kit [3] 〔 kɪt 〕 *n.* 一套用具；工具箱

kitchen [1] 〔ˈkɪtʃɪn 〕 *n.* 廚房

kite [1] 〔 kaɪt 〕 *n.* 風箏

kitten [1] 〔ˈkɪtn̩ 〕 *n.* 小貓

km [3] 公里 (= *kilometer*)

knee [1] 〔 ni 〕 *n.* 膝蓋

kneel [3] 〔 nil 〕 *v.* 跪下

knife [1] 〔 naɪf 〕 *n.* 刀子

knight [3] 〔 naɪt 〕 *n.* 騎士

knit [3] 〔 nɪt 〕 *v.* 編織

knob [3] 〔 nɑb 〕 *n.* 圓形把手

knock [2] 〔 nɑk 〕 *v.* 敲

knot [3] 〔 nɑt 〕 *n.* 結

K

⁑**know**¹ 〔 no 〕 *v.* 知道

⁑**knowledge**² 〔'nɑlɪdʒ 〕 *n.* 知識

  knowledgeable⁵ 〔'nɑlɪdʒəbl̩ 〕 *adj.* 有知識的

***knuckle**⁴ 〔'nʌkl̩ 〕 *n.* 指關節

⁑**koala**² 〔 kə'ɑlə 〕 *n.* 無尾熊

L l

***lab**⁴ 〔 læb 〕 *n.* 實驗室 (= *laboratory*)

***label**³ 〔'lebl̩ 〕 *n.* 標籤

***labor**⁴ 〔'lebə 〕 *n.* 勞力；勞工

***laboratory**⁴ 〔'læbrə‚torɪ 〕 *n.* 實驗室

***lace**³ 〔 les 〕 *n.* 蕾絲

⁑**lack**¹ 〔 læk 〕 *v. n.* 缺乏

  lad⁵ 〔 læd 〕 *n.* 年輕人

***ladder**³ 〔'lædə 〕 *n.* 梯子

⁑**lady**¹ 〔'ledɪ 〕 *n.* 女士

***ladybug**² 〔'ledɪ‚bʌg 〕 *n.* 瓢蟲

***lag**⁴ 〔 læg 〕 *n.* 落後

⁑**lake**¹ 〔 lek 〕 *n.* 湖

***lamb**¹ 〔 læm 〕 *n.* 羔羊

L

lame⁵ 〔 lem 〕 *adj.* 跛的

lament⁶ 〔 lə'mɛnt 〕 *v.* 哀悼

‡‡**lamp**¹ 〔 læmp 〕 *n.* 燈

‡‡**land**¹ 〔 lænd 〕 *n.* 陸地

landlady⁵ 〔'lænd,ledɪ 〕 *n.* 女房東

landlord⁵ 〔'lænd,lɔrd 〕 *n.* 房東

* **landmark**⁴ 〔'lænd,mark 〕 *n.* 地標

* **landscape**⁴ 〔'lænskep 〕 *n.* 風景

* **landslide**⁴ 〔'lænd,slaɪd 〕 *n.* 山崩

* **lane**² 〔 len 〕 *n.* 巷子；車道

‡**language**² 〔'læŋgwɪdʒ 〕 *n.* 語言

‡**lantern**² 〔'læntən 〕 *n.* 燈籠

* **lap**² 〔 læp 〕 *n.* 膝上

‡‡**large**¹ 〔 lardʒ 〕 *adj.* 大的

* **largely**⁴ 〔'lardʒlɪ 〕 *adv.* 大部分

laser⁵ 〔'lezə 〕 *n.* 雷射

‡‡**last**¹ 〔 læst 〕 *adj.* 最後的；最不可能的

‡‡**late**¹ 〔 let 〕 *adj.* 遲到的；已故的

* **lately**⁴ 〔'letlɪ 〕 *adv.* 最近 (= *recently*)

‡**latest**² 〔'letɪst 〕 *adj.* 最新的

L

latitude[5] ('lætə,tjud) *n.* 緯度

latter[3] ('lætə) *pron.* 後者

laugh[1] (læf) *v.* 笑

laughter[3] ('læftə) *n.* 笑

launch[4] (lɔntʃ) *v.* 發射；發動

laundry[3] ('lɔndrɪ) *n.* 洗衣服

lava[6] ('lɑvə) *n.* 岩漿

law[1] (lɔ) *n.* 法律

lawful[4] ('lɔfəl) *adj.* 合法的 (= *legal*)

lawmaker[5] ('lɔ,mekə) *n.* 立法者

lawn[3] (lɔn) *n.* 草地

lawyer[2] ('lɔjə) *n.* 律師

lay[1] (le) *v.* 下 (蛋)；放置；奠定

layer[5] ('leə) *n.* 層

layman[6] ('lemən) *n.* 門外漢；外行人

layout[6] ('le,aʊt) *n.* 設計；設計圖

lazy[1] ('lezɪ) *adj.* 懶惰的

LCD[6] *n.* 液晶顯示器 (= *liquid crystal display*)

lead[1,4] (lid) *v.* 帶領 〔 lɛd 〕 *n.* 鉛

leader[1] ('lidə) *n.* 領導者

L

*__leadership__² (ˋlidɚͺʃɪp) *n.* 領導能力

‡__leaf__¹ (lif) *n.* 葉子

__league__⁵ (lig) *n.* 聯盟

*__leak__³ (lik) *v.* 漏出

*__lean__⁴ (lin) *v.* 倚靠；傾斜

*__leap__³ (lip) *v.* 跳

‡‡__learn__¹ (lɜn) *v.* 學習

*__learned__⁴ (ˋlɜnɪd) *adj.* 有學問的

__learning__⁴ (ˋlɜnɪŋ) *n.* 學習；學問

‡__least__¹ (list) *adj.* 最少的

*__leather__³ (ˋlɛðɚ) *n.* 皮革

‡__leave__¹ (liv) *v.* 離開；遺留

*__lecture__⁴ (ˋlɛktʃɚ) *n.* 演講

*__lecturer__⁴ (ˋlɛktʃərɚ) *n.* 講師

‡__left__¹ (lɛft) *n.* 左邊

‡‡__leg__¹ (lɛg) *n.* 腿

*__legal__² (ˋligḷ) *adj.* 合法的

*__legend__⁴ (ˋlɛdʒənd) *n.* 傳說

__legendary__⁶ (ˋlɛdʒəndͺɛrɪ) *adj.* 傳說的；
傳奇性的

legislation[5] ﹝ˌlɛdʒɪsˈleʃən﹞ n. 立法

legislative[6] ﹝ˈlɛdʒɪsˌletɪv﹞ adj. 立法的

legislator[6] ﹝ˈlɛdʒɪsˌletɚ﹞ n. 立法委員

legislature[6] ﹝ˈlɛdʒɪsˌletʃɚ﹞ n. 立法機關

legitimate[6] ﹝ lɪˈdʒɪtəmɪt ﹞ adj. 正當的

*__**leisure**[3] ﹝ˈliʒɚ﹞ n. 空閒；悠閒

*__**leisurely**[4] ﹝ˈliʒɚlɪ﹞ adv. 悠閒地

***__**lemon**[2] ﹝ˈlɛmən﹞ n. 檸檬

*__**lemonade**[2] ﹝ˌlɛmənˈed﹞ n. 檸檬水

***__**lend**[2] ﹝ lɛnd ﹞ v. 借（出）

*__**length**[2] ﹝ lɛŋθ ﹞ n. 長度

*__**lengthen**[3] ﹝ˈlɛŋθən﹞ v. 加長

lengthy[6] ﹝ˈlɛŋθɪ﹞ adj. 冗長的

*__**lens**[3] ﹝ lɛnz ﹞ n. 鏡頭；鏡片

*__**leopard**[2] ﹝ˈlɛpɚd﹞ n. 豹【注意發音】

***__**less**[1] ﹝ lɛs ﹞ adj. 較少的

***__**lessen**[5] ﹝ˈlɛsn̩﹞ v. 減少

*__**lesson**[1] ﹝ˈlɛsn̩﹞ n. 課；教訓

lest[5] ﹝ lɛst ﹞ conj. 以免

***__**let**[1] ﹝ lɛt ﹞ v. 讓

L

***letter**[1] 〔ˈlɛtə〕 *n.* 信；字母

lettuce[2] 〔ˈlɛtɪs〕 *n.* 萵苣

***level**[1] 〔ˈlɛvl̩〕 *n.* 程度；水平

liable[6] 〔ˈlaɪəbl̩〕 *adj.* 應負責的

***liar**[3] 〔ˈlaɪə〕 *n.* 說謊者

***liberal**[3] 〔ˈlɪbərəl〕 *adj.* 開明的

liberate[6] 〔ˈlɪbə,ret〕 *v.* 解放

liberation[6] 〔,lɪbəˈreʃən〕 *n.* 解放運動

***liberty**[3] 〔ˈlɪbətɪ〕 *n.* 自由

***librarian**[3] 〔laɪˈbrɛrɪən〕 *n.* 圖書館員

library[2] 〔ˈlaɪ,brɛrɪ〕 *n.* 圖書館

***license**[4] 〔ˈlaɪsn̩s〕 *n.* 執照

***lick**[2] 〔lɪk〕 *v.* 舔

***lid**[2] 〔lɪd〕 *n.* 蓋子

lie[1] 〔laɪ〕 *v.* 躺；說謊

lieutenant[5] 〔luˈtɛnənt〕 *n.* 上尉

life[1] 〔laɪf〕 *n.* 生活；生命

***lifeboat**[3] 〔ˈlaɪf,bot〕 *n.* 救生艇

***lifeguard**[3] 〔ˈlaɪf,gɑrd〕 *n.* 救生員

lifelong[5] 〔ˈlaɪfˈlɔŋ〕 *adj.* 終身的

****lifetime**[3] ('laɪf,taɪm) *n.* 一生

****lift**[1] (lɪft) *v.* 舉起；抱起

*****light**[1] (laɪt) *n.* 燈

***lighten**[4] ('laɪtn̩) *v.* 照亮

***lighthouse**[3] ('laɪt,haʊs) *n.* 燈塔

****lightning**[2] ('laɪtnɪŋ) *n.* 閃電

*****like**[1] (laɪk) *v.* 喜歡 *prep.* 像

　likelihood[5] ('laɪklɪ,hʊd) *n.* 可能性

****likely**[1] ('laɪklɪ) *adj.* 可能的

　likewise[6] ('laɪk,waɪz) *adv.* 同樣地

***lily**[1] ('lɪlɪ) *n.* 百合

***limb**[3] (lɪm) *n.* 四肢

　lime[5] (laɪm) *n.* 石灰；萊姆

****limit**[2] ('lɪmɪt) *v. n.* 限制

***limitation**[4] (,lɪmə'teʃən) *n.* 限制

　limousine[6] ('lɪmə,zin , ,lɪmə'zin) *n.* 小型巴士
　　(= *limo*)

　limp[5] (lɪmp) *v.* 跛行

*****line**[1] (laɪn) *n.* 線；行

***linen**[3] ('lɪnɪn) *n.* 亞麻布

　liner[6] ('laɪnɚ) *n.* 客輪；班機

L

linger[5] ('lɪŋgə) v. 逗留

linguist[6] ('lɪŋgwɪst) n. 語言學家

*__link__[2] (lɪŋk) v. 連結

lion[1] ('laɪən) n. 獅子

lip[1] (lɪp) n. 嘴唇

*__lipstick__[3] ('lɪp,stɪk) n. 口紅

*__liquid__[2] ('lɪkwɪd) n. 液體

*__liquor__[4] ('lɪkə) n. 烈酒

list[1] (lɪst) n. 名單

listen[1] ('lɪsn̩) v. 聽

*__listener__[2] ('lɪsnə) n. 聽眾

liter[6] ('litə) n. 公升

literacy[6] ('lɪtərəsɪ) n. 識字；讀寫的能力

literal[6] ('lɪtərəl) adj. 字面的

*__literary__[4] ('lɪtə,rɛrɪ) adj. 文學的

literate[6] ('lɪtərɪt) adj. 識字的

*__literature__[4] ('lɪtərətʃə) n. 文學

*__litter__[3] ('lɪtə) v. 亂丟垃圾

little[1] ('lɪtl̩) adj. 小的

live[1] (lɪv) v. 住

* **lively**³ (ˈlaɪvlɪ) adj. 活潑的

* **liver**³ (ˈlɪvɚ) n. 肝臟

　livestock⁵ (ˈlaɪv͵stɑk) n. 家畜

　lizard⁵ (ˈlɪzɚd) n. 蜥蜴

* **load**³ (lod) n. 負擔

⁂ **loaf**² (lof) n. 一條（麵包）

* **loan**⁴ (lon) n. 貸款

* **lobby**³ (ˈlabɪ) n. 大廳

* **lobster**³ (ˈlabstɚ) n. 龍蝦

⁂ **local**² (ˈlokḷ) adj. 當地的

* **locate**² (ˈloket , loˈket) v. 使位於

* **location**⁴ (loˈkeʃən) n. 位置

⁂ **lock**² (lak) v. n. 鎖

⁂ **locker**⁴ (ˈlakɚ) n. 置物櫃

　locomotive⁵ (͵lokəˈmotɪv) n. 火車頭

　locust⁵ (ˈlokəst) n. 蝗蟲

　lodge⁵ (ladʒ) v. 住宿；投宿

　lofty⁵ (ˈlɔftɪ) adj. 崇高的；高尚的

* **log**² (lɔg) n. 圓木

* **logic**⁴ (ˈladʒɪk) n. 邏輯

* **logical**⁴ (ˈladʒɪkḷ) adj. 合乎邏輯的

L

logo[5] (ˈlɔgo) *n.* 商標圖案 (= *logotype*)

*__lollipop__[3] (ˈlɑlɪˌpɑp) *n.* 棒棒糖

lone[2] (lon) *adj.* 孤單的

‡**lonely**[2] (ˈlonlɪ) *adj.* 寂寞的

lonesome[5] (ˈlonsəm) *adj.* 寂寞的

‡**long**[1] (lɔŋ) *adj.* 長的

longevity[6] (lɑnˈdʒɛvətɪ) *n.* 長壽

longitude[5] (ˈlɑndʒəˌtjud) *n.* 經度

‡**look**[1] (luk) *v.* 看

*__loose__[3] (lus) *adj.* 鬆的

*__loosen__[3] (ˈlusn̩) *v.* 鬆開

*__lord__[3] (lɔrd) *n.* (封建時代的) 領主；君主

‡**lose**[2] (luz) *v.* 遺失

‡**loser**[2] (ˈluzɚ) *n.* 失敗者

*__loss__[2] (lɔs) *n.* 損失

*__lot__[1] (lɑt) *n.* 很多

*__lotion__[4] (ˈloʃən) *n.* 乳液

lottery[5] (ˈlɑtərɪ) *n.* 彩券

lotus[5] (ˈlotəs) *n.* 蓮花

‡**loud**[1] (laud) *adj.* 大聲的

L

* **loudspeaker** ³ 〔'laʊd'spikɚ 〕 *n.* 擴音器

   lounge ⁶ 〔 laʊndʒ 〕 *n.* 交誼廳

* **lousy** ⁴ 〔'laʊzɪ 〕 *adj.* 差勁的

‡ **love** ¹ 〔 lʌv 〕 *n. v.* 愛

‡‡ **lovely** ² 〔'lʌvlɪ 〕 *adj.* 可愛的

* **lover** ² 〔'lʌvɚ 〕 *n.* 情人

‡‡‡ **low** ¹ 〔 lo 〕 *adj.* 低的

* **lower** ² 〔'loɚ 〕 *v.* 降低

* **loyal** ⁴ 〔'lɔɪəl 〕 *adj.* 忠實的

* **loyalty** ⁴ 〔'lɔɪəltɪ 〕 *n.* 忠實

* **luck** ² 〔 lʌk 〕 *n.* 運氣；幸運

‡ **lucky** ¹ 〔'lʌkɪ 〕 *adj.* 幸運的

* **luggage** ³ 〔'lʌgɪdʒ 〕 *n.* 行李【集合名詞】

* **lullaby** ³ 〔'lʌlə,baɪ 〕 *n.* 搖籃曲

   lumber ⁵ 〔'lʌmbɚ 〕 *n.* 木材

     (= *timber*【英式用法】)

   lump ⁵ 〔 lʌmp 〕 *n.* 塊；腫塊

* **lunar** ⁴ 〔'lunɚ 〕 *adj.* 月亮的

   lunatic ⁶ 〔'lunə,tɪk 〕 *n.* 瘋子

‡‡ **lunch** ¹ 〔 lʌntʃ 〕 *n.* 午餐

L

***luncheon**[1] (ˈlʌntʃən) *n.* 午餐

***lung**[3] (lʌŋ) *n.* 肺

  lure[6] (lʊr) *v.* 誘惑

  lush[6] (lʌʃ) *adj.* 綠油油的

***luxurious**[4] (lʌgˈʒʊrɪəs , lʌkˈʃʊr-) *adj.* 豪華的

***luxury**[4] (ˈlʌkʃərɪ) *n.* 豪華

  lyric[6] (ˈlɪrɪk) *adj.* 抒情的

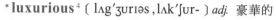

M m

‡**ma'am**[4] (mæm , mɑm) *n.* 女士

‡**machine**[1] (məˈʃin) *n.* 機器

***machinery**[4] (məˈʃinərɪ) *n.* 機器【集合名詞】

‡**mad**[1] (mæd) *adj.* 發瘋的

***madam**[4] (ˈmædəm) *n.* 女士

‡**magazine**[2] (ˌmægəˈzin) *n.* 雜誌

‡‡**magic**[2] (ˈmædʒɪk) *n.* 魔術；魔法

***magical**[3] (ˈmædʒɪkl̩) *adj.* 神奇的

‡**magician**[2] (məˈdʒɪʃən) *n.* 魔術師

***magnet**[3] (ˈmægnɪt) *n.* 磁鐵

***magnetic**[4] (mægˈnɛtɪk) *adj.* 有磁性的

M

* **magnificent**[4]〔mæg'nıfəsṇt〕*adj.* 壯麗的；
  很棒的

  magnify[5]〔'mægnə‚faɪ〕*v.* 放大

  magnitude[6]〔'mægnə‚tjud〕*n.* 規模；震度

* **maid**[3]〔med〕*n.* 女傭

  maiden[5]〔'medṇ〕*n.* 少女

‡ **mail**[1]〔mel〕*v.* 郵寄　*n.* 信件

* **main**[2]〔men〕*adj.* 主要的

* **mainland**[5]〔'men‚lænd〕*n.* 大陸

  mainstream[5]〔'men‚strim〕*n.* 主流

* **maintain**[2]〔men'ten〕*v.* 維持

  maintenance[5]〔'mentənəns〕*n.* 維修

  majestic[5]〔mə'dʒɛstɪk〕*adj.* 雄偉的

  majesty[5]〔'mædʒɪstɪ〕*n.* 威嚴

‡ **major**[3]〔'medʒɚ〕*adj.* 主要的

* **majority**[3]〔mə'dʒɔrətɪ〕*n.* 大多數

‡ **make**[1]〔mek〕*v.* 製作；製造

* **makeup**[4]〔'mek‚ʌp〕*n.* 化妝品

  malaria[6]〔mə'lɛrɪə〕*n.* 瘧疾

* **male**[2]〔mel〕*n.* 男性　*adj.* 男性的

M

****mall**[3] 〔 mɔl 〕 *n.* 購物中心

mammal[5] 〔'mæml̩ 〕 *n.* 哺乳類動物

*****man**[1] 〔 mæn 〕 *n.* 男人

***manage**[3] 〔'mænɪdʒ 〕 *v.* 設法；管理

manageable[3] 〔'mænɪdʒəbl̩ 〕 *adj.* 可管理的

***management**[3] 〔'mænɪdʒmənt 〕 *n.* 管理

***manager**[3] 〔'mænɪdʒɚ 〕 *n.* 經理

***Mandarin**[2] 〔'mændərɪn 〕 *n.* 國語

****mango**[2] 〔'mæŋgo 〕 *n.* 芒果

manifest[5] 〔'mænə‚fɛst 〕 *v.* 表露

manipulate[6] 〔 mə'nɪpjə‚let 〕 *v.* 操縱；控制

***mankind**[3] 〔 mæn'kaɪnd 〕 *n.* 人類

****manner**[2] 〔'mænɚ 〕 *n.* 方式；樣子

***manners**[3] 〔'mænɚz 〕 *n. pl.* 禮貌

mansion[5] 〔'mænʃən 〕 *n.* 豪宅

***manual**[4] 〔'mænjʊəl 〕 *n.* 手冊

***manufacture**[4] 〔‚mænjə'fæktʃɚ 〕 *v.* 製造

***manufacturer**[4] 〔‚mænjə'fæktʃərɚ 〕 *n.*
製造業者；廠商

manuscript[6] 〔'mænjə‚skrɪpt 〕 *n.* 手稿

****many**[1] 〔'mɛnɪ〕 *adj.* 很多

****map**[1] 〔mæp〕 *n.* 地圖

  maple[5] 〔'mepḷ〕 *n.* 楓樹

  mar[6] 〔mɑr〕 *v.* 損傷;損毀

***marathon**[4] 〔'mærə,θɑn〕 *n.* 馬拉松

***marble**[3] 〔'mɑrbḷ〕 *n.* 大理石

*****March**[1] 〔mɑrtʃ〕 *n.* 三月

***march**[3] 〔mɑrtʃ〕 *v.* 行軍;行進

***margin**[4] 〔'mɑrdʒɪn〕 *n.* 頁邊的空白;差距

  marginal[5] 〔'mɑrdʒɪnḷ〕 *adj.* 邊緣的

  marine[5] 〔mə'rin〕 *adj.* 海洋的

****mark**[2] 〔mɑrk〕 *n.* 記號

****market**[1] 〔'mɑrkɪt〕 *n.* 市場

***marriage**[2] 〔'mærɪdʒ〕 *n.* 婚姻

****marry**[1] 〔'mærɪ〕 *v.* 和…結婚

  marshal[5] 〔'mɑrʃəl〕 *n.* 警察局長;消防局長

  martial[5] 〔'mɑrʃəl〕 *adj.* 好戰的

  marvel[5] 〔'mɑrvḷ〕 *v.* 驚訝

****marvelous**[3] 〔'mɑrvḷəs〕 *adj.* 令人驚嘆的;很棒的

  masculine[5] 〔'mæskjəlɪn〕 *adj.* 男性的

M

mash[5] 〔 mæʃ 〕 v. 搗碎

‡**mask**[2] 〔 mæsk 〕 n. 面具

‡**mass**[2] 〔 mæs 〕 adj. 大量的；大衆的

massacre[6] 〔'mæsəkɚ〕 n. 大屠殺

massage[5] 〔 mə'sɑʒ 〕 n. 按摩

massive[5] 〔'mæsɪv〕 adj. 巨大的

‡**master**[1] 〔'mæstɚ〕 v. 精通 n. 主人；大師

masterpiece[5] 〔'mæstɚ͵pis〕 n. 傑作

mastery[6] 〔'mæstərɪ〕 n. 精通

‡**mat**[2] 〔 mæt 〕 n. 墊子

‡**match**[2,1] 〔 mætʃ 〕 v. 搭配 n. 火柴

***mate**[2] 〔 met 〕 n. 伴侶

***material**[2,6] 〔 mə'tɪrɪəl 〕 n. 材料；物質

materialism[6] 〔 mə'tɪrɪəl͵ɪzəm 〕 n. 物質主義

‡**math**[3] 〔 mæθ 〕 n. 數學

***mathematical**[3] 〔͵mæθə'mætɪkḷ〕 adj. 數學的

‡**mathematics**[3] 〔͵mæθə'mætɪks〕 n. 數學
(= math)

‡**matter**[1] 〔'mætɚ〕 n. 事情 v. 重要

mattress[6] 〔'mætrɪs〕 n. 床墊

* **mature**³ 〔məˈtʃʊr〕 *adj.* 成熟的

* **maturity**⁴ 〔məˈtʃʊrətɪ〕 *n.* 成熟

* **maximum**⁴ 〔ˈmæksəməm〕 *n.* 最大量

** **May**¹ 〔me〕 *n.* 五月

** **may**¹ 〔me〕 *aux.* 可能；可以

** **maybe**¹ 〔ˈmebɪ〕 *adv.* 也許

mayonnaise⁵ 〔ˌmeəˈnez〕 *n.* 美乃滋

* **mayor**³ 〔ˈmeə〕 *n.* 市長

** **me**¹ 〔mi〕 *pron.* I 的受格

* **meadow**³ 〔ˈmɛdo〕 *n.* 草地

** **meal**² 〔mil〕 *n.* 一餐

** **mean**¹ 〔min〕 *v.* 意思是

* **meaning**² 〔ˈminɪŋ〕 *n.* 意義

* **meaningful**³ 〔ˈminɪŋfḷ〕 *adj.* 有意義的

* **means**² 〔minz〕 *n.* 方法；手段【單複數同形】

meantime⁵ 〔ˈmin‚taɪm〕 *n.* 其間

* **meanwhile**³ 〔ˈmin‚hwaɪl〕 *adv.* 同時

measurable² 〔ˈmɛʒərəbḷ〕 *adj.* 可測量的

* **measure**²′⁴ 〔ˈmɛʒə〕 *v.* 測量　*n.* 措施

* **measurement**² 〔ˈmɛʒəmənt〕 *n.* 測量

** **meat**¹ 〔mit〕 *n.* 肉

mechanic[4] (mə'kænɪk) *n.* 技工

mechanical[4] (mə'kænɪkḷ) *adj.* 機械的

mechanics[5] (mə'kænɪks) *n.* 機械學

mechanism[6] ('mɛkə,nɪzəm) *n.* 機械裝置

medal[3] ('mɛdḷ) *n.* 獎牌

media[3] ('midɪə) *n. pl.* 媒體

mediate[5] ('midɪ,et) *v.* 幹旋;調停

medical[3] ('mɛdɪkḷ) *adj.* 醫學的

medication[6] (,mɛdɪ'keʃən) *n.* 藥物治療;藥物

medicine[2] ('mɛdəsṇ) *n.* 藥

medieval[6] (,midɪ'ivḷ) *adj.* 中世紀的

meditate[6] ('mɛdə,tet) *v.* 沉思;冥想

meditation[6] (,mɛdə'teʃən) *n.* 沉思;冥想

medium[3] ('midɪəm) *adj.* 中等的

meet[1] (mit) *v.* 遇見;認識

meeting[2] ('mitɪŋ) *n.* 會議

melancholy[6] ('mɛlən,kɑlɪ) *adj.* 憂鬱的

mellow[6] ('mɛlo) *adj.* 成熟的

melody[2] ('mɛlədɪ) *n.* 旋律

melon[2] ('mɛlən) *n.* 甜瓜

M

* **melt**³ 〔 mɛlt 〕 v. 融化

** **member**² 〔'mɛmbə 〕 n. 成員

* **membership**³ 〔'mɛmbəˌʃɪp 〕 n. 會員資格

* **memorable**⁴ 〔'mɛmərəbḷ 〕 adj. 難忘的

* **memorial**⁴ 〔 mə'morɪəl 〕 adj. 紀念的

* **memorize**³ 〔'mɛməˌraɪz 〕 v. 背誦

* **memory**² 〔'mɛmərɪ 〕 n. 回憶

menace⁵ 〔'mɛnɪs 〕 n. 威脅

* **mend**³ 〔 mɛnd 〕 v. 修補；改正

* **mental**³ 〔'mɛntḷ 〕 adj. 心理的

mentality⁶ 〔 mɛn'tælətɪ 〕 n. 心理狀態

* **mention**³ 〔'mɛnʃən 〕 v. 提到

** **menu**² 〔'mɛnju 〕 n. 菜單

merchandise⁶ 〔'mɝtʃənˌdaɪz 〕 n. 商品

* **merchant**³ 〔'mɝtʃənt 〕 n. 商人

* **mercy**⁴ 〔'mɝsɪ 〕 n. 慈悲

* **mere**⁴ 〔 mɪr 〕 adj. 僅僅

merge⁶ 〔 mɝdʒ 〕 v. 合併

* **merit**⁴ 〔'mɛrɪt 〕 n. 優點

mermaid⁵ 〔'mɝˌmed 〕 n. 美人魚

* **merry**³ 〔'mɛrɪ〕 adj. 歡樂的

* **mess**³ 〔mɛs〕 n. 雜亂；亂七八糟

* **message**² 〔'mɛsɪdʒ〕 n. 訊息

* **messenger**⁴ 〔'mɛsņdʒɚ〕 n. 送信的人

* **messy**⁴ 〔'mɛsɪ〕 adj. 雜亂的

* **metal**² 〔'mɛtḷ〕 n. 金屬

  metaphor⁶ 〔'mɛtəfɚ〕 n. 隱喻

* **meter**² 〔'mitɚ〕 n. 公尺

* **method**² 〔'mɛθəd〕 n. 方法

  metropolitan⁶ 〔,mɛtrə'pɑlətņ〕 adj. 大都市的
    n. 大都市居民

* **microphone**³ 〔'maɪkrə,fon〕 n. 麥克風

* **microscope**⁴ 〔'maɪkrə,skop〕 n. 顯微鏡

* **microwave**³ 〔'maɪkrə,wev〕 adj. 微波的

* **middle**¹ 〔'mɪdḷ〕 adj. 中間的

  midst⁵ 〔mɪdst〕 n. 中央

* **might**³ 〔maɪt〕 aux. may 的過去式　n. 力量

* **mighty**³ 〔'maɪtɪ〕 adj. 強有力的

  migrant⁵ 〔'maɪgrənt〕 n. 移居者

  migrate⁶ 〔'maɪgret〕 v. 遷移

migration[6] ﹝ maɪ'greʃən ﹞ n. 遷移

* **mild**[4] ﹝ maɪld ﹞ adj. 溫和的

** **mile**[1] ﹝ maɪl ﹞ n. 英哩

mileage[5] ﹝'maɪlɪdʒ﹞ n. 哩程

milestone[5] ﹝'maɪl͵ston﹞ n. 里程碑

militant[6] ﹝'mɪlətənt﹞ adj. 好戰的

* **military**[2] ﹝'mɪlə͵tɛrɪ﹞ adj. 軍事的

** **milk**[1] ﹝ mɪlk ﹞ n. 牛奶

* **mill**[3] ﹝ mɪl ﹞ n. 磨坊；磨粉機

miller[6] ﹝'mɪlɚ﹞ n. 磨坊主；製粉業者

** **million**[2] ﹝'mɪljən﹞ n. 百萬

* **millionaire**[3] ﹝͵mɪljən'ɛr﹞ n. 百萬富翁

mimic[6] ﹝'mɪmɪk﹞ v. 模仿

** **mind**[1] ﹝ maɪnd ﹞ n. 心；精神

** **mine**[2] ﹝ maɪn ﹞ pron. I 的所有格代名詞 n. 礦坑

* **miner**[3] ﹝'maɪnɚ﹞ n. 礦工

* **mineral**[4] ﹝'mɪnərəl﹞ n. 礦物

mingle[5] ﹝'mɪŋgl̩﹞ v. 混合

miniature[6] ﹝'mɪnɪətʃɚ﹞ adj. 小型的

minimal[5] ﹝'mɪnɪml̩﹞ adj. 極小的

minimize[6] (ˈmɪnəˌmaɪz) v. 使減到最小

* **minimum**[4] (ˈmɪnəməm) n. 最小量

* **minister**[4] (ˈmɪnɪstɚ) n. 部長

* **ministry**[4] (ˈmɪnɪstrɪ) n. 部

‡ **minor**[3] (ˈmaɪnɚ) adj. 次要的；較小的

* **minority**[3] (məˈnɔrətɪ ,maɪ-) n. 少數

mint[5] (mɪnt) n. 薄荷

‡ **minus**[2] (ˈmaɪnəs) prep. 減

‡‡ **minute**[1] (ˈmɪnɪt) n. 分鐘

* **miracle**[3] (ˈmɪrəkḷ) n. 奇蹟

miraculous[6] (məˈrækjələs) adj. 奇蹟般的

‡ **mirror**[2] (ˈmɪrɚ) n. 鏡子

* **mischief**[4] (ˈmɪstʃɪf) n. 惡作劇

mischievous[6] (ˈmɪstʃɪvəs) adj. 愛惡作劇的；
頑皮的

miser[5] (ˈmaɪzɚ) n. 小氣鬼；守財奴

* **miserable**[4] (ˈmɪzərəbḷ) adj. 悲慘的

* **misery**[3] (ˈmɪzərɪ) n. 悲慘

* **misfortune**[4] (mɪsˈfɔrtʃən) n. 不幸

* **mislead**[4] (mɪsˈlid) v. 誤導

‡‡‡ **Miss**[1] (mɪs) n. 小姐

** **miss**¹ (mɪs) *v.* 錯過；想念

* **missile**³ ('mɪsḷ) *n.* 飛彈

* **missing**³ ('mɪsɪŋ) *adj.* 失蹤的

* **mission**³ ('mɪʃən) *n.* 任務

   missionary⁶ ('mɪʃən,ɛrɪ) *n.* 傳教士

* **mist**³ (mɪst) *n.* 薄霧

** **mistake**¹ (mə'stek) *n.* 錯誤

   mister¹ ('mɪstə) *n.* 先生 (= *Mr.*)

   mistress⁵ ('mɪstrɪs) *n.* 女主人

* **misunderstand**⁴ (,mɪsʌndə'stænd) *v.* 誤會

** **mix**² (mɪks) *v.* 混合

* **mixture**³ ('mɪkstʃə) *n.* 混合物

   moan⁵ (mon) *v.* 呻吟

* **mob**³ (mɑb) *n.* 暴民【集合名詞】

* **mobile**³ ('mobḷ) *adj.* 可移動的

   mobilize⁶ ('mobḷ,aɪz) *v.* 動員

   mock⁵ (mɑk) *v.* 嘲弄；模仿

   mode⁵ (mod) *n.* 方式；模式

** **model**² ('mɑdḷ) *n.* 模型；模特兒

* **moderate**⁴ ('mɑdərɪt) *adj.* 適度的

‡‡**modern**[2] 〔'mɑdən 〕 *adj.* 現代的

modernization[6] 〔,mɑdənə'zeʃən 〕 *n.* 現代化

modernize[5] 〔'mɑdən,aɪz 〕 *v.* 使現代化

* **modest**[4] 〔'mɑdɪst 〕 *adj.* 謙虛的

* **modesty**[4] 〔'mɑdəstɪ 〕 *n.* 謙虛

modify[5] 〔'mɑdə,faɪ 〕 *v.* 修正

* **moist**[3] 〔 mɔɪst 〕 *adj.* 潮濕的

* **moisture**[3] 〔'mɔɪstʃə 〕 *n.* 濕氣;水分

mold[6,5] 〔 mold 〕 *n.* 模子;沃土

molecule[5] 〔'mɑlə,kjul 〕 *n.* 分子

‡‡**moment**[1] 〔'momənt 〕 *n.* 片刻;時刻

momentum[6] 〔 mo'mɛntəm 〕 *n.* 動力

‡‡‡**mommy**[1] 〔'mɑmɪ 〕 *n.* 媽媽 (= *mom*)

monarch[5] 〔'mɑnək 〕 *n.* 君主

‡‡**Monday**[1] 〔'mʌndɪ 〕 *n.* 星期一

‡‡**money**[1] 〔'mʌnɪ 〕 *n.* 錢

* **monitor**[4] 〔'mɑnətə 〕 *n.* 螢幕 *v.* 監視

* **monk**[3] 〔 mʌŋk 〕 *n.* 修道士;和尚

‡‡**monkey**[1] 〔'mʌŋkɪ 〕 *n.* 猴子

monopoly[6] 〔 mə'nɑplɪ 〕 *n.* 獨占;獨占事業

monotonous[6] 〔 mə'natn̩əs 〕 *adj.* 單調的

monotony[6] 〔 mə'natn̩ɪ 〕 *n.* 單調

****monster**[2] 〔 'manstɚ 〕 *n.* 怪物

monstrous[5] 〔 'manstrəs 〕 *adj.* 怪物般的

*****month**[1] 〔 mʌnθ 〕 *n.* 月

***monthly**[4] 〔 'mʌnθlɪ 〕 *adj.* 每月的

***monument**[4] 〔 'manjəmənt 〕 *n.* 紀念碑

***mood**[3] 〔 mud 〕 *n.* 心情

****moon**[1] 〔 mun 〕 *n.* 月亮

****mop**[3] 〔 map 〕 *v.* 用拖把拖（地板）

***moral**[3] 〔 'mɔrəl 〕 *adj.* 道德的

morale[6] 〔 mo'ræl 〕 *n.* 士氣

morality[6] 〔 mɔ'rælətɪ 〕 *n.* 道德

****more**[1] 〔 mor 〕 *adj.* 更多的

***moreover**[4] 〔 mor'ovɚ 〕 *adv.* 此外

*****morning**[1] 〔 'mɔrnɪŋ 〕 *n.* 早晨

mortal[5] 〔 'mɔrtl̩ 〕 *adj.* 必死的

****mosquito**[2] 〔 mə'skito 〕 *n.* 蚊子

moss[5] 〔 mɔs 〕 *n.* 蘚苔

****most**[1] 〔 most 〕 *adj.* 最多的；大多數的

***mostly**[4] 〔 'mostlɪ 〕 *adv.* 大多

* **motel**³ ﹝mo'tɛl﹞ *n.* 汽車旅館

* **moth**² ﹝mɔθ﹞ *n.* 蛾

‡ **mother**¹ ﹝'mʌðɚ﹞ *n.* 母親

 motherhood⁵ ﹝'mʌðɚˏhud﹞ *n.* 母性

‡ **motion**² ﹝'moʃən﹞ *n.* 動作

* **motivate**⁴ ﹝'motəˏvet﹞ *v.* 激勵

* **motivation**⁴ ﹝ˏmotə'veʃən﹞ *n.* 動機

 motive⁵ ﹝'motɪv﹞ *n.* 動機

* **motor**³ ﹝'motɚ﹞ *n.* 馬達

‡ **motorcycle**² ﹝'motɚˏsaɪkḷ﹞ *n.* 摩托車

 motto⁶ ﹝'mɑto﹞ *n.* 座右銘

 mound⁵ ﹝maʊnd﹞ *n.* 土堆

 mount⁵ ﹝maʊnt﹞ *v.* 登上；爬上 *n.* …山；…峰

‡ **mountain**¹ ﹝'maʊntṇ﹞ *n.* 山

* **mountainous**⁴ ﹝'maʊntṇəs﹞ *adj.* 多山的

 mourn⁵ ﹝morn﹞ *v.* 哀悼

 mournful⁶ ﹝'mornfḷ﹞ *adj.* 哀傷的

‡ **mouse**¹ ﹝maʊs﹞ *n.* 老鼠；滑鼠

‡ **mouth**¹ ﹝maʊθ﹞ *n.* 嘴巴

 mouthpiece⁶ ﹝'maʊθˏpis﹞ *n.* (電話的) 送話口

* **movable**[2] 〔'muvəbḷ 〕 *adj.* 可移動的

** **move**[1] 〔 muv 〕 *v.* 移動；搬家

** **movement**[1] 〔'muvmənt 〕 *n.* 動作

** **movie**[1] 〔'muvɪ 〕 *n.* 電影

mow[4] 〔 mo 〕 *v.* 割（草）

mower[5] 〔'moɚ 〕 *n.* 割草機

** **Mr.**[1] 〔'mɪstɚ 〕 *n.* 先生

** **Mrs.**[1] 〔'mɪsɪz 〕 *n.* 太太

** **MRT**[2] *n.* 捷運（ = *mass rapid transit* ）

** **Ms.**[1] 〔 mɪz 〕 *n.* 女士

MTV[4] *n.* 音樂電視節目 （ = *Music Television* ）

** **much**[1] 〔 mʌtʃ 〕 *adj.* 很多的【修飾不可數名詞】

* **mud**[1] 〔 mʌd 〕 *n.* 泥巴

* **muddy**[4] 〔'mʌdɪ 〕 *adj.* 泥濘的

* **mug**[1] 〔 mʌg 〕 *n.* 馬克杯

mule[2] 〔 mjul 〕 *n.* 騾

* **multiple**[4] 〔'mʌltəpḷ 〕 *adj.* 多重的

* **multiply**[2] 〔'mʌltə͵plaɪ 〕 *v.* 繁殖；乘

mumble[5] 〔'mʌmbḷ 〕 *v.* 喃喃地說

municipal[6] 〔 mju'nɪsəpḷ 〕 *adj.* 市立的；市政府的

M

* **murder**[3] (ˈmɝdɚ) *v. n.* 謀殺

* **murderer**[4] (ˈmɝdərɚ) *n.* 兇手

* **murmur**[4] (ˈmɝmɚ) *v.* 喃喃自語；低聲說

* **muscle**[3] (ˈmʌsl̩) *n.* 肌肉

muscular[5] (ˈmʌskjələ) *adj.* 肌肉的

muse[5] (mjuz) *v.* 沉思

‡ **museum**[2] (mjuˈziəm) *n.* 博物館

* **mushroom**[3] (ˈmʌʃrum) *n.* 蘑菇

‡ **music**[1] (ˈmjuzɪk) *n.* 音樂

* **musical**[3] (ˈmjuzɪkl̩) *adj.* 音樂的 *n.* 音樂劇

‡ **musician**[2] (mjuˈzɪʃən) *n.* 音樂家

‡ **must**[1] (mʌst) *aux.* 必須

* **mustache**[4] (məˈstæʃ, ˈmʌstæʃ) *n.* 八字鬍

mustard[5] (ˈmʌstəd) *n.* 芥末

mute[6] (mjut) *adj.* 沉默的；啞的

mutter[5] (ˈmʌtɚ) *v.* 喃喃地說；低聲說

mutton[5] (ˈmʌtn̩) *n.* 羊肉

* **mutual**[4] (ˈmjutʃuəl) *adj.* 互相的

‡ **my**[1] (maɪ) *pron.* 我的

* **mysterious**[4] (mɪsˈtɪrɪəs) *adj.* 神秘的

* **mystery**[3] (ˈmɪstrɪ) *n.* 奧秘；謎

myth[5] 〔 mɪθ 〕 *n.* 神話;迷思;不實的想法

mythology[6] 〔 mɪˈθɑlədʒɪ 〕 *n.* 神話

N n

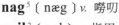

nag[5] 〔 næg 〕 *v.* 嘮叨

*__nail__[2] 〔 nel 〕 *n.* 指甲;釘子

naive[5] 〔 nɑˈiv 〕 *adj.* 天真的

*__naked__[2] 〔 ˈnekɪd 〕 *adj.* 赤裸的

*__name__[1] 〔 nem 〕 *n.* 名字 *v.* 命名

*__namely__[4] 〔 ˈnemlɪ 〕 *adv.* 也就是說

nanny[3] 〔 ˈnænɪ 〕 *n.* 奶媽

*__nap__[3] 〔 næp 〕 *n.* 小睡

*__napkin__[2] 〔 ˈnæpkɪn 〕 *n.* 餐巾

narrate[6] 〔 næˈret 〕 *v.* 敘述

narrative[6] 〔 ˈnærətɪv 〕 *n.* 敘述 *adj.* 敘述性的

narrator[6] 〔 ˈnæretə 〕 *n.* 敘述者

*__narrow__[2] 〔 ˈnæro 〕 *adj.* 窄的;勉強的

*__nasty__[5] 〔 ˈnæstɪ 〕 *adj.* 令人作嘔的

*__nation__[1] 〔 ˈneʃən 〕 *n.* 國家

*__national__[2] 〔 ˈnæʃənl̩ 〕 *adj.* 全國的

N

nationalism[6] (ˈnæʃənḷˌɪzəm) *n.* 國家主義

* **nationality**[4] (ˌnæʃənˈælətɪ) *n.* 國籍

* **native**[3] (ˈnetɪv) *adj.* 本地的；本國的

** **natural**[2] (ˈnætʃərəl) *adj.* 自然的；天生的

naturalist[6] (ˈnætʃərəlɪst) *n.* 自然主義者

** **nature**[1] (ˈnetʃə) *n.* 自然；本質

* **naughty**[2] (ˈnɔtɪ) *adj.* 頑皮的

naval[6] (ˈnevḷ) *adj.* 海軍的

navel[6] (ˈnevḷ) *n.* 肚臍

navigate[5] (ˈnævəˌget) *v.* 航行

navigation[6] (ˌnævəˈgeʃən) *n.* 航行

* **navy**[3] (ˈnevɪ) *n.* 海軍

** **near**[1] (nɪr) *prep.* 在…附近

* **nearby**[2] (ˈnɪrˈbaɪ) *adv.* 在附近

** **nearly**[2] (ˈnɪrlɪ) *adv.* 幾乎

* **nearsighted**[4] (ˈnɪrˈsaɪtɪd) *adj.* 近視的

* **neat**[2] (nit) *adj.* 整潔的

** **necessary**[2] (ˈnɛsəˌsɛrɪ) *adj.* 必要的

* **necessity**[3] (nəˈsɛsətɪ) *n.* 必要；需要

*** **neck**[1] (nɛk) *n.* 脖子

N

****necklace**[2] ('nɛklɪs) *n.* 項鍊

***necktie**[3] ('nɛk,taɪ) *n.* 領帶

*****need**[1] (nid) *v.* 需要

****needle**[2] ('nidḷ) *n.* 針

***needy**[4] ('nidɪ) *adj.* 窮困的

***negative**[2] ('nɛgətɪv) *adj.* 負面的

***neglect**[4] (nɪ'glɛkt) *v.* 忽略

***negotiate**[4] (nɪ'goʃɪ,et) *v.* 談判;協商

negotiation[6] (nɪ,goʃɪ'eʃən) *n.* 談判

***neighbor**[2] ('nebɚ) *n.* 鄰居

(= *neighbour*【英式用法】)

***neighborhood**[3] ('nebɚ,hud) *n.* 鄰近地區

***neither**[2] ('niðɚ) *conj.* 也不

neon[6] ('niɑn) *n.* 氖

***nephew**[2] ('nɛfju) *n.* 姪兒;外甥

***nerve**[3] (nɝv) *n.* 神經

***nervous**[3] ('nɝvəs) *adj.* 緊張的

***nest**[2] (nɛst) *n.* 巢

***net**[2] (nɛt) *n.* 網

***network**[3] ('nɛt,wɝk) *n.* 網狀組織

N

neutral⁶ ('njutrəl) *adj.* 中立的

never¹ ('nɛvɚ) *adv.* 從未

*nevertheless*⁴ (,nɛvɚðə'lɛs) *adv.* 然而；仍然

new¹ (nju) *adj.* 新的

newlywed⁶ ('njulɪ,wɛd) *n.* 新婚者

news¹ (njuz) *n.* 新聞；消息

newscast⁵ ('njuz,kæst) *n.* 新聞報導

newscaster⁶ ('njuz,kæstɚ) *n.* 新聞播報員

newspaper¹ ('njuz,pepɚ) *n.* 報紙

next¹ (nɛkst) *adj.* 下一個

nibble⁵ ('nɪbl̩) *v.* 一點一點地咬

nice¹ (naɪs) *adj.* 好的

nickel⁵ ('nɪkl̩) *n.* 五分錢硬幣

*nickname*³ ('nɪk,nem) *n.* 綽號；暱稱

niece² (nis) *n.* 姪女；外甥女

night¹ (naɪt) *n.* 晚上

nightingale⁵ ('naɪtn̩,gel) *n.* 夜鶯

*nightmare*⁴ ('naɪt,mɛr) *n.* 惡夢

nine¹ (naɪn) *n.* 九

nineteen¹ ('naɪn'tin) *n.* 十九

*****ninety**[1] ('naıntı) *n.* 九十

****no**[1] (no) *adv.* 不

***noble**[3] ('nobḷ) *adj.* 高貴的

****nobody**[2] ('no,badı) *pron.* 沒有人

****nod**[2] (nad) *v.* 點頭

****noise**[1] (nɔız) *n.* 噪音

****noisy**[1] ('nɔızı) *adj.* 吵鬧的

nominate[5] ('namə,net) *v.* 提名

nomination[6] (,namə'neʃən) *n.* 提名

nominee[6] (,namə'ni) *n.* 被提名人

****none**[2] (nʌn) *pron.* 沒有人

nonetheless[5] (,nʌnðə'lɛs) *adv.* 儘管如此

***nonsense**[4] ('nansɛns) *n.* 胡說；無意義的話

nonviolent[5] (nan'vaıələnt) *adj.* 非暴力的

****noodle**[2] ('nudḷ) *n.* 麵

****noon**[1] (nun) *n.* 正午

***nope**[1] (nop) *adv.* 不 (= *no*)

****nor**[1] (nɔr) *conj.* 也不

norm[6] (nɔrm) *n.* 標準；規範

***normal**[3] ('nɔrmḷ) *adj.* 正常的

****north**[1] (nɔrθ) *n.* 北方

N

* **northern**² 〔'nɔrðən 〕 *adj.* 北方的

** **nose**¹ 〔 noz 〕 *n.* 鼻子

  nostril⁵ 〔'nɑstrəl 〕 *n.* 鼻孔

** **not**¹ 〔 nɑt 〕 *adv.* 不

  notable⁵ 〔'notəbḷ 〕 *adj.* 值得注意的

* **note**¹ 〔 not 〕 *n.* 筆記　 *v.* 注意

** **notebook**² 〔'not͵bʊk 〕 *n.* 筆記本

** **nothing**¹ 〔'nʌθɪŋ 〕 *pron.* 什麼也沒有

** **notice**¹ 〔'notɪs 〕 *v.* 注意到

  noticeable⁵ 〔'notɪsəbḷ 〕 *adj.* 顯著的；明顯的

  notify⁵ 〔'notə͵faɪ 〕 *v.* 通知

  notion⁵ 〔'noʃən 〕 *n.* 觀念；想法

  notorious⁶ 〔 no'torɪəs 〕 *adj.* 惡名昭彰的
    (= *infamous*)

* **noun**⁴ 〔 naʊn 〕 *n.* 名詞

* **nourish**⁶ 〔'nɝɪʃ 〕 *v.* 滋養

* **nourishment**⁶ 〔'nɝɪʃmənt 〕 *n.* 滋養品

** **novel**² 〔'nɑvḷ 〕 *n.* 小說

* **novelist**³ 〔'nɑvḷɪst 〕 *n.* 小說家

** **November**¹ 〔 no'vɛmbɚ 〕 *n.* 十一月

N

novice[5] 〔'navɪs 〕 *n.* 初學者；新手

***now[1] 〔 nau 〕 *adv.* 現在

*nowadays[4] 〔'nauə,dez 〕 *adv.* 現今

nowhere[5] 〔'no,hwɛr 〕 *adv.* 到處都沒有

*nuclear[4] 〔'njuklɪə 〕 *adj.* 核子的

nucleus[5] 〔'njuklɪəs 〕 *n.* 核心

nude[5] 〔 njud 〕 *adj.* 裸體的

nuisance[6] 〔'njusn̩s 〕 *n.* 討厭的人或物

***number[1] 〔'nʌmbɚ 〕 *n.* 數字；號碼

*numerous[4] 〔'njumərəs 〕 *adj.* 非常多的

【注意發音】

*nun[3] 〔 nʌn 〕 *n.* 修女；尼姑

**nurse[1] 〔 nɝs 〕 *n.* 護士

*nursery[4] 〔'nɝsərɪ 〕 *n.* 育兒室

nurture[6] 〔'nɝtʃɚ 〕 *v.* 養育

*nut[2] 〔 nʌt 〕 *n.* 堅果

nutrient[6] 〔'njutrɪənt 〕 *n.* 營養素

nutrition[6] 〔 nju'trɪʃən 〕 *n.* 營養

nutritious[6] 〔 nju'trɪʃəs 〕 *adj.* 有營養的

*nylon[4] 〔'naɪlɑn 〕 *n.* 尼龍

O o

* **oak**³ 〔 ok 〕 *n.* 橡樹

oar⁵ 〔 or 〕 *n.* 槳

oasis⁵ 〔 o'esɪs 〕 *n.* 綠洲

oath⁵ 〔 oθ 〕 *n.* 宣誓

oatmeal⁵ 〔 'ot͵mil 〕 *n.* 燕麥片

* **obedience**⁴ 〔 ə'bidɪəns 〕 *n.* 服從

* **obedient**⁴ 〔 ə'bidɪənt 〕 *adj.* 服從的

‡ **obey**² 〔 ə'be 〕 *v.* 服從；遵守

‡ **object**² 〔 'abdʒɪkt 〕 *n.* 物體 〔 əb'dʒɛkt 〕 *v.* 反對

* **objection**⁴ 〔 əb'dʒɛkʃən 〕 *n.* 反對

* **objective**⁴ 〔 əb'dʒɛktɪv 〕 *adj.* 客觀的

obligation⁶ 〔͵ablə'geʃən 〕 *n.* 義務

oblige⁶ 〔 ə'blaɪdʒ 〕 *v.* 使感激

oblong⁵ 〔 'ablɔŋ 〕 *adj.* 長方形的

obscure⁶ 〔 əb'skjʊr 〕 *adj.* 模糊的

* **observation**⁴ 〔͵abzɚ'veʃən 〕 *n.* 觀察；遵守

* **observe**³ 〔 əb'zɝv 〕 *v.* 觀察；遵守

observer⁵ 〔 əb'zɝvɚ 〕 *n.* 觀察者

O

* **obstacle**⁴ (ˈɑbstəkḷ) *n.* 阻礙

  obstinate⁵ (ˈɑbstənɪt) *adj.* 頑固的

* **obtain**⁴ (əbˈten) *v.* 獲得

* **obvious**³ (ˈɑbvɪəs) *adj.* 明顯的

* **occasion**³ (əˈkeʒən) *n.* 場合;特別的大事

* **occasional**⁴ (əˈkeʒənḷ) *adj.* 偶爾的

* **occupation**⁴ (ˌɑkjəˈpeʃən) *n.* 職業

* **occupy**⁴ (ˈɑkjəˌpaɪ) *v.* 佔據

* **occur**² (əˈkɝ) *v.* 發生

  occurrence⁵ (əˈkɝəns) *n.* 事件

** **ocean**¹ (ˈoʃən) *n.* 海洋

** **o'clock**¹ (əˈklɑk) *adv.* …點鐘

*** **October**¹ (ɑkˈtobə) *n.* 十月

  octopus⁵ (ˈɑktəpəs) *n.* 章魚

* **odd**³ (ɑd) *adj.* 古怪的

  odds⁵ (ɑdz) *n.pl.* 獲勝的可能性

  odor⁵ (ˈodə) *n.* 氣味

** **of**¹ (əv) *prep.* …的

** **off**¹ (ɔf) *prep.* 離開…

* **offend**⁴ (əˈfɛnd) *v.* 冒犯;觸怒

O

* **offense**[4] 〔 ə'fɛns 〕 *n.* 攻擊；生氣

* **offensive**[4] 〔 ə'fɛnsɪv 〕 *adj.* 無禮的

** **offer**[2] 〔'ɔfɚ 〕 *v. n.* 提供

offering[6] 〔'ɔfərɪŋ 〕 *n.* 提供

** **office**[1] 〔'ɔfɪs 〕 *n.* 辦公室

** **officer**[1] 〔'ɔfəsɚ 〕 *n.* 警官

* **official**[2] 〔 ə'fɪʃəl 〕 *adj.* 正式的 *n.* 官員；公務員

offspring[6] 〔'ɔf,sprɪŋ 〕 *n.* 子孫

** **often**[1] 〔'ɔfən 〕 *adv.* 常常

** **oil**[1] 〔 ɔɪl 〕 *n.* 油

*** **O.K.**[1] 〔'o'ke 〕 *adv.* 好 (= *OK* = *okay*)

** **old**[1] 〔 old 〕 *adj.* 老的；舊的

olive[5] 〔'alɪv 〕 *n.* 橄欖樹

* **omit**[2] 〔 o'mɪt 〕 *v.* 遺漏

*** **on**[1] 〔 ɑn 〕 *prep.* 在…之上

** **once**[1] 〔 wʌns 〕 *adv.* 一次

*** **one**[1] 〔 wʌn 〕 *adj.* 一個

* **onion**[2] 〔'ʌnjən 〕 *n.* 洋蔥

** **only**[1] 〔'onlɪ 〕 *adj.* 唯一的 *adv.* 只有

* **onto**[3] 〔'antə ,'antu 〕 *prep.* 到…之上

****open**[1] (ˋopən) v. 打開　adj. 開放的

***opera**[4] (ˋɑpərə) n. 歌劇

***operate**[2] (ˋɑpə͵ret) v. 操作；動手術

***operation**[4] (͵ɑpəˋreʃən) n. 手術

　operational[6] (͵ɑpəˋreʃənḷ) adj. 操作上的

***operator**[3] (ˋɑpə͵retə) n. 接線生

****opinion**[2] (əˋpɪnjən) n. 意見

　opponent[5] (əˋponənt) n. 對手

***opportunity**[3] (͵ɑpəˋtjunətɪ) n. 機會

***oppose**[4] (əˋpoz) v. 反對

***opposite**[3] (ˋɑpəzɪt) adj. 相反的

　opposition[6] (͵ɑpəˋzɪʃən) n. 反對

　oppress[6] (əˋprɛs) v. 壓迫

　oppression[6] (əˋprɛʃən) n. 壓迫

　optimism[5] (ˋɑptə͵mɪzəm) n. 樂觀

***optimistic**[3] (͵ɑptəˋmɪstɪk) adj. 樂觀的

　option[6] (ˋɑpʃən) n. 選擇

　optional[6] (ˋɑpʃənḷ) adj. 可選擇的

****or**[1] (ɔr) conj. 或

　oral[4] (ˋorəl ͵ˋɔrəl) adj. 口頭的

‡‡orange[1] 〔'ɔrɪndʒ〕 *n.* 柳橙

*orbit[4] 〔'ɔrbɪt〕 *n.* 軌道

orchard[5] 〔'ɔrtʃəd〕 *n.* 果園【注意發音】

*orchestra[4] 〔'ɔrkɪstrə〕 *n.* 管絃樂團

ordeal[6] 〔ɔr'dil〕 *n.* 痛苦的經驗

‡‡order[1] 〔'ɔrdə〕 *n.* 命令；順序

orderly[6] 〔'ɔrdəlɪ〕 *adj.* 整齊的

‡ordinary[2] 〔'ɔrdn̩ˏɛrɪ〕 *adj.* 普通的

*organ[2] 〔'ɔrgən〕 *n.* 器官

*organic[4] 〔ɔr'gænɪk〕 *adj.* 有機的

organism[6] 〔'ɔrgənˏɪzəm〕 *n.* 生物

*organization[2] 〔ˏɔrgənə'zeʃən〕 *n.* 組織

*organize[2] 〔'ɔrgənˏaɪz〕 *v.* 組織

organizer[5] 〔'ɔrgənˏaɪzə〕 *n.* 組織者

Orient[5] 〔'orɪˏɛnt〕 *n.* 東方

Oriental[5] 〔ˏorɪ'ɛntḷ〕 *adj.* 東方的

*origin[3] 〔'ɔrədʒɪn〕 *n.* 起源

*original[3] 〔ə'rɪdʒənḷ〕 *adj.* 最初的；原本的

originality[6] 〔əˏrɪdʒə'nælətɪ〕 *n.* 創意

originate[6] 〔ə'rɪdʒəˏnet〕 *v.* 起源

ornament[5] ﹝'ɔrnəmənt﹞ *n.* 裝飾品

***orphan**[3] ﹝'ɔrfən﹞ *n.* 孤兒

orphanage[5] ﹝'ɔrfənɪdʒ﹞ *n.* 孤兒院

ostrich[5] ﹝'ɔstrɪtʃ﹞ *n.* 駝鳥

other[1] ﹝'ʌðɚ﹞ *adj.* 其他的

***otherwise**[4] ﹝'ʌðɚˏwaɪz﹞ *adv.* 否則

***ought to**[3] *aux.* 應該 (= *should*)

ounce[5] ﹝aʊns﹞ *n.* 盎司 (略作 oz., 等於 ¹/₁₆磅)

our[1] ﹝aʊr﹞ *pron.* 我們的

ours[1] ﹝aʊrz﹞ *pron.* 我們的 (東西)

out[1] ﹝aʊt﹞ *adv.* 向外；外出

outbreak[6] ﹝'aʊtˏbrek﹞ *n.* 爆發

***outcome**[4] ﹝'aʊtˏkʌm﹞ *n.* 結果

outdo[5] ﹝aʊt'du﹞ *v.* 勝過

***outdoor**[3] ﹝'aʊtˏdor﹞ *adj.* 戶外的

***outdoors**[3] ﹝aʊt'dorz﹞ *adv.* 在戶外

***outer**[3] ﹝'aʊtɚ﹞ *adj.* 外部的

outfit[6] ﹝'aʊtˏfɪt﹞ *n.* 服裝

outgoing[5] ﹝'aʊtˏgoɪŋ﹞ *adj.* 外向的

outing[6] ﹝'aʊtɪŋ﹞ *n.* 出遊；郊遊

outlaw[6] 〔'aut,lɔ 〕 *n.* 罪犯

outlet[6] 〔'aut,lɛt 〕 *n.* 出口

* **outline**[3] 〔'aut,laɪn 〕 *n.* 大綱

outlook[6] 〔'aut,luk 〕 *n.* 看法

outnumber[6] 〔 aut'nʌmbə 〕 *v.* 比⋯多

output[5] 〔'aut,put 〕 *n.* 產量;產品

outrage[6] 〔'aut,redʒ 〕 *n.* 暴行

outrageous[6] 〔 aut'redʒəs 〕 *adj.* 殘暴的

outright[6] 〔'aut,raɪt 〕 *adj.* 完全的;徹底的
(= *complete*);坦白的 (= *frank*) *adv.* 直率地

outset[6] 〔'aut,sɛt 〕 *n.* 開始

** **outside**[1] 〔'aut'saɪd 〕 *adv.* 在外面

outsider[5] 〔 aut'saɪdə 〕 *n.* 外人;門外漢

outskirts[5] 〔'aut,skɝts 〕 *n.pl.* 郊區

* **outstanding**[4] 〔 aut'stændɪŋ 〕 *adj.* 傑出的

outward[5] 〔'autwəd 〕 *adj.* 向外的

outward(s)[5] 〔'autwəd(z) 〕 *adv.* 向外

* **oval**[4] 〔'ovḷ 〕 *adj.* 橢圓形的

** **oven**[2] 〔'ʌvən 〕 *n.* 烤箱

*** **over**[1] 〔'ovə 〕 *prep.* 越過

overall[5] 〔'ovə,ɔl 〕 *adj.* 全面的

* **overcoat**[3]〔'ovə,kot〕*n.* 大衣

* **overcome**[4] 〔,ovə'kʌm〕*v.* 克服

  overdo[5] 〔'ovə'du〕*v.* 做…過火；做…過度

  overeat[5] 〔'ovə'it〕*v.* 吃得過多

  overflow[5] 〔,ovə'flo〕*v.* 流出；氾濫

  overhead[6] 〔'ovə,hɛd〕*adj.* 頭上的

  overhear[5] 〔,ovə'hɪr〕*v.* 無意間聽到

  overlap[6] 〔,ovə'læp〕*v.* 重疊

* **overlook**[4] 〔,ovə'luk〕*v.* 忽視

* **overnight**[4] 〔'ovə'naɪt〕*adv.* 一夜之間；突然

** **overpass**[2] 〔'ovə,pæs〕*n.* 天橋

** **overseas**[2] 〔'ovə'siz〕*adv.* 在海外　*adj.* 海外的

  oversleep[5] 〔'ovə'slip〕*v.* 睡過頭

* **overtake**[4] 〔,ovə'tek〕*v.* 趕上

* **overthrow**[4] 〔,ovə'θro〕*v.* 打翻；推翻

  overturn[6] 〔,ovə'tɜn〕*v.* 打翻；推翻

  overwhelm[5] 〔,ovə'hwɛlm〕*v.* 壓倒；使無法承受

  overwork[5] 〔'ovə'wɜk〕*v. n.* 工作過度

* **owe**[3] 〔o〕*v.* 欠

* **owl**[2] 〔aul〕*n.* 貓頭鷹

‡**own**[1] 〔 on 〕 *v.* 擁有

‡**owner**[2] 〔'onɚ 〕 *n.* 擁有者

* **ownership**[3] 〔'onɚˌʃɪp 〕 *n.* 所有權

‡**ox**[2] 〔 ɑks 〕 *n.* 公牛 (= *bull*)

* **oxygen**[4] 〔'ɑksədʒən 〕 *n.* 氧

oyster[5] 〔'ɔɪstɚ 〕 *n.* 牡蠣

ozone[5] 〔'ozon 〕 *n.* 臭氧

P p

* **pace**[4] 〔 pes 〕 *n.* 步調

pacific[5] 〔 pə'sɪfɪk 〕 *adj.* 和平的

‡**pack**[2] 〔 pæk 〕 *v.* 包裝；打包

‡**package**[2] 〔'pækɪdʒ 〕 *n.* 包裹；包裝好的商品

packet[5] 〔'pækɪt 〕 *n.* 小包；包裹

pact[6] 〔 pækt 〕 *n.* 協定

* **pad**[3] 〔 pæd 〕 *n.* 便條紙

paddle[5] 〔'pædl̩ 〕 *n.* 槳 (= *oar*)

　　v. 用槳划 (= *row*)

‡**page**[1] 〔 pedʒ 〕 *n.* 頁

* **pail**[3] 〔 pel 〕 *n.* 桶

****pain**² 〔 pen 〕 *n.* 疼痛;痛苦

****painful**² 〔 'penfəl 〕 *adj.* 疼痛的

****paint**¹ 〔 pent 〕 *v.* 畫;油漆

****painter**² 〔 'pentɚ 〕 *n.* 畫家

***painting**² 〔 'pentɪŋ 〕 *n.* 畫

****pair**¹ 〔 pɛr 〕 *n.* 一雙

****pajamas**² 〔 pə'dʒæməz 〕 *n.pl.* 睡衣

***pal**³ 〔 pæl 〕 *n.* 夥伴;朋友

***palace**³ 〔 'pælɪs 〕 *n.* 宮殿

****pale**³ 〔 pel 〕 *adj.* 蒼白的

***palm**² 〔 pɑm 〕 *n.* 手掌

pamphlet⁵ 〔 'pæmflɪt 〕 *n.* 小冊子

****pan**² 〔 pæn 〕 *n.* 平底鍋

***pancake**³ 〔 'pæn‚kek 〕 *n.* 薄煎餅

****panda**² 〔 'pændə 〕 *n.* 貓熊

pane⁵ 〔 pen 〕 *n.* 窗玻璃

***panel**⁴ 〔 'pænḷ 〕 *n.* 面板;專門小組

***panic**³ 〔 'pænɪk 〕 *v. n.* 恐慌

****pants**¹ 〔 pænts 〕 *n.pl.* 褲子(= *trousers* 〔 'traʊzɚz 〕
【英式用法】)

* **papa**[1] 〔'papə 〕 *n.* 爸爸

‡ **papaya**[2] 〔 pə'paɪə 〕 *n.* 木瓜

‡‡ **paper**[1] 〔'pepɚ 〕 *n.* 紙；報告

* **parachute**[4] 〔'pærə,ʃut 〕 *n.* 降落傘

* **parade**[3] 〔 pə'red 〕 *n.v.* 遊行

* **paradise**[3] 〔'pærə,daɪs 〕 *n.* 天堂；樂園

   paradox[5] 〔'pærə,dɑks 〕 *n.* 矛盾

* **paragraph**[4] 〔'pærə,græf 〕 *n.* 段落

   parallel[5] 〔'pærə,lɛl 〕 *adj.* 平行的

   paralyze[6] 〔'pærə,laɪz 〕 *v.* 使麻痺；使癱瘓

* **parcel**[3] 〔'pɑrsḷ 〕 *n.* 包裹

‡ **pardon**[2] 〔'pɑrdṇ 〕 *n. v.* 原諒

‡‡ **parents**[1] 〔'pɛrənts 〕 *n. pl.* 父母

‡‡ **park**[1] 〔 pɑrk 〕 *n.* 公園 *v.* 停車

   parliament[6] 〔'pɑrləmənt 〕 *n.* 國會

   parlor[5] 〔'pɑrlɚ 〕 *n.* 店

‡ **parrot**[2] 〔'pærət 〕 *n.* 鸚鵡

‡‡ **part**[1] 〔 pɑrt 〕 *n.* 部分 *v.* 分開

* **partial**[4] 〔'pɑrʃəl 〕 *adj.* 部分的

   participant[5] 〔 pɚ'tɪsəpənt 〕 *n.* 參加者

* **participate**[3] 〔 pɑr'tɪsə,pet 〕 *v.* 參加

* **participation**[4] (pə͵tɪsə'peʃən) *n.* 參與

* **participle**[4] ('partəsəpḷ) *n.* 分詞

   particle[5] ('partɪkḷ) *n.* 粒子

* **particular**[2] (pə'tɪkjələ) *adj.* 特別的

   partly[5] ('partlɪ) *adv.* 部分地

‡ **partner**[2] ('partnə) *n.* 夥伴

* **partnership**[4] ('partnə͵ʃɪp) *n.* 合夥關係

‡ **party**[1] ('partɪ) *n.* 宴會；政黨

‡ **pass**[1] (pæs) *v.* 經過

* **passage**[3] ('pæsɪdʒ) *n.* 一段（文章）

‡ **passenger**[2] ('pæsn̩dʒə) *n.* 乘客

* **passion**[3] ('pæʃən) *n.* 熱情

   passionate[5] ('pæʃənɪt) *adj.* 熱情的

* **passive**[4] ('pæsɪv) *adj.* 被動的

* **passport**[3] ('pæs͵port) *n.* 護照

* **password**[3] ('pæs͵wɝd) *n.* 密碼

‡ **past**[1] (pæst) *adj.* 過去的 *n.* 過去 *prep.* 超過；
   經過

* **pasta**[4] ('pastɑ , 'pæstə) *n.* 義大利麵【總稱】

‡ **paste**[2] (pest) *n.* 漿糊

pastime[5] ('pæs,taɪm) *n.* 消遣

pastry[5] ('pestrɪ) *n.* 糕餅

****pat**[2] (pæt) *v.* 輕拍

patch[5] (pætʃ) *n.* 補丁

patent[5] ('pætṇt) *n.* 專利權

***path**[2] (pæθ) *n.* 小徑

pathetic[6] (pə'θɛtɪk) *adj.* 可憐的

***patience**[3] ('peʃəns) *n.* 耐心

***patient**[2] ('peʃənt) *adj.* 有耐心的 *n.* 病人

patriot[5] ('petrɪət) *n.* 愛國者

patriotic[6] (,petrɪ'ɑtɪk) *adj.* 愛國的

patrol[5] (pə'trol) *v. n.* 巡邏

patron[5] ('petrən) *n.* 贊助者；資助人

***pattern**[2] ('pætən) *n.* 模式

***pause**[3] (pɔz) *n. v.* 暫停

***pave**[3] (pev) *v.* 鋪（路）

***pavement**[3] ('pevmənt) *n.* 人行道

***paw**[3] (pɔ) *n.* （貓、狗的）腳掌

****pay**[1,3] (pe) *v.* 支付；付錢 *n.* 薪水

***payment**[1] ('pemənt) *n.* 付款

PDA[6] *n.* 個人數位助理
（= *personal digital assistant*）

***pea**[3] 〔 pi 〕 *n.* 豌豆

****peace**[2] 〔 pis 〕 *n.* 和平

****peaceful**[2] 〔 'pisfəl 〕 *adj.* 和平的

****peach**[2] 〔 pitʃ 〕 *n.* 桃子

peacock[5] 〔 'pi͵kɑk 〕 *n.* 孔雀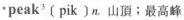

***peak**[3] 〔 pik 〕 *n.* 山頂；最高峰

***peanut**[2] 〔 'pi͵nʌt 〕 *n.* 花生

***pear**[2] 〔 pɛr 〕 *n.* 西洋梨【注意發音】

***pearl**[3] 〔 pɝl 〕 *n.* 珍珠

peasant[5] 〔 'pɛznt 〕 *n.* 農夫

***pebble**[4] 〔 'pɛbl̩ 〕 *n.* 小圓石

peck[5] 〔 pɛk 〕 *v.* 啄食

***peculiar**[4] 〔 pɪ'kjuljɚ 〕 *adj.* 獨特的

***pedal**[4] 〔 'pɛdl̩ 〕 *n.* 踏板

peddle[6] 〔 'pɛdl̩ 〕 *v.* 沿街叫賣

peddler[5] 〔 'pɛdlɚ 〕 *n.* 小販

pedestrian[6] 〔 pə'dɛstrɪən 〕 *n.* 行人

peek[5] 〔 pik 〕 *v.* 偷看

***peel**[3] 〔 pil 〕 *v.* 剝（皮）

* **peep**³ 〔 pip 〕 v. 偷窺

* **peer**⁴ 〔 pɪr 〕 n. 同儕　v. 凝視

　peg⁵ 〔 pɛg 〕 n. 掛鉤；木樁

** **pen**¹ 〔 pɛn 〕 n. 筆

* **penalty**⁴ 〔 ˈpɛnḷtɪ 〕 n. 刑罰

** **pencil**¹ 〔 ˈpɛnsḷ 〕 n. 鉛筆

　penetrate⁵ 〔 ˈpɛnə,tret 〕 v. 穿透

* **penguin**² 〔 ˈpɛngwɪn 〕 n. 企鵝

　peninsula⁶ 〔 pəˈnɪnsələ 〕 n. 半島

* **penny**³ 〔 ˈpɛnɪ 〕 n. 一分硬幣

　pension⁶ 〔 ˈpɛnʃən 〕 n. 退休金

** **people**¹ 〔 ˈpipḷ 〕 n. pl. 人

* **pepper**² 〔 ˈpɛpɚ 〕 n. 胡椒

* **per**² 〔 pɚ 〕 prep. 每⋯

　perceive⁵ 〔 pɚˈsiv 〕 v. 察覺

* **percent**⁴ 〔 pɚˈsɛnt 〕 n. 百分之⋯

* **percentage**⁴ 〔 pɚˈsɛntɪdʒ 〕 n. 百分比

　perception⁶ 〔 pɚˈsɛpʃən 〕 n. 知覺

　perch⁵ 〔 pɝtʃ 〕 n. (鳥的) 棲木

* **perfect**² 〔 ˈpɝfɪkt 〕 adj. 完美的

***perfection**[4] (pɚˋfɛkʃən) *n.* 完美

***perform**[3] (pɚˋfɔrm) *v.* 表演；執行

***performance**[3] (pɚˋfɔrməns) *n.* 表演

performer[5] (pɚˋfɔrmɚ) *n.* 表演者

***perfume**[4] (ˋpɝfjum) *n.* 香水

*****perhaps**[1] (pɚˋhæps) *adv.* 也許

peril[5] (ˋpɛrəl) *n.* 危險

*****period**[2] (ˋpɪrɪəd) *n.* 期間

perish[5] (ˋpɛrɪʃ) *v.* 死亡 (= *die*)

***permanent**[4] (ˋpɝmənənt) *adj.* 永久的

permissible[5] (pɚˋmɪsəbḷ) *adj.* 可允許的

***permission**[3] (pɚˋmɪʃən) *n.* 許可

***permit**[3] (pɚˋmɪt) *v.* 允許

perseverance[6] (ˌpɝsəˋvɪrəns) *n.* 毅力

persevere[6] (ˌpɝsəˋvɪr) *v.* 堅忍；不屈不撓

persist[5] (pɚˋzɪst, pɚˋsɪst) *v.* 堅持；持續

persistence[6] (pɚˋzɪstəns) *n.* 堅持

persistent[6] (pɚˋzɪstənt) *adj.* 持續的

*****person**[1] (ˋpɝsṇ) *n.* 人

****personal**[2] (ˋpɝsṇḷ) *adj.* 個人的

***personality**[3] (ˌpɝsṇˋælətɪ) *n.* 個性

P

personnel[5] 〔͵pɝsn̩'ɛl 〕 n. 全體職員；人事部

perspective[6] 〔 pə'spɛktɪv 〕 n. 正確的眼光

***persuade**[3] 〔 pə'swed 〕 v. 說服

***persuasion**[4] 〔 pə'sweʒən 〕 n. 說服力

***persuasive**[4] 〔 pə'swesɪv 〕 adj. 有說服力的

pessimism[5] 〔'pɛsə͵mɪzəm 〕 n. 悲觀

***pessimistic**[4] 〔͵pɛsə'mɪstɪk 〕 adj. 悲觀的

***pest**[3] 〔 pɛst 〕 n. 害蟲；討厭的人或物

pesticide[6] 〔'pɛstɪ͵saɪd 〕 n. 殺蟲劑

‡**pet**[1] 〔 pɛt 〕 n. 寵物

***petal**[4] 〔'pɛtl̩ 〕 n. 花瓣

petroleum[6] 〔 pə'trolɪəm 〕 n. 石油

petty[6] 〔'pɛtɪ 〕 adj. 小的；微不足道的

pharmacist[6] 〔'fɑrməsɪst 〕 n. 藥劑師

pharmacy[6] 〔'fɑrməsɪ 〕 n. 藥房

phase[6] 〔 fez 〕 n. 階段

***phenomenon**[4] 〔 fə'nɑmə͵nɑn 〕 n. 現象

***philosopher**[4] 〔 fə'lɑsəfɚ 〕 n. 哲學家

***philosophical**[4] 〔͵fɪlə'sɑfɪkl̩ 〕 adj. 哲學的

***philosophy**[4] 〔 fə'lɑsəfɪ 〕 n. 哲學；人生觀

‡**photo**[2] (ˈfoto) *n.* 照片 (= *photograph*)

***photograph**[2] (ˈfotəˌɡræf) *n.* 照片

***photographer**[2] (fəˈtɑɡrəfə) *n.* 攝影師

  photographic[6] (ˌfotəˈɡræfɪk) *adj.* 攝影的

***photography**[4] (fəˈtɑɡrəfɪ) *n.* 攝影

***phrase**[2] (frez) *n.* 片語

***physical**[4] (ˈfɪzɪkl̩) *adj.* 身體的

***physician**[4] (fəˈzɪʃən) *n.* 內科醫生

***physicist**[4] (ˈfɪzəsɪst) *n.* 物理學家

‡**physics**[4] (ˈfɪzɪks) *n.* 物理學

***pianist**[4] (pɪˈænɪst) *n.* 鋼琴家

‡**piano**[1] (pɪˈæno) *n.* 鋼琴

‡**pick**[2] (pɪk) *v.* 挑選

***pickle**[3] (ˈpɪkl̩) *n.* 酸黃瓜;泡菜

***pickpocket**[4] (ˈpɪkˌpɑkɪt) *n.* 扒手

‡**picnic**[2] (ˈpɪknɪk) *n.* 野餐

‡**picture**[1] (ˈpɪktʃə) *n.* 圖畫;照片

  picturesque[6] (ˌpɪktʃəˈrɛsk) *adj.* 風景如畫的

‡**pie**[1] (paɪ) *n.* 派

‡**piece**[1] (pis) *n.* 片;張

pier⁵ 〔 pɪr 〕 *n.* 碼頭；橋墩

pierce⁶ 〔 pɪrs 〕 *v.* 刺穿

piety⁶ 〔 'paɪətɪ 〕 *n.* 虔誠；孝順

‡**pig**¹ 〔 pɪg 〕 *n.* 豬

‡**pigeon**² 〔 'pɪdʒɪn 〕 *n.* 鴿子 (= *dove*)

‡**pile**² 〔 paɪl 〕 *n.* 堆

***pilgrim**⁴ 〔 'pɪlgrɪm 〕 *n.* 朝聖者

***pill**³ 〔 pɪl 〕 *n.* 藥丸

pillar⁵ 〔 'pɪlɚ 〕 *n.* 柱子

‡**pillow**² 〔 'pɪlo 〕 *n.* 枕頭

***pilot**³ 〔 'paɪlət 〕 *n.* 飛行員

pimple⁵ 〔 'pɪmpl̩ 〕 *n.* 青春痘

‡**pin**² 〔 pɪn 〕 *n.* 別針

pinch⁵ 〔 pɪntʃ 〕 *v.* 捏

***pine**³ 〔 paɪn 〕 *n.* 松樹

‡**pineapple**² 〔 'paɪn.æpl̩ 〕 *n.* 鳳梨

***ping-pong**² 〔 'pɪŋ.paŋ 〕 *n.* 乒乓球

‡‡**pink**² 〔 pɪŋk 〕 *adj.* 粉紅色的

pint³ 〔 paɪnt 〕 *n.* 品脫 (液體的衡量單位，1 品脫
約 0.473 公升)

***pioneer**⁴ 〔 .paɪə'nɪr 〕 *n.* 先驅；先鋒

pious[6]〔'paɪəs〕*adj.* 虔誠的

***pipe**[2]〔paɪp〕*n.* 管子；煙斗；笛子

pipeline[6]〔'paɪp‚laɪn〕*n.* 管線

*****pirate**[4]〔'paɪrət〕*n.* 海盜　*v.* 盜版

piss[5]〔pɪs〕*v.* 小便

pistol[5]〔'pɪstl̩〕*n.* 手槍

*****pit**[3]〔pɪt〕*n.* 洞

*****pitch**[2]〔pɪtʃ〕*n.* 音調　*v.* 投擲

pitcher[6]〔'pɪtʃ⋄〕*n.* 投手

*****pity**[3]〔'pɪtɪ〕*n.* 同情；可惜的事

pizza[2]〔'pitsə〕*n.* 披薩

place[1]〔ples〕*n.* 地方　*v.* 放置

plague[5]〔pleg〕*n.* 瘟疫

*****plain**[2]〔plen〕*adj.* 平凡的　*n.* 平原

plan[1]〔plæn〕*n.v.* 計劃

*****planet**[2]〔'plænɪt〕*n.* 行星

*****plant**[1]〔plænt〕*n.* 植物　*v.* 種植

plantation[5]〔plæn'teʃən〕*n.* 大農場

*****plastic**[3]〔'plæstɪk〕*adj.* 塑膠的

plate[2]〔plet〕*n.* 盤子

‡**platform**[2] ('plæt,fɔrm) *n.* 月台

‡**play**[1] (ple) *v.* 玩　 *n.* 戲劇

‡**player**[1] ('pleɚ) *n.* 選手

playful[2] ('plefəl) *adj.* 愛玩的

‡**playground**[1] ('ple,graʊnd) *n.* 運動場

playwright[5] ('ple,raɪt) *n.* 劇作家

plea[5] (pli) *n.* 懇求;答辯

plead[5] (plid) *v.* 懇求

‡**pleasant**[2] ('plɛzn̩t) *adj.* 令人愉快的

‡**please**[1] (pliz) *v.* 取悅

‡**pleasure**[2] ('plɛʒɚ) *n.* 樂趣

pledge[5] (plɛdʒ) *v.* 保證;發誓

***plentiful**[4] ('plɛntɪfəl) *adj.* 豐富的

***plenty**[3] ('plɛntɪ) *n.* 豐富

plight[6] (plaɪt) *n.* 困境;苦境

***plot**[4] (plɑt) *n.* 情節

plow[5] (plaʊ) *n.* 犁【注意發音】

pluck[5] (plʌk) *v.* 拔出;摘(花)

***plug**[3] (plʌg) *n.* 插頭　 *v.* 插插頭

***plum**[3] (plʌm) *n.* 梅子

* **plumber**[3] 〔ˋplʌmɚ〕 *n.* 水管工人

   plunge[5] 〔plʌndʒ〕 *v.* 跳進

* **plural**[4] 〔ˋplʊrəl〕 *n.* 複數

* **plus**[2] 〔plʌs〕 *prep.* 加上

*** **p.m.**[4] 〔ˋpiˋɛm〕 下午 (= *pm* = *P.M.* = *PM*)

   pneumonia[6] 〔nuˋmonjə , nju- 〕 *n.* 肺炎

   poach[6] 〔potʃ〕 *v.* 偷獵

   poacher[6] 〔ˋpotʃɚ〕 *n.* 偷獵者

* **pocket**[1] 〔ˋpɑkɪt〕 *n.* 口袋

   pocketbook[5] 〔ˋpɑkɪt͵bʊk〕 *n.* 小筆記本

* **poem**[2] 〔ˋpo‧ɪm〕 *n.* 詩

* **poet**[2] 〔ˋpo‧ɪt〕 *n.* 詩人

   poetic[5] 〔poˋɛtɪk〕 *adj.* 詩的

* **poetry**[1] 〔ˋpo‧ɪtrɪ〕 *n.* 詩【集合名詞】

*** **point**[1] 〔pɔɪnt〕 *n.* 點

** **poison**[2] 〔ˋpɔɪzn̩〕 *n.* 毒藥

* **poisonous**[4] 〔ˋpɔɪznəs〕 *adj.* 有毒的

   poke[5] 〔pok〕 *v.* 刺;戳

   polar[5] 〔ˋpolɚ〕 *adj.* 極地的

* **pole**[3] 〔pol〕 *n.* (南、北) 極

P

‡‡**police**[1] 〔 pəˈlis 〕 *n.* 警察;警方

***policeman**[1] 〔 pəˈlismən 〕 *n.* 警察

***policy**[2] 〔ˈpaləsɪ 〕 *n.* 政策

***polish**[4] 〔ˈpalɪʃ 〕 *v.* 擦亮

‡‡**polite**[2] 〔 pəˈlaɪt 〕 *adj.* 有禮貌的

***political**[3] 〔 pəˈlɪtɪkl̩ 〕 *adj.* 政治的

***politician**[3] 〔ˌpaləˈtɪʃən 〕 *n.* 政治人物;政客

***politics**[3] 〔ˈpaləˌtɪks 〕 *n.* 政治學

***poll**[3] 〔 pol 〕 *n.* 民意調查

pollutant[6] 〔 pəˈlutn̩t 〕 *n.* 污染物

‡**pollute**[3] 〔 pəˈlut 〕 *v.* 污染

‡**pollution**[4] 〔 pəˈluʃən 〕 *n.* 污染

‡**pond**[1] 〔 pand 〕 *n.* 池塘

ponder[6] 〔ˈpandɚ 〕 *v.* 沉思

***pony**[3] 〔ˈponɪ 〕 *n.* 小馬

‡**pool**[1] 〔 pul 〕 *n.* 水池;游泳池

‡‡**poor**[1] 〔 pʊr 〕 *adj.* 窮的

***pop**[3] 〔 pap 〕 *adj.* 流行的

‡‡**popcorn**[1] 〔ˈpapˌkɔrn 〕 *n.* 爆米花

‡‡**popular**[2,3] 〔ˈpapjəlɚ 〕 *adj.* 受歡迎的;流行的

***popularity**[4] 〔ˌpapjəˈlærətɪ 〕 *n.* 受歡迎

populate[6] ('papjə,let) v. 居住於

population[2] (,papjə'leʃən) n. 人口

porch[5] (portʃ) n. 門廊

pork[2] (pork) n. 豬肉

port[2] (port) n. 港口

portable[4] ('portəbḷ) adj. 手提的

porter[4] ('portə) n. (行李) 搬運員

portion[3] ('porʃən) n. 部分

portrait[3] ('portret) n. 肖像

portray[4] (por'tre) v. 描繪

pose[2] (poz) n. 姿勢　v. 擺姿勢

position[1] (pə'zɪʃən) n. 位置

positive[2] ('pazətɪv) adj. 肯定的；樂觀的

possess[4] (pə'zɛs) v. 擁有

possession[4] (pə'zɛʃən) n. 擁有

possibility[2] (,pasə'bɪlətɪ) n. 可能性

possible[1] ('pasəbḷ) adj. 可能的

post[2] (post) n. 郵政　v. 郵寄

postage[3] ('postɪdʒ) n. 郵資

postcard[2] ('post,kard) n. 明信片

* **poster**³ 〔'postɚ〕 *n.* 海報

* **postpone**³ 〔post'pon〕 *v.* 延期

* **postponement**³ 〔post'ponmənt〕 *n.* 延期

  posture⁶ 〔'pastʃɚ〕 *n.* 姿勢

* **pot**² 〔pat〕 *n.* 鍋子

* **potato**² 〔pə'teto〕 *n.* 馬鈴薯

  potential⁵ 〔pə'tɛnʃəl〕 *n.* 潛力;可能性
    adj. 有潛力的;可能的

* **pottery**³ 〔'patɚ1〕 *n.* 陶器

* **poultry**⁴ 〔'poltr1〕 *n.* 家禽

‡ **pound**² 〔paund〕 *n.* 磅

* **pour**³ 〔por〕 *v.* 傾倒

* **poverty**³ 〔'pavɚt1〕 *n.* 貧窮

‡ **powder**³ 〔'paudɚ〕 *n.* 粉末

* **power**¹ 〔'pauɚ〕 *n.* 力量

* **powerful**² 〔'pauɚfəl〕 *adj.* 強有力的

* **practical**³ 〔'præktɪkḷ〕 *adj.* 實際的

‡ **practice**¹ 〔'præktɪs〕 *v.* 練習

  prairie⁵ 〔'prɛr1〕 *n.* 大草原

* **praise**² 〔prez〕 *v. n.* 稱讚

‡ **pray**² 〔pre〕 *v.* 祈禱

*__prayer__[3] (prɛr) *n.* 祈禱

__preach__[5] (pritʃ) *v.* 說教

__precaution__[5] (prɪ'kɔʃən) *n.* 小心；預防措施

__precede__[6] (pri'sid) *v.* 在⋯之前

__precedent__[6] ('prɛsədənt) *n.* 先例

P

*__precious__[3] ('prɛʃəs) *adj.* 珍貴的

*__precise__[4] (prɪ'saɪs) *adj.* 精確的

__precision__[6] (prɪ'sɪʒən) *n.* 精確

__predecessor__[6] ('prɛdɪ,sɛsə) *n.* 前輩

*__predict__[4] (prɪ'dɪkt) *v.* 預測

__prediction__[6] (prɪ'dɪkʃən) *n.* 預測

__preface__[6] ('prɛfɪs) *n.* 序言

*__prefer__[2] (prɪ'fɝ) *v.* 比較喜歡

*__preferable__[4] ('prɛfərəbļ) *adj.* 比較好的

__preference__[5] ('prɛfərəns) *n.* 比較喜歡

*__pregnancy__[4] ('prɛgnənsɪ) *n.* 懷孕

*__pregnant__[4] ('prɛgnənt) *adj.* 懷孕的

__prehistoric__[5] (,prihɪs'tɔrɪk) *adj.* 史前的

__prejudice__[6] ('prɛdʒədɪs) *n.* 偏見

__preliminary__[6] (prɪ'lɪmə,nɛrɪ) *adj.* 初步的

premature[6] 〔ˌprimə'tʃur 〕 *adj.* 過早的

premier[6] 〔'primɪæ, prɪ'mɪr 〕 *n.* 首相

***preparation**[3] 〔ˌprɛpə'reʃən 〕 *n.* 準備

****prepare**[1] 〔 prɪ'pɛr 〕 *v.* 準備

***preposition**[4] 〔ˌprɛpə'zɪʃən 〕 *n.* 介系詞

prescribe[6] 〔 prɪ'skraɪb 〕 *v.* 開藥方；規定

prescription[6] 〔 prɪ'skrɪpʃən 〕 *n.* 藥方

***presence**[2] 〔'prɛzn̩s 〕 *n.* 出席

****present**[2] 〔'prɛzn̩t 〕 *adj.* 出席的

    n. 禮物 (= *gift*)

***presentation**[4] 〔ˌprɛzn̩'teʃən 〕 *n.* 報告；敘述

***preservation**[4] 〔ˌprɛzæ'veʃən 〕 *n.* 保存；維持

***preserve**[4] 〔 prɪ'zɝv 〕 *v.* 保存

preside[6] 〔 prɪ'zaɪd 〕 *v.* 主持

presidency[6] 〔'prɛzədənsɪ 〕 *n.* 總統的職位

****president**[2] 〔'prɛzədənt 〕 *n.* 總統

presidential[6] 〔ˌprɛzə'dɛnʃəl 〕 *adj.* 總統的

***press**[2] 〔 prɛs 〕 *v.* 壓

****pressure**[3] 〔'prɛʃæ 〕 *n.* 壓力

prestige[6] 〔'prɛstɪdʒ 〕 *n.* 聲望

P

presume[6] 〔 prɪ'zum 〕 v. 假定

***pretend**[3] 〔 prɪ'tɛnd 〕 v. 假裝

***pretty**[1] 〔'prɪtɪ 〕 adj. 漂亮的　adv. 相當

prevail[5] 〔 prɪ'vel 〕 v. 普及；盛行

***prevent**[3] 〔 prɪ'vɛnt 〕 v. 預防

***prevention**[4] 〔 prɪ'vɛnʃən 〕 n. 預防

preventive[6] 〔 prɪ'vɛntɪv 〕 adj. 預防的

preview[5] 〔'pri,vju 〕 v. 預習

***previous**[3] 〔'priviəs 〕 adj. 先前的

prey[5] 〔 pre 〕 n. 獵物

price[1] 〔 praɪs 〕 n. 價格

priceless[5] 〔'praɪslɪs 〕 adj. 無價的

prick[5] 〔 prɪk 〕 v. 刺；戳

***pride**[2] 〔 praɪd 〕 n. 驕傲

priest[3] 〔 prist 〕 n. 神父

primary[3] 〔'praɪ,mɛrɪ 〕 adj. 主要的；基本的

***prime**[4] 〔 praɪm 〕 adj. 主要的；上等的

***primitive**[4] 〔'prɪmətɪv 〕 adj. 原始的

prince[2] 〔 prɪns 〕 n. 王子

princess[2] 〔'prɪnsɪs 〕 n. 公主

principal[2] 〔'prɪnsəpl̩ 〕 n. 校長　adj. 主要的

* **principle**[2] (ˈprɪnsəpḷ) *n.* 原則
# **print**[1] (prɪnt) *v.* 印刷；列印
* **printer**[2] (ˈprɪntɚ) *n.* 印表機
  prior[5] (ˈpraɪɚ) *adj.* 之前的
  priority[5] (praɪˈɔrətɪ) *n.* 優先權
* **prison**[2] (ˈprɪzṇ) *n.* 監獄
* **prisoner**[2] (ˈprɪzṇɚ) *n.* 囚犯
* **privacy**[4] (ˈpraɪvəsɪ) *n.* 隱私權
# **private**[2] (ˈpraɪvɪt) *adj.* 私人的
* **privilege**[4] (ˈprɪvḷɪdʒ) *n.* 特權
# **prize**[2] (praɪz) *n.* 獎；獎品
* **probable**[3] (ˈprɑbəbḷ) *adj.* 可能的
problem[1] (ˈprɑbləm) *n.* 問題
* **procedure**[4] (prəˈsidʒɚ) *n.* 程序
* **proceed**[4] (prəˈsid) *v.* 前進
* **process**[3] (ˈprɑsɛs) *n.* 過程
  procession[5] (prəˈsɛʃən) *n.* 行列
produce[2] (prəˈdjus) *v.* 生產；製造
* **producer**[2] (prəˈdjusɚ) *n.* 生產者
* **product**[3] (ˈprɑdəkt) *n.* 產品
# **production**[4] (prəˈdʌkʃən) *n.* 生產

* **productive**[4] (prə'dʌktɪv) adj. 有生產力的；
   多產的

   productivity[6] (,prodʌk'tɪvətɪ) n. 生產力

* **profession**[4] (prə'fɛʃən) n. 職業

* **professional**[4] (prə'fɛʃənḷ) adj. 職業的

** **professor**[4] (prə'fɛsə) n. 教授

   proficiency[6] (prə'fɪʃənsɪ) n. 熟練；精通

   profile[5] ('profaɪl) n. 側面；輪廓

* **profit**[3] ('prɑfɪt) n. 利潤

* **profitable**[4] ('prɑfɪtəbḷ) adj. 有利可圖的

   profound[6] (prə'faʊnd) adj. 深奧的

** **program**[3] ('progræm) n. 節目

* **progress**[2] ('prɑgrɛs) n. 進步

   progressive[6] (prə'grɛsɪv) adj. 進步的

   prohibit[6] (pro'hɪbɪt) v. 禁止

   prohibition[6] (,proə'bɪʃən) n. 禁止

* **project**[2] ('prɑdʒɛkt) n. 計劃

   projection[6] (prə'dʒɛkʃən) n. 投射；突出物

   prolong[5] (prə'lɔŋ) v. 延長

* **prominent**[4] ('prɑmənənt) adj. 卓越的

P

‡**promise**[2] ﹝'pramıs ﹞ *v.* 保證

***promising**[4] ﹝'pramısıŋ ﹞ *adj.* 有前途的

***promote**[3] ﹝ prə'mot ﹞ *v.* 使升遷

***promotion**[4] ﹝ prə'moʃən ﹞ *n.* 升遷；促銷；提倡

***prompt**[4] ﹝ prampt ﹞ *adj.* 迅速的

prone[6] ﹝ pron ﹞ *adj.* 易於…的

***pronoun**[4] ﹝'pronaʊn ﹞ *n.* 代名詞

‡**pronounce**[2] ﹝ prə'naʊns ﹞ *v.* 發音

***pronunciation**[4] ﹝ prə͵nʌnsı'eʃən ﹞ *n.* 發音

***proof**[3] ﹝ pruf ﹞ *n.* 證據

prop[5] ﹝ prap ﹞ *n.* 支柱；後盾；靠山

propaganda[6] ﹝͵prapə'gændə ﹞ *n.* 宣傳

propel[6] ﹝ prə'pɛl ﹞ *v.* 推進

propeller[6] ﹝ prə'pɛlə ﹞ *n.* 推進器；螺旋槳

***proper**[3] ﹝'prapə ﹞ *adj.* 適當的

***property**[3] ﹝'prapətı ﹞ *n.* 財產；特性

prophet[5] ﹝'prafıt ﹞ *n.* 預言者；先知

proportion[5] ﹝ prə'porʃən ﹞ *n.* 比例

***proposal**[3] ﹝ prə'pozl̩ ﹞ *n.* 提議

***propose**[2] ﹝ prə'poz ﹞ *v.* 提議

prose[6] (proz) *n.* 散文

prosecute[6] ('prası,kjut) *v.* 起訴

prosecution[6] (,prası'kjuʃən) *n.* 起訴

prospect[5] ('praspɛkt) *n.* 希望；期待

prospective[6] (prə'spɛktɪv) *adj.* 有希望的；
未來的

* **prosper**[4] ('praspɚ) *v.* 繁榮；興盛

* **prosperity**[4] (pras'pɛrətɪ) *n.* 繁榮

* **prosperous**[4] ('praspərəs) *adj.* 繁榮的

* **protect**[2] (prə'tɛkt) *v.* 保護

* **protection**[3] (prə'tɛkʃən) *n.* 保護

* **protective**[3] (prə'tɛktɪv) *adj.* 保護的

* **protein**[4] ('protiɪn) *n.* 蛋白質

* **protest**[4] (prə'tɛst) *v.* 抗議

** **proud**[2] (praud) *adj.* 驕傲的

* **prove**[1] (pruv) *v.* 證明

* **proverb**[4] ('pravɜb) *n.* 諺語

** **provide**[2] (prə'vaɪd) *v.* 提供

province[5] ('pravɪns) *n.* 省

provincial[6] (prə'vɪnʃəl) *adj.* 省的

provoke[6] 〔 prə'vok 〕v. 激怒

prowl[6] 〔 praul 〕v. 徘徊；遊蕩

prune[5] 〔 prun 〕v. 修剪

* **psychological**[4] 〔ˌsaɪkə'lɑdʒɪkl̩〕adj. 心理的

* **psychologist**[4] 〔 saɪ'kɑlədʒɪst 〕n. 心理學家

* **psychology**[4] 〔 saɪ'kɑlədʒɪ 〕n. 心理學

* **pub**[3] 〔 pʌb 〕n. 酒吧

‡ **public**[1] 〔'pʌblɪk 〕adj. 公共的；公開的

* **publication**[4] 〔ˌpʌblɪ'keʃən 〕n. 出版（品）

* **publicity**[4] 〔 pʌb'lɪsətɪ 〕n. 出名；知名度

publicize[5] 〔'pʌblɪˌsaɪz 〕v. 宣傳

* **publish**[4] 〔'pʌblɪʃ 〕v. 出版

* **publisher**[4] 〔'pʌblɪʃɚ 〕n. 出版商

* **pudding**[2] 〔'pudɪŋ 〕n. 布丁

puff[5] 〔 pʌf 〕v. 吐出；噴

‡ **pull**[1] 〔 pul 〕v. 拉

pulse[5] 〔 pʌls 〕n. 脈搏

* **pump**[2] 〔 pʌmp 〕n. 抽水機

* **pumpkin**[2] 〔'pʌmpkɪn 〕n. 南瓜

***punch**³ 〔 pʌntʃ 〕 v. 用拳頭打

***punctual**⁶ 〔ˈpʌŋktʃʊəl 〕 adj. 準時的

***punish**² 〔ˈpʌnɪʃ 〕 v. 處罰

***punishment**² 〔ˈpʌnɪʃmənt 〕 n. 處罰

***pupil**² 〔ˈpjupl̩ 〕 n. 學生

***puppet**² 〔ˈpʌpɪt 〕 n. 木偶;傀儡

***puppy**² 〔ˈpʌpɪ 〕 n. 小狗

***purchase**⁵ 〔ˈpɝtʃəs 〕 v. 購買 (= buy)

***pure**³ 〔 pjʊr 〕 adj. 純粹的

 purify⁶ 〔ˈpjʊrəˌfaɪ 〕 v. 淨化

 purity⁶ 〔ˈpjʊrətɪ 〕 n. 純淨

***purple**¹ 〔ˈpɝpl̩ 〕 adj. 紫色的

***purpose**¹ 〔ˈpɝpəs 〕 n. 目的

***purse**² 〔 pɝs 〕 n. 錢包

***pursue**³ 〔 pɚˈsu 〕 v. 追求

***pursuit**⁴ 〔 pɚˈsut 〕 n. 追求

***push**¹ 〔 pʊʃ 〕 v. 推

***put**¹ 〔 pʊt 〕 v. 放

***puzzle**² 〔ˈpʌzl̩ 〕 v. 使困惑

 pyramid⁵ 〔ˈpɪrəmɪd 〕 n. 金字塔

Q q

quack[5] 〔 kwæk 〕 *n.* 密醫；
騙子 *v.* (鴨) 叫

***quake**[4] 〔 kwek 〕 *n.* 地震

qualification[6] 〔͵kwɑləfə'keʃən 〕 *n.* 資格

qualify[5] 〔'kwɑlə͵faɪ 〕 *v.* 使合格；使有資格

***quality**[2] 〔'kwɑlətɪ 〕 *n.* 品質；特質

***quantity**[2] 〔'kwɑntətɪ 〕 *n.* 量

***quarrel**[3] 〔'kwɔrəl 〕 *n. v.* 爭吵

quarrelsome[6] 〔'kwɔrəlsəm 〕 *adj.* 好爭吵的

quart[5] 〔 kwɔrt 〕 *n.* 夸脫 (= 0.946 公升)

***quarter**[2] 〔'kwɔrtɚ 〕 *n.* 四分之一；二角五分硬幣

***queen**[1] 〔 kwin 〕 *n.* 女王；皇后

***queer**[3] 〔 kwɪr 〕 *adj.* 奇怪的

quench[6] 〔 kwɛntʃ 〕 *v.* 解 (渴)

query[6] 〔'kwɪrɪ 〕 *v. n.* 詢問

quest[5] 〔 kwɛst 〕 *n.* 追求；尋求

***question**[1] 〔'kwɛstʃən 〕 *n.* 問題

questionnaire[6] 〔͵kwɛstʃən'ɛr 〕 *n.* 問卷

***quick**[1] 〔 kwɪk 〕 *adj.* 快的

***quiet**[1] 〔'kwaɪət 〕 *adj.* 安靜的

* **quilt**⁴ (kwɪlt) *n.* 棉被

* **quit**² (kwɪt) *v.* 停止；辭職

* **quite**¹ (kwaɪt) *adv.* 非常

　quiver⁵ ('kwɪvɚ) *v.* 發抖；顫動

* **quiz**² (kwɪz) *n.* 小考

* **quotation**⁴ (kwo'teʃən) *n.* 引用的文句

* **quote**³ (kwot) *v.* 引用

R r

* **rabbit**² ('ræbɪt) *n.* 兔子

* **race**¹ (res) *n.* 賽跑；種族

* **racial**³ ('reʃəl) *adj.* 種族的

　racism⁶ ('resɪzəm) *n.* 種族主義

　rack⁵ (ræk) *n.* 架子

* **radar**³ ('redɑr) *n.* 雷達

　radiant⁶ ('rediənt) *adj.* 容光煥發的

　radiate⁶ ('redɪ,et) *v.* 散發

　radiation⁶ (,redɪ'eʃən) *n.* 輻射線

　radiator⁶ ('redɪ,etɚ) *n.* 暖爐；散熱器

　radical⁶ ('rædɪk!) *adj.* 根本的

radio[1] ('redɪ,o) *n.* 收音機;無線電

radish[5] ('rædɪʃ) *n.* 小蘿蔔

radius[5] ('redɪəs) *n.* 半徑

raft[6] (ræft) *n.* 木筏;救生筏

rag[3] (ræg) *n.* 破布

rage[4] (redʒ) *n.* 憤怒

ragged[5] ('rægɪd) *adj.* 破爛的

raid[6] (red) *n.* 襲擊

rail[5] (rel) *n.* 欄杆;鐵路

railroad[1] ('rel,rod) *n.* 鐵路
(= *railway*【英式用法】)

rain[1] (ren) *n.* 雨 *v.* 下雨

rainbow[1] ('ren,bo) *n.* 彩虹

rainfall[4] ('ren,fɔl) *n.* 降雨(量)

rainy[2] ('renɪ) *adj.* 下雨的

raise[1] (rez) *v.* 提高;舉起

raisin[3] ('rezn̩) *n.* 葡萄乾

rally[5] ('rælɪ) *v.* 召集

ramp[6] (ræmp) *n.* 坡道;交流道

ranch[5] (ræntʃ) *n.* 牧場

random[6] 〔'rændəm〕 adj. 隨便的

***range**[2] 〔rendʒ〕 n. 範圍 v. (範圍) 包括

***rank**[3] 〔ræŋk〕 n. 階級 v. 位居

ransom[6] 〔'rænsəm〕 n. 贖金

***rapid**[2] 〔'ræpɪd〕 adj. 快速的

***rare**[2] 〔rɛr〕 adj. 罕見的

rascal[5] 〔'ræskl̩〕 n. 流氓

rash[6] 〔ræʃ〕 adj. 輕率的

***rat**[1] 〔ræt〕 n. 老鼠

***rate**[3] 〔ret〕 n. 速率；比率

***rather**[2] 〔'ræðɚ〕 adv. 相當地

ratio[5] 〔'reʃo〕 n. 比例

rational[6] 〔'ræʃənl̩〕 adj. 理性的；合理的

rattle[5] 〔'rætl̩〕 v. 發出嘎嘎聲

ravage[6] 〔'rævɪdʒ〕 v. 毀壞

***raw**[3] 〔rɔ〕 adj. 生的

***ray**[3] 〔re〕 n. 光線

***razor**[3] 〔'rezɚ〕 n. 剃刀

***reach**[1] 〔ritʃ〕 v. 抵達；伸出

***react**[3] 〔rɪ'ækt〕 v. 反應

***reaction**[3] 〔rɪ'ækʃən〕 n. 反應

R

‡**read**[1] 〔 rid 〕 v. 讀

‡**ready**[1] 〔'rɛdɪ 〕 adj. 準備好的

‡**real**[1] 〔'riəl 〕 adj. 真的

  realism[6] 〔'riəl‚ɪzəm 〕 n. 寫實主義

* **realistic**[4] 〔‚riə'lɪstɪk 〕 adj. 寫實的

* **reality**[2] 〔 rɪ'ælətɪ 〕 n. 真實

  realization[6] 〔‚riələ'zeʃən 〕 n. 了解

‡**realize**[2] 〔'riə‚laɪz 〕 v. 了解;實現

  realm[5] 〔 rɛlm 〕 n. 領域【注意發音】

  reap[5] 〔 rip 〕 v. 收割

  rear[5] 〔 rɪr 〕 v. 養育

‡**reason**[1] 〔'rizn̩ 〕 n. 理由

* **reasonable**[3] 〔'riznəbl̩ 〕 adj. 合理的

* **rebel**[4] 〔 rɪ'bɛl 〕 v. 反叛 〔'rɛbl̩ 〕 n. 叛徒

  rebellion[6] 〔 rɪ'bɛljən 〕 n. 叛亂

* **recall**[4] 〔 rɪ'kɔl 〕 v. 回想;召回

* **receipt**[3] 〔 rɪ'sit 〕 n. 收據【注意發音】

‡**receive**[1] 〔 rɪ'siv 〕 v. 收到

* **receiver**[3] 〔 rɪ'sivɚ 〕 n. 聽筒

* **recent**[2] 〔'risn̩t 〕 adj. 最近的

* **reception**[4] 〔 rɪ'sɛpʃən 〕 n. 歡迎 (會)

recession⁶ (rɪ'sɛʃən) n. 不景氣

*recipe⁴ ('rɛsəpɪ) n. 食譜

recipient⁶ (rɪ'sɪpɪənt) n. 接受者;領受者

*recite⁴ (rɪ'saɪt) v. 背誦;朗誦

reckless⁵ ('rɛklɪs) adj. 魯莽的

reckon⁵ ('rɛkən) v. 計算;認為

*recognition⁴ (,rɛkəg'nɪʃən) n. 承認;得得

*recognize³ ('rɛkəg,naɪz) v. 認得

recommend⁵ (,rɛkə'mɛnd) v. 推薦

recommendation⁶ (,rɛkəmɛn'deʃən) n.
推薦(函)

reconcile⁶ ('rɛkən,saɪl) v. 使和解

**record² (rɪ'kɔrd) v. 記錄

**recorder³ (rɪ'kɔrdɚ) n. 錄音機

**recover³ (rɪ'kʌvɚ) v. 恢復

*recovery⁴ (rɪ'kʌvərɪ) n. 恢復;康復

*recreation⁴ (,rɛkrɪ'eʃən) n. 娛樂

recreational⁶ (,rɛkrɪ'eʃən!) adj. 娛樂的

recruit⁶ (rɪ'krut) v. 招募

**rectangle² ('rɛktæŋg!) n. 長方形

recur⁶ (rɪ'kɝ) v. 再發生

R

★**recycle**[4]〔rɪˈsaɪkḷ〕v. 回收;再利用

★★**red**[1]〔rɛd〕adj. 紅色的

★**reduce**[3]〔rɪˈdjus〕v. 減少

★**reduction**[4]〔rɪˈdʌkʃən〕n. 減少

　redundant[6]〔rɪˈdʌndənt〕adj. 多餘的

　reef[5]〔rif〕n. 礁

　reel[5]〔ril〕v. 捲;繞　n. 捲筒

★**refer**[4]〔rɪˈfɝ〕v. 提到;參考;指

　referee[5]〔ˌrɛfəˈri〕n. 裁判

★**reference**[4]〔ˈrɛfərəns〕n. 參考

　refine[6]〔rɪˈfaɪn〕v. 精煉;使文雅

　refinement[6]〔rɪˈfaɪnmənt〕n. 文雅

★**reflect**[4]〔rɪˈflɛkt〕v. 反射;反映

★**reflection**[4]〔rɪˈflɛkʃən〕n. 反射

　reflective[6]〔rɪˈflɛktɪv〕adj. 反射的

★**reform**[4]〔rɪˈfɔrm〕v. 改革

★**refresh**[4]〔rɪˈfrɛʃ〕v. 使提神

★**refreshment**[6]〔rɪˈfrɛʃmənt〕n. 提神之物

★★★**refrigerator**[2]〔rɪˈfrɪdʒəˌretə〕n. 冰箱

　refuge[5]〔ˈrɛfjudʒ〕n. 避難所

★**refugee**[4]〔ˌrɛfjʊˈdʒi〕n. 難民

refund[6] 〔rɪ'fʌnd〕 *v.* 退（錢）

* **refusal**[4] 〔rɪ'fjuzḷ〕 *n.* 拒絕

‡ **refuse**[2] 〔rɪ'fjuz〕 *v.* 拒絕

   refute[5] 〔rɪ'fjut〕 *v.* 反駁

* **regard**[2] 〔rɪ'gard〕 *v.* 認為

* **regarding**[4] 〔rɪ'gardɪŋ〕 *prep.* 關於

   regardless[6] 〔rɪ'gardlɪs〕 *adj.* 不顧慮的

   regime[6] 〔rɪ'ʒim〕 *n.* 政權【注意發音】

* **region**[2] 〔'ridʒən〕 *n.* 地區

* **regional**[3] 〔'ridʒənḷ〕 *adj.* 區域性的

* **register**[4] 〔'rɛdʒɪstɚ〕 *v.* 登記；註冊

* **registration**[4] 〔ˌrɛdʒɪ'streʃən〕 *n.* 登記；註冊

‡ **regret**[3] 〔rɪ'grɛt〕 *v. n.* 後悔

‡ **regular**[2] 〔'rɛgjələ〕 *adj.* 規律的；定期的

* **regulate**[4] 〔'rɛgjəˌlet〕 *v.* 管制

* **regulation**[4] 〔ˌrɛgjə'leʃən〕 *n.* 規定

* **rehearsal**[4] 〔rɪ'hɝsḷ〕 *n.* 預演

* **rehearse**[4] 〔rɪ'hɝs〕 *v.* 預演

   reign[5] 〔ren〕 *n.* 統治期間

   rein[6] 〔ren〕 *n.* 韁繩

R

reinforce[6] 〔,riɪn'fors 〕 v. 增強

‡**reject**[2] 〔 rɪ'dʒɛkt 〕 v. 拒絕

***rejection**[4] 〔 rɪ'dʒɛkʃən 〕 n. 拒絕

rejoice[5] 〔 rɪ'dʒɔɪs 〕 v. 高興

***relate**[3] 〔 rɪ'let 〕 v. 使有關連

***relation**[2] 〔 rɪ'leʃən 〕 n. 關係

***relationship**[2] 〔 rɪ'leʃən,ʃɪp 〕 n. 關係

‡**relative**[4] 〔'rɛlətɪv 〕 n. 親戚

***relax**[3] 〔 rɪ'læks 〕 v. 放鬆

***relaxation**[4] 〔,rilæks'eʃən 〕 n. 放鬆

relay[6] 〔 rɪ'le 〕 v. n. 轉達；接力

***release**[3] 〔 rɪ'lis 〕 v. 釋放

relevant[6] 〔'rɛləvənt 〕 adj. 有關連的

***reliable**[3] 〔 rɪ'laɪəbḷ 〕 adj. 可靠的

reliance[6] 〔 rɪ'laɪəns 〕 n. 依賴

relic[5] 〔'rɛlɪk 〕 n. 遺跡

***relief**[3] 〔 rɪ'lif 〕 n. 放心；鬆了一口氣

***relieve**[4] 〔 rɪ'liv 〕 v. 減輕

***religion**[3] 〔 rɪ'lɪdʒən 〕 n. 宗教

***religious**[3] 〔 rɪ'lɪdʒəs 〕 adj. 宗教的；虔誠的

R

relish[6] ('rɛlɪʃ) *n.* 津津有味的品嚐

***reluctant**[4] (rɪ'lʌktənt) *adj.* 不情願的

***rely**[3] (rɪ'laɪ) *v.* 信賴;依靠

***remain**[3] (rɪ'men) *v.* 留下;仍然

remainder[6] (rɪ'mendɚ) *n.* 剩餘部分

***remark**[4] (rɪ'mark) *n.* 評論;話

***remarkable**[4] (rɪ'markəbḷ) *adj.* 出色的

***remedy**[4] ('rɛmədɪ) *n.* 治療法

****remember**[1] (rɪ'mɛmbɚ) *v.* 記得

***remind**[3] (rɪ'maɪnd) *v.* 提醒;使想起

reminder[5] (rɪ'maɪndɚ) *n.* 提醒的人或物

***remote**[3] (rɪ'mot) *adj.* 遙遠的;偏僻的

removal[6] (rɪ'muvḷ) *n.* 除去

***remove**[3] (rɪ'muv) *v.* 除去

renaissance[5] (ˌrɛnə'zɑns) *n.* 文藝復興

render[6] ('rɛndɚ) *v.* 使變成

***renew**[3] (rɪ'nju) *v.* 更新;恢復

renowned[6] (rɪ'naʊnd) *adj.* 有名的

****rent**[3] (rɛnt) *v.* 租 *n.* 租金

rental[6] ('rɛntḷ) *adj.* 出租的

****repair**[3] (rɪ'pɛr) *v.* 修理

repay[5] 〔 rɪ'pe 〕 v. 償還

‡**repeat**[2] 〔 rɪ'pit 〕 v. 重複

* **repetition**[4] 〔 ˏrɛpɪ'tɪʃən 〕 n. 重複

* **replace**[3] 〔 rɪ'ples 〕 v. 取代

* **replacement**[3] 〔 rɪ'plesmənt 〕 n. 取代

* **reply**[2] 〔 rɪ'plaɪ 〕 v. 回答;回覆

‡**report**[1] 〔 rɪ'port 〕 v. 報導;報告

‡**reporter**[2] 〔 rɪ'portɚ 〕 n. 記者

* **represent**[3] 〔 ˏrɛprɪ'zɛnt 〕 v. 代表

* **representation**[4] 〔 ˏrɛprɪzɛn'teʃən 〕 n. 代表

* **representative**[3] 〔 ˏrɛprɪ'zɛntətɪv 〕 n. 代表人

repress[6] 〔 rɪ'prɛs 〕 v. 鎮壓

reproduce[5] 〔 ˏriprə'djus 〕 v. 繁殖

reptile[5] 〔 'rɛptl̩ 〕 n. 爬蟲類動物

* **republic**[3] 〔 rɪ'pʌblɪk 〕 n. 共和國

republican[5] 〔 rɪ'pʌblɪkən 〕 adj. 共和國的

* **reputation**[4] 〔 ˏrɛpjə'teʃən 〕 n. 名聲

* **request**[3] 〔 rɪ'kwɛst 〕 v. n. 請求

* **require**[2] 〔 rɪ'kwaɪr 〕 v. 需要

* **requirement**[2] 〔 rɪ'kwaɪrmənt 〕 n. 要求;
必備條件

R

*rescue⁴ ('rɛskju) v. n. 拯救

*research⁴ (rɪ'sɜtʃ, 'risɜtʃ) v.n. 研究

*researcher⁴ (rɪ'sɜtʃə) n. 研究人員

resemblance⁶ (rɪ'zɛmbləns) n. 相似之處

*resemble⁴ (rɪ'zɛmbḷ) v. 像

resent⁵ (rɪ'zɛnt) v. 憎恨

resentment⁵ (rɪ'zɛntmənt) n. 憎恨

*reservation⁴ (ˌrɛzə'veʃən) n. 預訂

*reserve³ (rɪ'zɜv) v. 預訂；保留

R

reservoir⁶ ('rɛzəˌvɔr , -ˌvwɑr) n. 水庫【注意發音】

reside⁵ (rɪ'zaɪd) v. 居住

residence⁵ ('rɛzədəns) n. 住宅

resident⁵ ('rɛzədənt) n. 居民

residential⁶ (ˌrɛzə'dɛnʃəl) adj. 住宅的

*resign⁴ (rɪ'zaɪn) v. 辭職

*resignation⁴ (ˌrɛzɪg'neʃən) n. 辭職

*resist³ (rɪ'zɪst) v. 抵抗

resistance⁴ (rɪ'zɪstəns) n. 抵抗

resistant⁶ (rɪ'zɪstənt) adj. 抵抗的

resolute⁶ ('rɛzəˌlut) adj. 堅決的

* **resolution**[4] 〔͵rɛzə'luʃən 〕 n. 決心

* **resolve**[4] 〔 rɪ'zalv 〕 v. 決定；決心

  resort[5] 〔 rɪ'zɔrt 〕 n. 渡假勝地

* **resource**[3] 〔 rɪ'sors 〕 n. 資源

‡ **respect**[2] 〔 rɪ'spɛkt 〕 v. n. 尊敬

* **respectable**[4] 〔 rɪ'spɛktəbḷ 〕 adj. 可敬的

* **respectful**[4] 〔 rɪ'spɛktfəl 〕 adj. 恭敬的

  respective[6] 〔 rɪ'spɛktɪv 〕 adj. 個別的

* **respond**[3] 〔 rɪ'spɑnd 〕 v. 回答；反應

* **response**[3] 〔 rɪ'spɑns 〕 n. 回答；回應

* **responsibility**[3] 〔 rɪ͵spɑnsə'bɪlətɪ 〕 n. 責任

‡ **responsible**[2] 〔 rɪ'spɑnsəbḷ 〕 adj. 應負責任的

  rest[1] 〔 rɛst 〕 v. n. 休息

‡ **restaurant**[2] 〔'rɛstərənt 〕 n. 餐廳

  restoration[6] 〔͵rɛstə'reʃən 〕 n. 恢復

* **restore**[4] 〔 rɪ'stor 〕 v. 恢復

  restrain[5] 〔 rɪ'stren 〕 v. 克制

  restraint[6] 〔 rɪ'strent 〕 n. 抑制

* **restrict**[3] 〔 rɪ'strɪkt 〕 v. 限制；限定

* **restriction**[4] 〔 rɪ'strɪkʃən 〕 n. 限制

rest room[2] *n.* 廁所（= *restroom*）

result[2] 〔 rɪˈzʌlt 〕*n.* 結果 *v.* 導致

resume[5] 〔 rɪˈzum 〕*v.* 再繼續

résumé[5] 〔ˌrɛzuˈme 〕*n.* 履歷表（= *resume*）

retail[6] 〔ˈritel 〕*v. n.* 零售

*retain[4] 〔 rɪˈten 〕*v.* 保留

retaliate[6] 〔 rɪˈtælɪˌet 〕*v.* 報復

*retire[4] 〔 rɪˈtaɪr 〕*v.* 退休

*retirement[4] 〔 rɪˈtaɪrmənt 〕*n.* 退休

retort[5] 〔 rɪˈtɔrt 〕*v.* 反駁；頂嘴

*retreat[4] 〔 rɪˈtrit 〕*v.* 撤退

retrieve[6] 〔 rɪˈtriv 〕*v.* 尋回

return[1] 〔 rɪˈtɜn 〕*v.* 返回；歸還

*reunion[4] 〔 riˈjunjən 〕*n.* 團聚

*reveal[3] 〔 rɪˈvil 〕*v.* 顯示

revelation[6] 〔ˌrɛvḷˈeʃən 〕*n.* 透露；揭露

*revenge[4] 〔 rɪˈvɛndʒ 〕*n.* 報復

revenue[6] 〔ˈrɛvəˌnju 〕*n.* 收入

reverse[5] 〔 rɪˈvɜs 〕*adj.* 顛倒的

*review[2] 〔 rɪˈvju 〕*v.* 復習

***revise**[4] 〔 rɪ'vaɪz 〕 v. 修訂

***revision**[4] 〔 rɪ'vɪʒən 〕 n. 修訂

revival[6] 〔 rɪ'vaɪvḷ 〕 n. 復活；復甦

revive[5] 〔 rɪ'vaɪv 〕 v. 使甦醒；復活

revolt[5] 〔 rɪ'volt 〕 n. 叛亂 v. 反抗

***revolution**[4] 〔 ˌrɛvə'luʃən 〕 n. 革命；重大改革

***revolutionary**[4] 〔 ˌrɛvə'luʃənˌɛrɪ 〕 adj. 革命性的

revolve[5] 〔 rɪ'valv 〕 v. 公轉

***reward**[4] 〔 rɪ'wɔrd 〕 n. 報酬；獎賞

rhetoric[6] 〔 'rɛtərɪk 〕 n. 修辭學

rhinoceros[5] 〔 raɪ'nɑsərəs 〕 n. 犀牛 (= *rhino*)

***rhyme**[4] 〔 raɪm 〕 v. 押韻

***rhythm**[4] 〔 'rɪðəm 〕 n. 節奏

rhythmic[6] 〔 'rɪðmɪk 〕 adj. 有節奏的

rib[5] 〔 rɪb 〕 n. 肋骨

***ribbon**[3] 〔 'rɪbən 〕 n. 絲帶

*****rice**[1] 〔 raɪs 〕 n. 稻米；飯

*****rich**[1] 〔 rɪtʃ 〕 adj. 有錢的；豐富的

***riches**[2] 〔 'rɪtʃɪz 〕 n. pl. 財富；資源

***rid**[3] 〔 rɪd 〕 v. 除去

* **riddle**³ 〔'rɪdḷ〕 *n.* 謎語

‡ **ride**¹ 〔raɪd〕 *v.* 騎；搭乘

ridge⁵ 〔rɪdʒ〕 *n.* 山脊

ridicule⁶ 〔'rɪdɪ,kjul〕 *v.* 嘲笑

* **ridiculous**⁵ 〔rɪ'dɪkjələs〕 *adj.* 荒謬的；可笑的

rifle⁵ 〔'raɪfḷ〕 *n.* 來福槍

‡ **right**¹ 〔raɪt〕 *adj.* 對的；右邊的

　　n. 權利；右邊

rigid⁵ 〔'rɪdʒɪd〕 *adj.* 嚴格的

rigorous⁶ 〔'rɪgərəs〕 *adj.* 嚴格的

rim⁵ 〔rɪm〕 *n.* 邊緣

‡ **ring**¹ 〔rɪŋ〕 *n.* 戒指　*v.* (鈴) 響

riot⁶ 〔'raɪət〕 *n.* 暴動

rip⁵ 〔rɪp〕 *v.* 撕裂

* **ripe**³ 〔raɪp〕 *adj.* 成熟的

ripple⁵ 〔'rɪpḷ〕 *n.* 漣漪

‡ **rise**¹ 〔raɪz〕 *v.* 上升

* **risk**³ 〔rɪsk〕 *n.* 風險　*v.* 冒…的危險

rite⁶ 〔raɪt〕 *n.* 儀式

ritual⁶ 〔'rɪtʃuəl〕 *adj.* 儀式的；祭典的

rival[5] 〔'raɪvḷ〕 *n.* 對手;敵手

rivalry[6] 〔'raɪvḷrɪ〕 *n.* 競爭;敵對

river[1] 〔'rɪvə〕 *n.* 河流

road[1] 〔rod〕 *n.* 道路

roam[5] 〔rom〕 *v.* 漫步;徘徊

roar[3] 〔ror〕 *v.* 吼叫

roast[3] 〔rost〕 *v.* 烤

rob[3] 〔rab〕 *v.* 搶劫

robber[3] 〔'rabə〕 *n.* 強盜

robbery[3] 〔'rabərɪ〕 *n.* 搶劫;搶案

robe[3] 〔rob〕 *n.* 長袍

robin[5] 〔'rabɪn〕 *n.* 知更鳥

robot[1] 〔'robət〕 *n.* 機器人

robust[5] 〔ro'bʌst〕 *adj.* 強健的;堅固的

rock[1,2] 〔rak〕 *n.* 岩石 *v.* 搖動

rocket[3] 〔'rakɪt〕 *n.* 火箭

rocky[2] 〔'rakɪ〕 *adj.* 多岩石的

rod[5] 〔rad〕 *n.* 鞭子;棍子

role[2] 〔rol〕 *n.* 角色

roll[1] 〔rol〕 *v.* 滾動

* **romance**⁴〔roˋmæns〕*n.* 羅曼史；愛情故事

* **romantic**³〔roˋmæntɪk〕*adj.* 浪漫的

‡ **roof**¹〔ruf〕*n.* 屋頂

‡ **room**¹〔rum〕*n.* 房間；空間

* **rooster**¹〔ˋrustɚ〕*n.* 公雞

‡ **root**¹〔rut〕*n.* 根

‡ **rope**¹〔rop〕*n.* 繩子

‡ **rose**¹〔roz〕*n.* 玫瑰

* **rot**³〔rɑt〕*v.* 腐爛

R

   rotate⁶〔ˋrotet〕*v.* 自轉；旋轉

   rotation⁶〔roˋteʃən〕*n.* 旋轉

* **rotten**³〔ˋrɑtn̩〕*adj.* 腐爛的

* **rough**³〔rʌf〕*adj.* 粗糙的

   roughly⁴〔ˋrʌflɪ〕*adv.* 大約

‡ **round**¹〔raʊnd〕*adj.* 圓的   *n.* 回合

* **route**⁴〔rut〕*n.* 路線

* **routine**³〔ruˋtin〕*n.* 例行公事

‡ **row**¹〔ro〕*n.* 排   *v.* 划（船）

* **royal**²〔ˋrɔɪəl〕*adj.* 皇家的

   royalty⁶〔ˋrɔɪəltɪ〕*n.* 王位；皇室

R

***rub**¹ 〔 rʌb 〕 *v.* 摩擦

****rubber**¹ 〔 'rʌbɚ 〕 *n.* 橡膠

rubbish⁵ 〔 'rʌbɪʃ 〕 *n.* 垃圾

ruby⁶ 〔 'rubɪ 〕 *n.* 紅寶石

****rude**² 〔 rud 〕 *adj.* 無禮的

***rug**³ 〔 rʌg 〕 *n.* (小塊) 地毯

rugged⁵ 〔 'rʌgɪd 〕 *adj.* 崎嶇的

***ruin**⁴ 〔 'ruɪn 〕 *v.* 毀滅

****rule**¹ 〔 rul 〕 *n.* 規則　*v.* 統治

****ruler**² 〔 'rulɚ 〕 *n.* 統治者；尺

rumble⁵ 〔 'rʌmbḷ 〕 *v.* (肚子) 發咕嚕聲；
發出隆隆聲

***rumor**³ 〔 'rumɚ 〕 *n.* 謠言

****run**¹ 〔 rʌn 〕 *v.* 跑；經營

***runner**² 〔 'rʌnɚ 〕 *n.* 跑者

***rural**⁴ 〔 'rurəl 〕 *adj.* 鄉村的

***rush**² 〔 rʌʃ 〕 *v.* 衝　*n.* 匆忙

***rust**³ 〔 rʌst 〕 *v.* 生銹

rustle⁵ 〔 'rʌsḷ 〕 *v.* 發出沙沙聲

***rusty**³ 〔 'rʌstɪ 〕 *adj.* 生銹的

S s

* **sack**³ 〔 sæk 〕 *n.* 一大袋

　sacred⁵ 〔ˈsekrɪd 〕 *adj.* 神聖的

* **sacrifice**⁴ 〔ˈsækrə͵faɪs 〕 *v. n.* 犧牲

** **sad**¹ 〔 sæd 〕 *adj.* 悲傷的

　saddle⁵ 〔ˈsædḷ 〕 *n.* 馬鞍

** **safe**¹ 〔 sef 〕 *adj.* 安全的　*n.* 保險箱

　safeguard⁶ 〔ˈsef͵gɑrd 〕 *v.* 保護　*n.* 保護措施

* **safety**² 〔ˈseftɪ 〕 *n.* 安全

* **sail**¹ 〔 sel 〕 *v.* 航行

* **sailor**² 〔ˈselə 〕 *n.* 水手

　saint⁵ 〔 sent 〕 *n.* 聖人

* **sake**³ 〔 sek 〕 *n.* 緣故

** **salad**² 〔ˈsæləd 〕 *n.* 沙拉

* **salary**⁴ 〔ˈsælərɪ 〕 *n.* 薪水

*** **sale**¹ 〔 sel 〕 *n.* 出售

* **salesman**⁴ 〔ˈselzmən 〕 *n.* 售貨員

　salmon⁵ 〔ˈsæmən 〕 *n.* 鮭魚【注意發音】

　saloon⁶ 〔 səˈlun 〕 *n.* 酒店；酒吧

** **salt**¹ 〔 sɔlt 〕 *n.* 鹽

S

salty[2] ('sɔltɪ) *adj.* 鹹的

salute[5] (sə'lut) *v.* 敬禮

salvation[6] (sæl'veʃən) *n.* 拯救；救贖

****same**[1] (sem) *adj.* 相同的

***sample**[2] ('sæmpḷ) *n.* 樣品；範例

sanction[6] ('sæŋkʃən) *n.* 批准；制裁

****sanctuary**[6] ('sæŋktʃʊ,ɛrɪ) *n.* 避難所；聖殿

sand[1] (sænd) *n.* 沙子

sandal[5] ('sændḷ) *n.* 涼鞋

*****sandwich**[2] ('sændwɪtʃ) *n.* 三明治

sane[6] (sen) *adj.* 頭腦清醒的

sanitation[6] (,sænə'teʃən) *n.* 衛生

***satellite**[4] ('sætḷ,aɪt) *n.* 衛星

***satisfaction**[4] (,sætɪs'fækʃən) *n.* 滿足

***satisfactory**[3] (,sætɪs'fæktərɪ) *adj.* 令人滿意的

****satisfy**[2] ('sætɪs,faɪ) *v.* 使滿意；滿足

*****Saturday**[1] ('sætədɪ) *n.* 星期六 (= *Sat.*)

***sauce**[2] (sɔs) *n.* 醬汁

****saucer**[3] ('sɔsə) *n.* 碟子

***sausage**[3] ('sɔsɪdʒ) *n.* 香腸

savage[5] ('sævɪdʒ) *adj.* 野蠻的；兇暴的

**save¹〔sev〕v. 節省;拯救

*saving³〔'sevɪŋ〕n. 節省

*saw¹〔sɔ〕n. 鋸子

**say¹〔se〕v. 說

*scale³〔skel〕n. 規模

scan⁵〔skæn〕v. 掃描;瀏覽

scandal⁵〔'skændḷ〕n. 醜聞

scar⁵〔skɑr〕n. 疤痕

*scarce³〔skɛrs〕adj. 稀少的

*scarcely⁴〔'skɛrslɪ〕adv. 幾乎不

*scare¹〔skɛr〕v. 驚嚇

S

*scarecrow³〔'skɛr,kro〕n. 稻草人

*scarf³〔skɑrf〕n. 圍巾

*scary³〔'skɛrɪ〕adj. 可怕的;嚇人的

*scatter³〔'skætə〕v. 散播

**scene¹〔sin〕n. 風景;場景

**scenery⁴〔'sinərɪ〕n. 風景【集合名詞】

scenic⁶〔'sinɪk〕adj. 風景優美的

scent⁵〔sɛnt〕n. 氣味

*schedule³〔'skɛdʒul〕n. 時間表

scheme 254 **screen**

scheme⁵ 〔 skim 〕 *n.* 計劃；陰謀

*scholar³ 〔 'skɑlɚ 〕 *n.* 學者

*scholarship³ 〔 'skɑlɚˌʃɪp 〕 *n.* 獎學金

***school¹ 〔 skul 〕 *n.* 學校；(魚) 群

*science² 〔 'saɪəns 〕 *n.* 科學

*scientific³ 〔 ˌsaɪən'tɪfɪk 〕 *adj.* 科學的

*scientist² 〔 'saɪəntɪst 〕 *n.* 科學家

*scissors² 〔 'sɪzɚz 〕 *n. pl.* 剪刀

*scold⁴ 〔 skold 〕 *v.* 責罵

*scoop³ 〔 skup 〕 *v.* 舀取；挖起　*n.* 獨家報導

scope⁶ 〔 skop 〕 *n.* 範圍

*score² 〔 skor 〕 *n.* 分數

*scorn⁵ 〔 skɔrn 〕 *v.* 輕視；瞧不起

*scout³ 〔 skaʊt 〕 *v.* 偵察　*n.* 童子軍

scramble⁵ 〔 'skræmbḷ 〕 *v.* 攀登；炒 (蛋)

scrap⁵ 〔 skræp 〕 *n.* 碎片

scrape⁵ 〔 skrep 〕 *n.* 擦傷　*v.* 刮掉

*scratch⁴ 〔 skrætʃ 〕 *v.* 抓 (癢)

*scream³ 〔 skrim 〕 *v.* 尖叫

*screen² 〔 skrin 〕 *n.* 螢幕

S

* **screw**[3] 〔 skru 〕 *n.* 螺絲

* **screwdriver**[4] 〔'skru,draɪvɚ 〕 *n.* 螺絲起子

　script[6] 〔 skrɪpt 〕 *n.* 劇本；原稿

　scroll[5] 〔 skrol 〕 *n.* 卷軸

* **scrub**[3] 〔 skrʌb 〕 *v.* 刷洗

　sculptor[5] 〔'skʌlptɚ 〕 *n.* 雕刻家

* **sculpture**[4] 〔'skʌlptʃɚ 〕 *n.* 雕刻

⁑ **sea**[1] 〔 si 〕 *n.* 海

* **seagull**[4] 〔'si,gʌl 〕 *n.* 海鷗（ = *gull* ）

* **seal**[3] 〔 sil 〕 *v.* 密封　*n.* 印章

⁑ **search**[2] 〔 sɝtʃ 〕 *v.* 尋找；搜尋

⁑ **season**[1] 〔'sizn̩ 〕 *n.* 季節

⁑ **seat**[1] 〔 sit 〕 *n.* 座位　*v.* 使就座

⁑ **second**[1] 〔'sɛkənd 〕 *adj.* 第二的　*n.* 秒

* **secondary**[3] 〔'sɛkən,dɛrɪ 〕 *adj.* 次要的

* **secret**[2] 〔'sikrɪt 〕 *n.* 祕密

* **secretary**[2] 〔'sɛkrə,tɛrɪ 〕 *n.* 秘書

⁑ **section**[2] 〔'sɛkʃən 〕 *n.* 部分

　sector[6] 〔'sɛktɚ 〕 *n.* 部門

　secure[5] 〔 sɪ'kjur 〕 *adj.* 安全的

* **security**[3] 〔 sɪ'kjurətɪ 〕 *n.* 安全；防護措施

seduce[6] 〔 sɪ'djus 〕 v. 勾引

see[1] 〔 si 〕 v. 看見

seed[1] 〔 sid 〕 n. 種子

seek[3] 〔 sik 〕 v. 尋找

seem[1] 〔 sim 〕 v. 似乎

seesaw[1] 〔 'si,sɔ 〕 n. 蹺蹺板

segment[5] 〔 'sɛgmənt 〕 n. 部分

seize[3] 〔 siz 〕 v. 抓住

seldom[3] 〔 'sɛldəm 〕 adv. 很少

select[2] 〔 sə'lɛkt 〕 v. 挑選

selection[2] 〔 sə'lɛkʃən 〕 n. 選擇；精選集

selective[6] 〔 sə'lɛktɪv 〕 adj. 精挑細選的

self[1] 〔 sɛlf 〕 n. 自己

selfish[1] 〔 'sɛlfɪʃ 〕 adj. 自私的

sell[1] 〔 sɛl 〕 v. 賣

semester[2] 〔 sə'mɛstə 〕 n. 學期

seminar[6] 〔 'sɛmə,nar 〕 n. 研討會

senator[6] 〔 'sɛnətə 〕 n. 參議員

send[1] 〔 sɛnd 〕 v. 寄；送

senior[4] 〔 'sinjə 〕 adj. 年長的；資深的

sensation[5] (sɛn'seʃən) *n.* 轟動

***sense**[1] (sɛns) *n.* 感覺

***sensible**[3] ('sɛnsəbḷ) *adj.* 明智的

***sensitive**[3] ('sɛnsətɪv) *adj.* 敏感的

sensitivity[5] (ˌsɛnsə'tɪvətɪ) *n.* 敏感

sentence[1] ('sɛntəns) *n.* 句子；刑罰

sentiment[5] ('sɛntəmənt) *n.* 感情

sentimental[6] (ˌsɛntə'mɛntḷ) *adj.* 多愁善感的；
感傷的

***separate**[2] ('sɛpəˌret) *v.* 使分開；區別

***separation**[3] (ˌsɛpə'reʃən) *n.* 分開

September[1] (sɛp'tɛmbɚ) *n.* 九月 (= *Sept.*)

sequence[6] ('sikwəns) *n.* 連續；一連串

serene[6] (sə'rin) *adj.* 寧靜的

serenity[6] (sə'rɛnətɪ) *n.* 寧靜

sergeant[5] ('sɑrdʒənt) *n.* 士官

series[5] ('sɪrɪz) *n.* 一連串；影集

***serious**[2] ('sɪrɪəs) *adj.* 嚴重的；嚴肅的

sermon[5] ('sɝmən) *n.* 說教；講道

***servant**[2] ('sɝvənt) *n.* 僕人

S

*serve[1]〔 sɜv 〕 v. 服務；供應

server[5] 〔'sɜvɚ 〕 n. 服務生

*service[1] 〔'sɜvɪs 〕 n. 服務

serving[6] 〔'sɜvɪŋ 〕 n. 一人份

session[6] 〔'sɛʃən 〕 n. 開會；開庭；授課時間

*set[1] 〔 sɛt 〕 v. 設定　n. 一套

setback[6] 〔'sɛt,bæk 〕 n. 挫折

setting[5] 〔'sɛtɪŋ 〕 n. (事件的) 背景

*settle[2] 〔'sɛtḷ 〕 v. 定居；解決

*settlement[2] 〔'sɛtḷmənt 〕 n. 定居；解決；殖民

settler[4] 〔'sɛtlɚ 〕 n. 殖民者；移民

‡seven[1] 〔'sɛvən 〕 n. 七

‡seventeen[1] 〔,sɛvən'tin 〕 n. 十七

‡seventy[1] 〔'sɛvəntɪ 〕 n. 七十

‡several[1] 〔'sɛvərəl 〕 adj. 好幾個

*severe[4] 〔 sə'vɪr 〕 adj. 嚴格的

*sew[3] 〔 so 〕 v. 縫紉；縫製

sewer[6] 〔'soɚ 〕 n. 裁縫師；下水道

*sex[3] 〔 sɛks 〕 n. 性

*sexual[3] 〔'sɛkʃuəl 〕 adj. 性的

S

* **sexy**³ 〔'sɛksɪ 〕*adj.* 性感的

  shabby⁵ 〔'ʃæbɪ 〕*adj.* 破舊的；衣衫襤褸的

* **shade**³ 〔ʃed 〕*n.* 陰影；樹蔭

* **shadow**³ 〔'ʃædo 〕*n.* 影子

* **shady**³ 〔'ʃedɪ 〕*adj.* 陰涼的

‡ **shake**¹ 〔ʃek 〕*v.* 搖動

‡ **shall**¹ 〔ʃæl 〕*aux.* 將會

* **shallow**³ 〔'ʃælo 〕*adj.* 淺的；膚淺的

* **shame**³ 〔ʃem 〕*n.* 羞恥

* **shameful**⁴ 〔'ʃemful 〕*adj.* 可恥的

* **shampoo**³ 〔ʃæm'pu 〕*n.* 洗髮精

‡ **shape**¹ 〔ʃep 〕*n.* 形狀

‡ **share**² 〔ʃɛr 〕*v.* 分享

‡ **shark**¹ 〔ʃark 〕*n.* 鯊魚

‡ **sharp**¹ 〔ʃarp 〕*adj.* 銳利的

  sharpen⁵ 〔'ʃarpən 〕*v.* 使銳利

  shatter⁵ 〔'ʃætɚ 〕*v.* 使粉碎

* **shave**³ 〔ʃev 〕*v.* 刮（鬍子）

* **shaver**⁴ 〔'ʃevɚ 〕*n.* 電動刮鬍刀

‡ **she**¹ 〔ʃi 〕*pron.* 她

S

shed⁶ 〔 ʃɛd 〕 v. 流（淚）

sheep¹ 〔 ʃip 〕 n. 綿羊【單複數同形】

sheer⁶ 〔 ʃɪr 〕 adj. 全然的

sheet¹ 〔 ʃit 〕 n. 床單；一張（紙）

shelf² 〔 ʃɛlf 〕 n. 架子

shell² 〔 ʃɛl 〕 n. 貝殼；甲殼

shelter⁴ 〔 'ʃɛltɚ 〕 n. 避難所

shepherd³ 〔 'ʃɛpɚd 〕 n. 牧羊人【注意發音】

sheriff⁵ 〔 'ʃɛrɪf 〕 n. 警長；郡長

shield⁵ 〔 ʃild 〕 n. 盾；保護物

shift⁴ 〔 ʃɪft 〕 v. 改變；換（檔）　n. 輪班

shilling⁶ 〔 'ʃɪlɪŋ 〕 n. 先令（英國貨幣單位）

shine¹ 〔 ʃaɪn 〕 v. 照耀

shiny³ 〔 'ʃaɪnɪ 〕 adj. 閃亮的

ship¹ 〔 ʃɪp 〕 n. 船

shirt¹ 〔 ʃɝt 〕 n. 襯衫

shiver⁵ 〔 'ʃɪvɚ 〕 v. 發抖

shock² 〔 ʃɑk 〕 v.n. 震驚

shoes¹ 〔 ʃuz 〕 n. pl. 鞋子

shoot² 〔 ʃut 〕 v. 射擊

‡shop[1] 〔 ʃɑp 〕 *n.* 商店 (= *store*)

shoplift[6] 〔'ʃɑpˏlɪft 〕 *v.* 順手牽羊

‡shore[1] 〔 ʃor 〕 *n.* 海岸

‡short[1] 〔 ʃɔrt 〕 *adj.* 短的;矮的;缺乏的

shortage[5] 〔'ʃɔrtɪdʒ 〕 *n.* 缺乏

shortcoming[5] 〔'ʃɔrtˏkʌmɪŋ 〕 *n.* 缺點

shorten[3] 〔'ʃɔrtn̩ 〕 *v.* 縮短

shortly[3] 〔'ʃɔrtlɪ 〕 *adv.* 不久 (= *soon*)

‡shorts[2] 〔 ʃɔrts 〕 *n. pl.* 短褲

shortsighted[4] 〔'ʃɔrt'saɪtɪd 〕 *adj.* 近視的
(= *nearsighted*)

shot[1] 〔 ʃɑt 〕 *n.* 射擊;子彈

‡shoulder[1] 〔'ʃoldɚ 〕 *n.* 肩膀

‡shout[1] 〔 ʃaut 〕 *v.* 吼叫

shove[5] 〔 ʃʌv 〕 *v.* 用力推

shovel[3] 〔'ʃʌvl̩ 〕 *n.* 鏟子

‡show[1] 〔 ʃo 〕 *v.* 顯示;給…看

‡shower[2] 〔'ʃauɚ 〕 *n.* 淋浴;陣雨

shred[5] 〔 ʃrɛd 〕 *n.* 碎片 *v.* 把…撕成碎片

shrewd[6] 〔 ʃrud 〕 *adj.* 聰明的

shriek[5] 〔 ʃrik 〕 *v.* 尖叫

S

‡ **shrimp**[2] 〔 ʃrɪmp 〕 *n.* 蝦子

　shrine[5] 〔 ʃraɪn 〕 *n.* 聖殿；殿堂

* **shrink**[3] 〔 ʃrɪŋk 〕 *v.* 縮水

　shrub[5] 〔 ʃrʌb 〕 *n.* 灌木

* **shrug**[4] 〔 ʃrʌg 〕 *v.* 聳（肩）

　shudder[5] 〔 ˈʃʌdɚ 〕 *v.* 發抖

　shun[6] 〔 ʃʌn 〕 *v.* 避開；避免

‡ **shut**[1] 〔 ʃʌt 〕 *v.* 關；閉

　shutter[5] 〔 ˈʃʌtɚ 〕 *n.* (照相機的) 快門；百葉窗

* **shuttle**[4] 〔 ˈʃʌtl̩ 〕 *n.* 來回行駛；太空梭

‡ **shy**[1] 〔 ʃaɪ 〕 *adj.* 害羞的

‡ **sick**[1] 〔 sɪk 〕 *adj.* 生病的

‡ **side**[1] 〔 saɪd 〕 *n.* 邊

‡ **sidewalk**[2] 〔 ˈsaɪd͵wɔk 〕 *n.* 人行道

　siege[6] 〔 sidʒ 〕 *n.* 圍攻

* **sigh**[3] 〔 saɪ 〕 *n. v.* 嘆息

‡ **sight**[1] 〔 saɪt 〕 *n.* 視力；景象

* **sightseeing**[4] 〔 ˈsaɪt͵siɪŋ 〕 *n.* 觀光

‡ **sign**[2] 〔 saɪn 〕 *n.* 告示牌　*v.* 簽名

* **signal**[3] 〔 ˈsɪgnl̩ 〕 *n.* 信號

S

* **signature**[4] ('sɪgnətʃɚ) *n.* 簽名

* **significance**[4] (sɪg'nɪfəkəns) *n.* 意義;重要性

* **significant**[3] (sɪg'nɪfəkənt) *adj.* 意義重大的

  signify[6] ('sɪgnə,faɪ) *v.* 表示

** **silence**[2] ('saɪləns) *n.* 沉默

** **silent**[2] ('saɪlənt) *adj.* 沉默的;安靜的

  silicon[6] ('sɪlɪkən) *n.* 矽

* **silk**[2] (sɪlk) *n.* 絲

  silkworm[5] ('sɪlk,wɝm) *n.* 蠶

* **silly**[1] ('sɪlɪ) *adj.* 愚蠢的

* **silver**[1] ('sɪlvɚ) *n.* 銀 *adj.* 銀色的

* **similar**[2] ('sɪmələ) *adj.* 相似的

* **similarity**[3] (,sɪmə'lærətɪ) *n.* 相似之處

  simmer[5] ('sɪmɚ) *v.* 用文火慢慢煮

** **simple**[1] ('sɪmpḷ) *adj.* 簡單的

  simplicity[6] (sɪm'plɪsətɪ) *n.* 簡單;簡樸

  simplify[6] ('sɪmplə,faɪ) *v.* 簡化

* **simply**[2] ('sɪmplɪ) *adv.* 僅僅

  simultaneous[6] (,saɪmḷ'tenɪəs) *adj.* 同時的

* **sin**[3] (sɪn) *n.* 罪

S

‡**since**[1] ﹝ sɪns ﹞ *conj.* 自從;因為;既然

*‡**sincere**[3] ﹝ sɪn'sɪr ﹞ *adj.* 真誠的

***sincerity**[4] ﹝ sɪn'sɛrətɪ ﹞ *n.* 真誠

‡**sing**[1] ﹝ sɪŋ ﹞ *v.* 唱歌

‡**singer**[1] ﹝'sɪŋɚ ﹞ *n.* 歌手

***single**[2] ﹝'sɪŋg! ﹞ *adj.* 單一的;單身的

***singular**[4] ﹝'sɪŋgjəlɚ ﹞ *adj.* 單數的

‡**sink**[2] ﹝ sɪŋk ﹞ *v.* 下沉 *n.* 水槽

***sip**[3] ﹝ sɪp ﹞ *n.* 啜飲;小口喝

‡**sir**[1] ﹝ sɚ, sɝ ﹞ *n.* 先生

siren[6] ﹝'saɪrən ﹞ *n.* 警報器

‡**sister**[1] ﹝'sɪstɚ ﹞ *n.* 姊妹

‡**sit**[1] ﹝ sɪt ﹞ *v.* 坐;位於;坐落於

***site**[4] ﹝ saɪt ﹞ *n.* 地點;網站

***situation**[3] ﹝,sɪtʃu'eʃən ﹞ *n.* 情況

‡**six**[1] ﹝ sɪks ﹞ *n.* 六

‡**sixteen**[1] ﹝ sɪks'tin ﹞ *n.* 十六

‡**sixty**[1] ﹝'sɪkstɪ ﹞ *n.* 六十

‡**size**[1] ﹝ saɪz ﹞ *n.* 尺寸

***skate**[3] ﹝ sket ﹞ *v.* 溜冰

skeleton[5] ('skɛlətn̩) *n.* 骨骼；骸骨

skeptical[6] ('skɛptɪkl̩) *adj.* 懷疑的

* **sketch**[4] (skɛtʃ) *n.* 素描

* **ski**[3] (ski) *v.* 滑雪

* **skill**[1] (skɪl) *n.* 技巧

skilled[2] (skɪld) *adj.* 熟練的

* **skillful**[2] ('skɪlfəl) *adj.* 熟練的；擅長的

skim[6] (skɪm) *v.* 略讀；瀏覽

* **skin**[1] (skɪn) *n.* 皮膚

* **skinny**[2] ('skɪnɪ) *adj.* 皮包骨的

* **skip**[3] (skɪp) *v.* 跳過；蹺（課）

* **skirt**[2] (skɝt) *n.* 裙子

skull[5] (skʌl) *n.* 頭顱

* **sky**[1] (skaɪ) *n.* 天空

* **skyscraper**[3] ('skaɪ,skrepɚ) *n.* 摩天大樓

slam[5] (slæm) *v.* 猛然關上；猛踩

slang[6] (slæŋ) *n.* 俚語

slap[5] (slæp) *v.* 打…耳光

slash[6] (slæʃ) *v.* 鞭打

slaughter[5] ('slɔtɚ) *n.* 屠殺

* **slave**[3] (slev) *n.* 奴隸

slavery[6] ('slevərɪ) *n.* 奴隸制度

slay[5] (sle) *v.* 殺害

sledge[6] (slɛdʒ) *n.* 雪橇 (= *sled*)

sleep[1] (slip) *v.* 睡   *n.* 睡眠

sleepy[2] ('slipɪ) *adj.* 想睡的

sleeve[3] (sliv) *n.* 袖子

sleigh[6] (sle) *n.* 雪車

slender[2] ('slɛndə) *adj.* 苗條的

slice[3] (slaɪs) *n.* (一) 片

slide[2] (slaɪd) *v.* 滑

slight[4] (slaɪt) *adj.* 輕微的

slim[2] (slɪm) *adj.* 苗條的

slip[2] (slɪp) *v.* 滑倒

slipper[2] ('slɪpə) *n.* 拖鞋

slippery[3] ('slɪpərɪ) *adj.* 滑的

slogan[4] ('slogən) *n.* 口號;標語

slope[3] (slop) *n.* 斜坡

sloppy[5] ('slapɪ) *adj.* 邋遢的

slot[6] (slat) *n.* 投幣孔

slow[1] (slo) *adj.* 慢的

slum[6] 〔slʌm〕 *n.* 貧民區

slump[5] 〔slʌmp〕 *v.* 突然倒下；暴跌 *n.* 不景氣

sly[5] 〔slaɪ〕 *adj.* 狡猾的

smack[6] 〔smæk〕 *v.* 打…耳光

small[1] 〔smɔl〕 *adj.* 小的

smallpox[6] 〔'smɔl͵pɑks〕 *n.* 天花

smart[1] 〔smɑrt〕 *adj.* 聰明的

smash[5] 〔smæʃ〕 *v.* 粉碎

smell[1] 〔smɛl〕 *v.* 聞 *n.* 味道

smile[1] 〔smaɪl〕 *v. n.* 微笑

smog[4] 〔smɑg〕 *n.* 煙霧；霧霾

smoke[1] 〔smok〕 *v.* 抽煙

smooth[3] 〔smuð〕 *adj.* 平滑的

smother[6] 〔'smʌðɚ〕 *v.* 悶死

smuggle[6] 〔'smʌgl̩〕 *v.* 走私

snack[2] 〔snæk〕 *n.* 點心

snail[2] 〔snel〕 *n.* 蝸牛

snake[1] 〔snek〕 *n.* 蛇

snap[3] 〔snæp〕 *v.* 啪的一聲折斷

snare[6] 〔snɛr〕 *n.* 陷阱

snarl[5] 〔 snɑrl 〕 v. 咆哮；吼叫

snatch[5] 〔 snætʃ 〕 v. 搶奪

sneak[5] 〔 snik 〕 v. 偷偷地走

****sneakers**[5] 〔'snikəz 〕 n. pl. 運動鞋

****sneaky**[6] 〔'snikɪ 〕 adj. 鬼鬼祟祟的；偷偷摸摸的

sneer[6] 〔 snɪr 〕 v. 嘲笑；輕視

***sneeze**[4] 〔 sniz 〕 v. 打噴嚏

sniff[5] 〔 snɪf 〕 v. 嗅

snore[5] 〔 snor 〕 v. 打呼

snort[5] 〔 snɔrt 〕 v. 噴鼻息 (表示輕蔑、不贊成等)

*****snow**[1] 〔 sno 〕 n. 雪 v. 下雪

****snowy**[2] 〔'snoɪ 〕 adj. 多雪的

*****so**[1] 〔 so 〕 conj. 所以

soak[5] 〔 sok 〕 v. 浸泡；使溼透

****soap**[1] 〔 sop 〕 n. 肥皂

soar[6] 〔 sor 〕 v. 翱翔；(物價) 暴漲

***sob**[4] 〔 sab 〕 v. 啜泣

sober[5] 〔'sobə 〕 adj. 清醒的

****soccer**[2] 〔'sakə 〕 n. 足球

sociable[6] 〔'soʃəbl̩ 〕 adj. 善交際的

social[2] (ˈsoʃəl) *adj.* 社會的

socialism[6] (ˈsoʃəlˌɪzəm) *n.* 社會主義

socialist[6] (ˈsoʃəlɪst) *n.* 社會主義者

socialize[6] (ˈsoʃəˌlaɪz) *v.* 使社會化;交際

society[2] (səˈsaɪətɪ) *n.* 社會

sociology[6] (ˌsoʃɪˈalədʒɪ) *n.* 社會學

socks[2] (saks) *n. pl.* 短襪

socket[4] (ˈsakɪt) *n.* 插座

soda[1] (ˈsodə) *n.* 汽水

sodium[6] (ˈsodɪəm) *n.* 鈉

sofa[1] (ˈsofə) *n.* 沙發

soft[1] (sɔft) *adj.* 柔軟的

soften[5] (ˈsɔfən) *v.* 軟化

software[4] (ˈsɔftˌwɛr) *n.* 軟體

soil[1] (sɔɪl) *n.* 土壤

solar[4] (ˈsolə) *adj.* 太陽的

soldier[2] (ˈsoldʒə) *n.* 軍人

sole[5] (sol) *adj.* 唯一的 (= *only*)

solemn[5] (ˈsaləm) *adj.* 嚴肅的

solid[3] (ˈsalɪd) *adj.* 固體的;堅固的

S

solidarity[6] (ˌsalə'dærətɪ) *n.* 團結

solitary[5] ('salə,tɛrɪ) *adj.* 孤獨的

solitude[6] ('salə,tjud) *n.* 孤獨

solo[5] ('solo) *n.* 獨唱;獨奏

***solution**[2] (sə'luʃən) *n.* 解決之道

***solve**[2] (salv) *v.* 解決

****some**[1] (sʌm) *adj.* 一些;某個

****somebody**[2] ('sʌm,badɪ) *pron.* 某人

***someday**[3] ('sʌm,de) *adv.* (將來) 有一天

***somehow**[3] ('sʌm,hau) *adv.* 以某種方法

****someone**[1] ('sʌm,wʌn) *pron.* 某人
  (= *somebody*)

****something**[1] ('sʌmθɪŋ) *pron.* 某物

***sometime**[3] ('sʌm,taɪm) *adv.* 某時

****sometimes**[1] ('sʌm,taɪmz) *adv.* 有時候

***somewhat**[3] ('sʌm,hwat) *adv.* 有一點

****somewhere**[2] ('sʌm,hwɛr) *adv.* 在某處

****son**[1] (sʌn) *n.* 兒子

****song**[1] (sɔŋ) *n.* 歌曲

****soon**[1] (sun) *adv.* 不久

soothe[6] 〔 suð 〕 *v.* 安撫

sophisticated[6] 〔 səˈfɪstɪˌketɪd 〕 *adj.* 複雜的

* **sophomore**[4] 〔ˈsɑfmˌor 〕 *n.* 大二學生

* **sore**[3] 〔 sor , sɔr 〕 *adj.* 疼痛的

* **sorrow**[3] 〔ˈsɑro 〕 *n.* 悲傷

* **sorrowful**[4] 〔ˈsɑrofəl 〕 *adj.* 悲傷的

** **sorry**[1] 〔ˈsɔrɪ 〕 *adj.* 抱歉的；難過的

* **sort**[2] 〔 sɔrt 〕 *n.* 種類 *v.* 分類

** **soul**[1] 〔 sol 〕 *n.* 靈魂

** **sound**[1] 〔 saʊnd 〕 *n.* 聲音 *v.* 聽起來

** **soup**[1] 〔 sup 〕 *n.* 湯

* **sour**[1] 〔 saʊr 〕 *adj.* 酸的

* **source**[2] 〔 sors 〕 *n.* 來源

** **south**[1] 〔 saʊθ 〕 *n.* 南方

* **southern**[2] 〔ˈsʌðən 〕 *adj.* 南方的

* **souvenir**[4] 〔ˌsuvəˈnɪr 〕 *n.* 紀念品

sovereign[5] 〔ˈsɑvrɪn 〕 *n.* 統治者

sovereignty[6] 〔ˈsɑvrɪntɪ 〕 *n.* 統治權

sow[5] 〔 so 〕 *v.* 播種

* **soybean**[2] 〔ˈsɔɪˌbin 〕 *n.* 大豆

S

‡**space**[1] 〔 spes 〕 *n.* 空間；太空

spacecraft[5] 〔'spes,kræft 〕 *n.* 太空船
(= *spaceship*)

spacious[6] 〔'speʃəs 〕 *adj.* 寬敞的

***spade**[3] 〔 sped 〕 *n.* 鏟子

‡**spaghetti**[2] 〔 spə'gɛtɪ 〕 *n.* 義大利麵

span[6] 〔 spæn 〕 *n.* 持續的時間；期間

***spare**[4] 〔 spɛr 〕 *adj.* 空閒的　*v.* 騰出 (時間)；
吝惜

***spark**[4] 〔 spark 〕 *n.* 火花

***sparkle**[4] 〔'sparkḷ 〕 *n. v.* 閃耀

***sparrow**[4] 〔'spæro 〕 *n.* 麻雀

‡**speak**[1] 〔 spik 〕 *v.* 說

‡**speaker**[2] 〔'spikə 〕 *n.* 說話者

***spear**[4] 〔 spɪr 〕 *n.* 矛

‡**special**[1] 〔'spɛʃəl 〕 *adj.* 特別的

specialist[5] 〔'spɛʃəlɪst 〕 *n.* 專家

specialize[6] 〔'spɛʃəl,aɪz 〕 *v.* 專攻

specialty[6] 〔'spɛʃəltɪ 〕 *n.* 專長

***species**[4] 〔'spiʃɪz 〕 *n.* 物種

***specific**[3] 〔 spɪ'sɪfɪk 〕 *adj.* 特定的

specify[6] ('spɛsə,faɪ) v. 明確指出

specimen[5] ('spɛsəmən) n. 標本

spectacle[5] ('spɛktəkḷ) n. 壯觀的場面;眼鏡

spectacular[6] (spɛk'tækjələ) adj. 壯觀的

spectator[5] ('spɛktetə) n. 觀眾

spectrum[6] ('spɛktrəm) n. 光譜

speculate[6] ('spɛkjə,let) v. 推測

‡**speech**[1] (spitʃ) n. 演講

‡**speed**[2] (spid) n. 速度

‡**spell**[1] (spɛl) v. 拼 (字)

***spelling**[2] ('spɛlɪŋ) n. 拼字

‡**spend**[1] (spɛnd) v. 花費

sphere[6] (sfɪr) n. 球體

***spice**[3] (spaɪs) n. 香料;趣味

***spicy**[4] ('spaɪsɪ) adj. 辣的

***spider**[2] ('spaɪdə) n. 蜘蛛

spike[6] (spaɪk) n. 大釘;長釘

***spill**[3] (spɪl) v. 灑出

***spin**[3] (spɪn) v. 紡織;旋轉

***spinach**[2] ('spɪnɪdʒ) n. 菠菜

spine[5] ﹝ spaɪn ﹞ *n.* 脊椎骨

spiral[6] ﹝ 'spaɪrəl ﹞ *adj.* 螺旋的

spire[6] ﹝ spaɪr ﹞ *n.* 尖塔

*spirit[2] ﹝ 'spɪrɪt ﹞ *n.* 精神

*spiritual[4] ﹝ 'spɪrɪtʃʊəl ﹞ *adj.* 精神上的

*spit[3] ﹝ spɪt ﹞ *v.* 吐出；吐口水

*spite[3] ﹝ spaɪt ﹞ *n.* 惡意；怨恨

*splash[3] ﹝ splæʃ ﹞ *v.* 濺起

*splendid[4] ﹝ 'splɛndɪd ﹞ *adj.* 壯麗的

splendor[5] ﹝ 'splɛndə ﹞ *n.* 光輝；華麗

*split[4] ﹝ splɪt ﹞ *v.* 使分裂；分攤

*spoil[3] ﹝ spɔɪl ﹞ *v.* 破壞；腐壞

spokesperson[6] ﹝ 'spoks,pɜsn̩ ﹞ *n.* 發言人
(= *spokesman*)

sponge[5] ﹝ spʌndʒ ﹞ *n.* 海綿

sponsor[6] ﹝ 'spansə ﹞ *n.* 贊助者 *v.* 贊助

spontaneous[6] ﹝ span'tenɪəs ﹞ *adj.* 自動自發的

***spoon[1] ﹝ spun ﹞ *n.* 湯匙

*sport[1] ﹝ sport ﹞ *n.* 運動

*sportsman[4] ﹝ 'sportsmən ﹞ *n.* 運動家

S

* **sportsmanship**[4] ('sportsmən‚∫ɪp) *n.* 運動家
精神

* **spot**[2] (spɑt) *n.* 地點

spotlight[5] ('spɑt‚laɪt) *n.* 聚光燈；眾所矚目的
焦點

spouse[6] (spaʊz) *n.* 配偶

* **sprain**[3] (spren) *v.* 扭傷

sprawl[6] (sprɔl) *v.* 手腳張開地躺著

* **spray**[3] (spre) *v.* 噴灑

* **spread**[2] (sprɛd) *v.* 散播

** **spring**[1,2] (sprɪŋ) *n.* 春天 *v.* 跳躍

S

* **sprinkle**[3] ('sprɪŋkl) *v.* 撒；灑

sprinkler[3] ('sprɪŋklə) *n.* 灑水裝置

sprint[5] (sprɪnt) *v.* 全速衝刺

spur[5] (spɝ) *n.* 激勵

* **spy**[3] (spaɪ) *n.* 間諜

squad[6] (skwɑd) *n.* 一隊；一組

** **square**[2] (skwɛr) *n.* 正方形 *adj.* 平方的

squash[5,6] (skwɑʃ) *v.* 壓扁 *n.* 南瓜

squat[5] (skwɑt) *v.* 蹲（下）

* **squeeze**³ 〔 skwiz 〕 v. 擠壓

* **squirrel**² 〔'skwɝəl, skwɝl 〕 n. 松鼠

* **stab**³ 〔 stæb 〕 v. 刺

  stability⁶ 〔 stə'bɪlətɪ 〕 n. 穩定

  stabilize⁶ 〔'stebḷ͵aɪz 〕 v. 使穩定

* **stable**³ 〔'stebḷ 〕 adj. 穩定的

  stack⁵ 〔 stæk 〕 n. 乾草堆

* **stadium**³ 〔'stedɪəm 〕 n. 體育館

* **staff**³ 〔 stæf 〕 n. 職員【集合名詞】

* **stage**² 〔 stedʒ 〕 n. 舞台；階段

  stagger⁵ 〔'stægɚ 〕 v. 蹣跚；搖晃地走

  stain⁵ 〔 sten 〕 v. 弄髒 n. 污漬

** **stairs**¹ 〔 stɛrz 〕 n. pl. 樓梯

  stake⁵ 〔 stek 〕 n. 木樁；賭注

  stale³ 〔 stel 〕 adj. 不新鮮的

  stalk⁵,⁶ 〔 stɔk 〕 n. (植物的) 莖 v. n. 大步走

  stall⁵ 〔 stɔl 〕 n. v. 使不動；使動彈不得

  stammer⁶ 〔'stæmɚ 〕 n. v. 口吃

** **stamp**² 〔 stæmp 〕 n. 郵票

*** **stand**¹ 〔 stænd 〕 v. 站著；忍受；位於

* **standard**² 〔'stændɚd 〕 n. 標準

stanza[5] 〔'stænzə 〕*n.* 詩的一節

staple[6] 〔'stepḷ 〕*n.* 釘書針

stapler[6] 〔'steplə 〕*n.* 釘書機

star[1] 〔 star 〕*n.* 星星;明星

starch[6] 〔 startʃ 〕*n.* 澱粉

*** stare**[3] 〔 stɛr 〕*v.* 凝視;瞪眼看

start[1] 〔 start 〕*v.* 開始

startle[5] 〔'startḷ 〕*v.* 使嚇一跳

starvation[6] 〔 star'veʃən 〕*n.* 饑餓;餓死

*** starve**[3] 〔 starv 〕*v.* 饑餓;餓死

** state**[1] 〔 stet 〕*n.* 州;狀態 *v.* 敘述

*** statement**[1] 〔'stetmənt 〕*n.* 敘述

statesman[5] 〔'stetsmən 〕*n.* 政治家

station[1] 〔'steʃən 〕*n.* 車站

stationary[6] 〔'steʃən,ɛrɪ 〕*adj.* 不動的

** stationery**[6] 〔'steʃən,ɛrɪ 〕*n.* 文具

statistical[5] 〔 stə'tɪstɪkḷ 〕*adj.* 統計的

statistics[5] 〔 stə'tɪstɪks 〕*n. pl.* 統計數字

*** statue**[3] 〔'stætʃʊ 〕*n.* 雕像

stature[6] 〔'stætʃə 〕*n.* 身高

S

*status[4] ('stetəs) *n.* 地位

**stay[1] (ste) *v.* 停留；保持

*steady[3] ('stɛdɪ) *adj.* 穩定的

**steak[2] (stek) *n.* 牛排

**steal[2] (stil) *v.* 偷

**steam[2] (stim) *n.* 蒸氣

steamer[5,6] ('stimə) *n.* 汽船；蒸籠

*steel[2] (stil) *n.* 鋼

*steep[3] (stip) *adj.* 陡峭的

steer[5] (stɪr) *v.* 駕駛

*stem[4] (stɛm) *n.* 莖；(樹)幹

*step[1] (stɛp) *n.* 一步；步驟

stepchild[3] ('stɛp.tʃaɪld) *n.* 夫或妻以前婚姻
所生之子女

*stepfather[3] ('stɛp.faðə) *n.* 繼父

*stepmother[3] ('stɛp.mʌðə) *n.* 繼母

*stereo[3] ('stɛrɪo) *n.* 立體音響

stereotype[5] ('stɛrɪə.taɪp) *n.* 刻板印象

stern[5] (stɜn) *adj.* 嚴格的

stew[5] (stju) *v.* 燉

steward[5] 〔'stjuwəd 〕 *n.* 管家

*** stick**[2] 〔 stɪk 〕 *n.* 棍子　*v.* 刺；黏

*** sticky**[3] 〔'stɪkɪ 〕 *adj.* 黏的

*** stiff**[3] 〔 stɪf 〕 *adj.* 僵硬的

*** still**[1] 〔 stɪl 〕 *adv.* 仍然　*adj.* 靜止的

stimulate[6] 〔'stɪmjəˌlet 〕 *v.* 刺激

stimulation[6] 〔ˌstɪmjə'leʃən 〕 *n.* 刺激

stimulus[6] 〔'stɪmjələs 〕 *n.* 刺激（物）

*** sting**[3] 〔 stɪŋ 〕 *v.* 叮咬

*** stingy**[4] 〔'stɪndʒɪ 〕 *adj.* 吝嗇的；小氣的

stink[5] 〔 stɪŋk 〕 *v.* 發臭

S

*** stir**[3] 〔 stɝ 〕 *v.* 攪動

*** stitch**[3] 〔 stɪtʃ 〕 *n.* 一針；一縫

stock[5,6] 〔 stɑk 〕 *n.* 股票；存貨

*** stocking**[3] 〔'stɑkɪŋ 〕 *n.* 長襪

*** stomach**[2] 〔'stʌmək 〕 *n.* 胃

*** stone**[1] 〔 ston 〕 *n.* 石頭

*** stool**[3] 〔 stul 〕 *n.* 凳子

stoop[5] 〔 stup 〕 *v.* 彎腰

*** stop**[1] 〔 stɑp 〕 *v.* 停止；阻止

storage[5] ('storɪdʒ) *n.* 儲藏

store[1] (stor) *n.* 商店 *v.* 儲存

storm[2] (stɔrm) *n.* 暴風雨

stormy[3] ('stɔrmɪ) *adj.* 暴風雨的

story[1] ('storɪ) *n.* 故事；短篇小說

stout[5] (staut) *adj.* 粗壯的；堅固的

stove[2] (stov) *n.* 爐子

straight[2] (stret) *adj.* 直的

straighten[5] ('stretn̩) *v.* 使變直

straightforward[5] (,stret'fɔrwəd) *adj.*
直率的

strain[5] (stren) *v.* 拉緊 *n.* 緊張；壓力

strait[5] (stret) *n.* 海峽

strand[5] (strænd) *v.* 使擱淺

strange[1] (strendʒ) *adj.* 奇怪的

stranger[2] ('strendʒə) *n.* 陌生人

strangle[6] ('stræŋgl̩) *v.* 勒死

strap[5] (stræp) *n.* 帶子；皮帶

strategic[6] (strə'tidʒɪk) *adj.* 戰略上的

strategy[3] ('strætədʒɪ) *n.* 策略

S

**straw² ﹝ stro ﹞ n. 稻草；吸管

**strawberry² ﹝'strɔ,bɛrɪ﹞ n. 草莓

str
ay⁵ ﹝ stre ﹞ adj. 迷途的；走失的

streak⁵ ﹝ strik ﹞ n. 條紋；閃電；光線

**stream² ﹝ strim ﹞ n. 溪流

**street¹ ﹝ strit ﹞ n. 街

*strength³ ﹝ strɛŋθ ﹞ n. 力量

*strengthen⁴ ﹝'strɛŋθən﹞ v. 加強

*stress² ﹝ strɛs ﹞ n. 壓力

*stretch² ﹝ strɛtʃ ﹞ v. 拉長；伸展

*strict² ﹝ strɪkt ﹞ adj. 嚴格的

stride⁵ ﹝ straɪd ﹞ v. 大步走

**strike² ﹝ straɪk ﹞ v. 打擊 n. 罷工

*string² ﹝ strɪŋ ﹞ n. 細繩

*strip³ ﹝ strɪp ﹞ v. 脫掉；剝去

stripe⁵ ﹝ straɪp ﹞ n. 條紋

*strive⁴ ﹝ straɪv ﹞ v. 努力

*stroke⁴ ﹝ strok ﹞ n. 打擊；中風

stroll⁵ ﹝ strol ﹞ n. v. 散步

**strong¹ ﹝ strɔŋ ﹞ adj. 強壯的

S

structural[5] ('strʌktʃərəl) *adj.* 結構上的

* **structure**[3] ('strʌktʃə) *n.* 結構；建築物

* **struggle**[2] ('strʌgḷ) *v.* 掙扎

* **stubborn**[3] ('stʌbən) *adj.* 頑固的

** **student**[1] ('stjudnt) *n.* 學生

* **studio**[3] ('stjudɪ,o) *n.* 工作室

** **study**[1] ('stʌdɪ) *v.* 讀書；研究 *n.* 研究

* **stuff**[3] (stʌf) *n.* 東西

stumble[5] ('stʌmbḷ) *v.* 絆倒

stump[5] (stʌmp) *n.* 殘株；樹樁

stun[5] (stʌn) *v.* 使大吃一驚

stunt[6] (stʌnt) *n.* 特技

** **stupid**[1] ('stjupɪd) *adj.* 愚笨的

sturdy[5] ('stɝdɪ) *adj.* 健壯的；結實的

stutter[5] ('stʌtə) *v.* 口吃

* **style**[3] (staɪl) *n.* 風格；方式

stylish[5] ('staɪlɪʃ) *adj.* 時髦的

* **subject**[2] ('sʌbdʒɪkt) *n.* 科目；主題

subjective[6] (səb'dʒɛktɪv) *adj.* 主觀的

* **submarine**[3] ('sʌbmə,rin) *n.* 潛水艇

submit[5] 〔 səb'mɪt 〕 v. 提出

subordinate[6] 〔 sə'bɔrdṇɪt 〕 adj. 下級的；
次要的

subscribe[6] 〔 səb'skraɪb 〕 v. 訂閱

subscription[6] 〔 səb'skrɪpʃən 〕 n. 訂閱

subsequent[6] 〔'sʌbsɪ,kwɛnt 〕 adj. 隨後的

***substance**[3] 〔'sʌbstəns 〕 n. 物質

substantial[5] 〔 səb'stænʃəl 〕 adj. 實質的；
相當多的

substitute[5] 〔'sʌbstə,tjut 〕 v. 用…代替

substitution[6] 〔,sʌbstə'tjuʃən 〕 n. 代理

subtle[6] 〔'sʌtḷ 〕 adj. 微妙的；細膩的

***subtract**[2] 〔 səb'trækt 〕 v. 減掉

suburban[6] 〔 sə'bɝbən 〕 adj. 郊外的

***suburbs**[3] 〔'sʌbɝbz 〕 n. pl. 郊區

***subway**[2] 〔'sʌb,we 〕 n. 地下鐵
（ = underground = MRT = metro 〔'mɛtro 〕
= tube 〔 tjub 〕【英式用法】）

***succeed**[2] 〔 sək'sid 〕 v. 成功；繼承

***success**[2] 〔 sək'sɛs 〕 n. 成功

S

‡successful[2] 〔 sək'sɛsfəl 〕 *adj.* 成功的

succession[6] 〔 sək'sɛʃən 〕 *n.* 連續

successive[6] 〔 sək'sɛsɪv 〕 *adj.* 連續的

successor[6] 〔 sək'sɛsə 〕 *n.* 繼承者

‡such[1] 〔 sʌtʃ 〕 *adj.* 那樣的

*suck[3] 〔 sʌk 〕 *v.* 吸

‡sudden[2] 〔 'sʌdn̩ 〕 *adj.* 突然的

*suffer[3] 〔 'sʌfə 〕 *v.* 受苦;罹患

*sufficient[3] 〔 sə'fɪʃənt 〕 *adj.* 足夠的

suffocate[6] 〔 'sʌfə,ket 〕 *v.* 窒息

‡sugar[1] 〔 'ʃʊgə 〕 *n.* 糖

‡suggest[3] 〔 səg'dʒɛst 〕 *v.* 建議

*suggestion[4] 〔 səg'dʒɛstʃən 〕 *n.* 建議

*suicide[3] 〔 'suə,saɪd 〕 *n.* 自殺

‡suit[2] 〔 sut 〕 *v.* 適合 *n.* 西裝

*suitable[3] 〔 'sutəbl̩ 〕 *adj.* 適合的

suitcase[5] 〔 'sut,kes 〕 *n.* 手提箱

suite[6] 〔 swit 〕 *n.* 套房【注意發音】

sulfur[5] 〔 'sʌlfə 〕 *n.* 硫磺

*sum[3] 〔 sʌm 〕 *n.* 總數;金額

S

* **summarize** [4] 〔 'sʌmə,raɪz 〕 *v.* 扼要說明

* **summary** [3] 〔 'sʌmərɪ 〕 *n.* 摘要

summer [1] 〔 'sʌmə 〕 *n.* 夏天

* **summit** [3] 〔 'sʌmɪt 〕 *n.* 山頂；巔峰

    adj. 高階層的

summon [5] 〔 'sʌmən 〕 *v.* 召喚；傳喚

** **sun** [1] 〔 sʌn 〕 *n.* 太陽

** **Sunday** [1] 〔 'sʌndɪ 〕 *n.* 星期天 (= *Sun.*)

*** **sunny** [2] 〔 'sʌnɪ 〕 *adj.* 晴朗的

** **super** [1] 〔 'supə 〕 *adj.* 極好的；超級的

superb [6] 〔 su'pɝb 〕 *adj.* 極好的

superficial [5] 〔 ,supə'fɪʃəl 〕 *adj.* 表面的

* **superior** [3] 〔 sə'pɪrɪə 〕 *adj.* 較優秀的

superiority [6] 〔 sə,pɪrɪ'ɔrətɪ 〕 *n.* 優秀

** **supermarket** [2] 〔 'supə,markɪt 〕 *n.* 超級市場

supersonic [6] 〔 ,supə'sanɪk 〕 *adj.* 超音速的

superstition [5] 〔 ,supə'stɪʃən 〕 *n.* 迷信

superstitious [6] 〔 ,supə'stɪʃəs 〕 *adj.* 迷信的

supervise [5] 〔 'supə,vaɪz 〕 *v.* 監督

supervision [6] 〔 ,supə'vɪʒən 〕 *n.* 監督

S

supervisor[5] ﹝͵supəˈvaɪzə﹞ *n.* 監督者；管理人；指導教授

* **supper**[1] ﹝ˈsʌpə﹞ *n.* 晚餐

supplement[6] ﹝ˈsʌpləmənt﹞ *n.* 補充

* **supply**[2] ﹝səˈplaɪ﹞ *v. n.* 供給

* **support**[2] ﹝səˈport﹞ *v.* 支持；支撐

* **suppose**[3] ﹝səˈpoz﹞ *v.* 假定；認為

suppress[5] ﹝səˈprɛs﹞ *v.* 壓抑

supreme[5] ﹝səˈprim﹞ *adj.* 最高的

** **sure**[1] ﹝ʃʊr﹞ *adj.* 確定的

* **surf**[4] ﹝sɝf﹞ *v.* 衝浪

* **surface**[2] ﹝ˈsɝfɪs﹞ *n.* 表面

surge[5] ﹝sɝdʒ﹞ *v.* 蜂擁而至 *n.* 巨浪

* **surgeon**[4] ﹝ˈsɝdʒən﹞ *n.* 外科醫生

* **surgery**[4] ﹝ˈsɝdʒərɪ﹞ *n.* 手術

surpass[6] ﹝səˈpæs﹞ *v.* 超越

surplus[6] ﹝ˈsɝplʌs﹞ *n.* 剩餘

** **surprise**[1] ﹝səˈpraɪz﹞ *v.* 使驚訝 *n.* 驚訝

* **surrender**[4] ﹝səˈrɛndə﹞ *v.* 投降

* **surround**[3] ﹝səˈraʊnd﹞ *v.* 環繞；包圍

* **surroundings**⁴ ﹝ sə'raʊndɪŋz ﹞ *n. pl.* 周遭環境

* **survey**³ ﹝ sə've ﹞ *v.* 調查

* **survival**³ ﹝ sə'vaɪvḷ ﹞ *n.* 生還

‡ **survive**² ﹝ sə'vaɪv ﹞ *v.* 生還；自…中生還

* **survivor**³ ﹝ sə'vaɪvɚ ﹞ *n.* 生還者

 suspect³ ﹝ sə'spɛkt ﹞ *v.* 懷疑

 suspend⁵ ﹝ sə'spɛnd ﹞ *v.* 暫停；使停職

 suspense⁶ ﹝ sə'spɛns ﹞ *n.* 懸疑

 suspension⁶ ﹝ sə'spɛnʃən ﹞ *n.* 暫停

* **suspicion**³ ﹝ sə'spɪʃən ﹞ *n.* 懷疑

* **suspicious**⁴ ﹝ sə'spɪʃəs ﹞ *adj.* 可疑的

 sustain⁵ ﹝ sə'sten ﹞ *v.* 維持

‡ **swallow**² ﹝ 'swɑlo ﹞ *v.* 吞 *n.* 燕子

 swamp⁵ ﹝ swɑmp ﹞ *n.* 沼澤

‡ **swan**² ﹝ swɑn ﹞ *n.* 天鵝

 swap⁶ ﹝ swɑp ﹞ *v.* 交換

 swarm⁵ ﹝ swɔrm ﹞ *n.* (昆蟲) 群

 sway⁴ ﹝ swe ﹞ *v.* 搖擺

* **swear**³ ﹝ swɛr ﹞ *v.* 發誓

* **sweat**³ ﹝ swɛt ﹞ *v.* 流汗

‡ **sweater**² ﹝ 'swɛtɚ ﹞ *n.* 毛衣

‡**sweep**[2] ﹝ swip ﹞ *v.* 掃

‡**sweet**[1] ﹝ swit ﹞ *adj.* 甜的

***swell**[3] ﹝ swɛl ﹞ *v.* 膨脹；腫起來

***swift**[3] ﹝ swɪft ﹞ *adj.* 快速的

‡**swim**[1] ﹝ swɪm ﹞ *v.* 游泳

‡**swing**[2] ﹝ swɪŋ ﹞ *v.* 搖擺 *n.* 鞦韆

***switch**[3] ﹝ swɪtʃ ﹞ *n.* 開關 *v.* 交換

***sword**[3] ﹝ sord ﹞ *n.* 劍

***syllable**[4] ﹝ ˈsɪləbḷ ﹞ *n.* 音節

‡**symbol**[2] ﹝ ˈsɪmbḷ ﹞ *n.* 象徵

symbolic[6] ﹝ sɪmˈbɑlɪk ﹞ *adj.* 象徵性的

symbolize[6] ﹝ ˈsɪmbḷˌaɪz ﹞ *v.* 象徵

symmetry[6] ﹝ ˈsɪmɪtrɪ ﹞ *n.* 對稱

***sympathetic**[4] ﹝ ˌsɪmpəˈθɛtɪk ﹞ *adj.* 同情的

***sympathize**[5] ﹝ ˈsɪmpəˌθaɪz ﹞ *v.* 同情

***sympathy**[4] ﹝ ˈsɪmpəθɪ ﹞ *n.* 同情

symphony[4] ﹝ ˈsɪmfənɪ ﹞ *n.* 交響曲

symptom[6] ﹝ ˈsɪmptəm ﹞ *n.* 症狀

synonym[6] ﹝ ˈsɪnəˌnɪm ﹞ *n.* 同義字

synthetic[6] ﹝ sɪnˈθɛtɪk ﹞ *adj.* 合成的

S

* **syrup**[4] 〔'sɪrəp 〕 *n.* 糖漿

** **system**[3] 〔'sɪstəm 〕 *n.* 系統

* **systematic**[4] 〔ˌsɪstə'mætɪk 〕 *adj.* 有系統的

T t

*** **table**[1] 〔'tebḷ 〕 *n.* 桌子

** **tablet**[3] 〔'tæblɪt 〕 *n.* 藥片

tack[3] 〔 tæk 〕 *n.* 圖釘

tackle[5] 〔'tækḷ 〕 *v.* 處理

tact[6] 〔 tækt 〕 *n.* 機智

tactics[6] 〔'tæktɪks 〕 *n. pl.* 策略；戰術

* **tag**[3] 〔 tæg 〕 *n.* 標籤

** **tail**[1] 〔 tel 〕 *n.* 尾巴

* **tailor**[3] 〔'telə 〕 *n.* 裁縫師

** **take**[1] 〔 tek 〕 *v.* 拿

* **tale**[1] 〔 tel 〕 *n.* 故事

** **talent**[2] 〔'tælənt 〕 *n.* 才能

** **talk**[1] 〔 tɔk 〕 *v.* 說話；說服

* **talkative**[2] 〔'tɔkətɪv 〕 *adj.* 愛說話的

** **tall**[1] 〔 tɔl 〕 *adj.* 高的

***tame**³ 〔 tem 〕 *adj.* 溫馴的   *v.* 馴服

  tan⁵ 〔 tæn 〕 *n.* (皮膚經日曬而成的) 褐色

****tangerine**² 〔,tændʒəˈrin 〕 *n.* 橘子

  tangle⁵ 〔ˈtæŋɡḷ 〕 *v.* 糾纏；纏結

****tank**² 〔 tæŋk 〕 *n.* 油箱；坦克車

***tap**⁴,³ 〔 tæp 〕 *v.* 輕拍   *n.* 水龍頭

‡**tape**² 〔 tep 〕 *n.* 錄音帶

  tar⁵ 〔 tɑr 〕 *n.* 焦油；黑油

***target**² 〔ˈtɑrɡɪt 〕 *n.* 目標

  tariff⁶ 〔ˈtærɪf 〕 *n.* 關稅

  tart⁵ 〔 tɑrt 〕 *n.* 水果餡餅

***task**² 〔 tæsk 〕 *n.* 工作；任務

‡**taste**¹ 〔 test 〕 *v.* 嚐起來   *n.* 品味

***tasty**² 〔ˈtestɪ 〕 *adj.* 美味的

  taunt⁵ 〔 tɔnt 〕 *v.* 嘲弄

  tavern⁵ 〔ˈtævən 〕 *n.* 酒館

***tax**³ 〔 tæks 〕 *n.* 稅

‡**taxi**¹ 〔ˈtæksɪ 〕 *n.* 計程車 (= *cab*)

‡**tea**¹ 〔 ti 〕 *n.* 茶

‡**teach**¹ 〔 titʃ 〕 *v.* 教

teacher[1] 〔'titʃɚ 〕 *n.* 老師

team[2] 〔 tim 〕 *n.* 隊伍　*adj.* 團隊的

tear[2] 〔 tɪr 〕 *n.* 眼淚

tease[3] 〔 tiz 〕 *v.* 嘲弄

technical[3] 〔'tɛknɪkl̩ 〕 *adj.* 技術上的

technician[4] 〔 tɛk'nɪʃən 〕 *n.* 技術人員

technique[3] 〔 tɛk'nik 〕 *n.* 技術；方法

technological[4] 〔,tɛknə'lɑdʒɪkl̩ 〕 *adj.* 科技的

technology[3] 〔 tɛk'nɑlədʒɪ 〕 *n.* 科技

tedious[6] 〔'tidɪəs 〕 *adj.* 乏味的

teenage[2] 〔'tin,edʒ 〕 *adj.* 十幾歲的

teenager[2] 〔'tin,edʒɚ 〕 *n.* 青少年

teens[2] 〔 tinz 〕 *n.* 十幾歲的年齡

telegram[4] 〔'tɛlə,græm 〕 *n.* 電報

telegraph[4] 〔'tɛlə,græf 〕 *n.* 電報

telephone[2] 〔'tɛlə,fon 〕 *n.* 電話　*v.* 打電話

telescope[4] 〔'tɛlə,skop 〕 *n.* 望遠鏡

television[2] 〔'tɛlə,vɪʒən 〕 *n.* 電視（= TV）

tell[1] 〔 tɛl 〕 *v.* 告訴；分辨

teller[5] 〔'tɛlɚ 〕 *n.* 出納員

*temper³ (ˈtɛmpɚ) *n.* 脾氣

temperament⁶ (ˈtɛmpərəmənt) *n.* 性情

#temperature² (ˈtɛmprətʃɚ) *n.* 溫度

tempest⁶ (ˈtɛmpɪst) *n.* 暴風雨；騷動

*temple² (ˈtɛmpl̩) *n.* 寺廟

tempo⁵ (ˈtɛmpo) *n.* 節奏

*temporary³ (ˈtɛmpə‚rɛrɪ) *adj.* 暫時的

tempt⁵ (tɛmpt) *v.* 引誘

temptation⁵ (tɛmpˈteʃən) *n.* 誘惑

#ten¹ (tɛn) *n.* 十

tenant⁵ (ˈtɛnənt) *n.* 房客

*tend³ (tɛnd) *v.* 易於；傾向於

*tendency⁴ (ˈtɛndənsɪ) *n.* 傾向；趨勢

*tender³ (ˈtɛndɚ) *adj.* 溫柔的

#tennis² (ˈtɛnɪs) *n.* 網球

*tense⁴ (tɛns) *adj.* 緊張的

*tension⁴ (ˈtɛnʃən) *n.* 緊張

#tent² (tɛnt) *n.* 帳篷

tentative⁵ (ˈtɛntətɪv) *adj.* 暫時的

#term² (tɜm) *n.* 名詞；用語；關係

terminal[5] 〔'tɜmənḷ 〕 *adj.* 最後的;終點的
n. 航空站;(公車)總站

terminate[6] 〔'tɜmə,net 〕 *v.* 終結

terrace[5] 〔'tɛrɪs 〕 *n.* 陽台

terrible[2] 〔'tɛrəbḷ 〕 *adj.* 可怕的

terrific[2] 〔 tə'rɪfɪk 〕 *adj.* 很棒的

terrify[4] 〔'tɛrə,faɪ 〕 *v.* 使害怕

territory[3] 〔'tɛrə,torɪ 〕 *n.* 領土

terror[4] 〔'tɛrə 〕 *n.* 恐怖

test[2] 〔 tɛst 〕 *n.* 測驗

text[3] 〔 tɛkst 〕 *n.* 內文;教科書

textbook[2] 〔'tɛkst,buk 〕 *n.* 教科書

textile[6] 〔'tɛkstḷ 〕 *n.* 紡織品 *adj.* 紡織的

texture[6] 〔'tɛkstʃə 〕 *n.* 質地;口感

than[1] 〔 ðæn 〕 *conj.* 比…

thank[1] 〔 θæŋk 〕 *v.* 感謝

thankful[3] 〔'θæŋkfəl 〕 *adj.* 感激的

that[1] 〔 ðæt 〕 *pron.* 那個

the[1] 〔 ðə 〕 *art.* 那個

theater[2] 〔'θɪətə 〕 *n.* 戲院

theatrical[6] 〔 θɪˈætrɪkḷ 〕 *adj.* 戲劇的

theft[6] 〔 θɛft 〕 *n.* 偷竊

their[1] 〔 ðɛr 〕 *pron.* 他們的

theirs[1] 〔 ðɛrz 〕 *pron.* 他們的（東西）

them[1] 〔 ðɛm 〕 *pron.* 他們（they 的受格）

theme[4] 〔 θim 〕 *n.* 主題

then[1] 〔 ðɛn 〕 *adv.* 那時；然後

theoretical[6] 〔 ˌθiəˈrɛtɪkḷ 〕 *adj.* 理論上的

theory[3] 〔 ˈθiərɪ 〕 *n.* 理論

therapist[6] 〔 ˈθɛrəpɪst 〕 *n.* 治療學家

therapy[6] 〔 ˈθɛrəpɪ 〕 *n.* 治療法

there[1] 〔 ðɛr 〕 *adv.* 那裡

thereafter[6] 〔 ðɛrˈæftɚ 〕 *adv.* 其後；從那時以後

thereby[6] 〔 ðɛrˈbaɪ 〕 *adv.* 藉以

therefore[2] 〔 ˈðɛrˌfor 〕 *adv.* 因此

thermometer[6] 〔 θəˈmɑmətɚ 〕 *n.* 溫度計

these[1] 〔 ðiz 〕 *pron.* 這些

they[1] 〔 ðe 〕 *pron.* 他們

thick[2] 〔 θɪk 〕 *adj.* 厚的

thief[2] 〔 θif 〕 *n.* 小偷

thigh⁵ 〔 θaɪ 〕 *n.* 大腿

‡**thin**² 〔 θɪn 〕 *adj.* 薄的；瘦的

‡**thing**¹ 〔 θɪŋ 〕 *n.* 東西

‡**think**¹ 〔 θɪŋk 〕 *v.* 想；認為

‡**third**¹ 〔 θɜd 〕 *adj.* 第三的

*** thirst**³ 〔 θɜst 〕 *n.* 口渴

‡**thirsty**² 〔 'θɜstɪ 〕 *adj.* 口渴的

‡**thirteen**¹ 〔 θɜ'tin 〕 *n.* 十三

‡**thirty**¹ 〔 'θɜtɪ 〕 *n.* 三十

‡**this**¹ 〔 ðɪs 〕 *pron.* 這個

thorn⁵ 〔 θɔrn 〕 *n.* 刺

*** thorough**⁴ 〔 'θɜo 〕 *adj.* 徹底的

‡**those**¹ 〔 ðoz 〕 *pron.* 那些

‡**though**¹ 〔 ðo 〕 *conj.* 雖然

‡**thought**¹ 〔 θɔt 〕 *n.* 思想

*** thoughtful**⁴ 〔 'θɔtfəl 〕 *adj.* 體貼的

‡**thousand**¹ 〔 'θauznd 〕 *n.* 千

*** thread**³ 〔 θrɛd 〕 *n.* 線

*** threat**³ 〔 θrɛt 〕 *n.* 威脅

*** threaten**³ 〔 'θrɛtn 〕 *v.* 威脅

T

*****three**[1] 〔θri 〕 n. 三

threshold[6] 〔'θrɛʃold 〕 n. 門檻；開端

thrift[6] 〔θrɪft 〕 n. 節儉

thrifty[6] 〔'θrɪftɪ 〕 adj. 節儉的

thrill[5] 〔θrɪl 〕 v. 使興奮 n. 興奮；刺激

thriller[5] 〔'θrɪlɚ 〕 n. 充滿刺激的事物；驚險
小說或電影

thrive[6] 〔θraɪv 〕 v. 繁榮；興盛

****throat**[2] 〔θrot 〕 n. 喉嚨

throb[6] 〔θrɑb 〕 v. 陣陣跳動

throne[5] 〔θron 〕 n. 王位

throng[5] 〔θrɔŋ 〕 n. 群衆

****through**[2] 〔θru 〕 prep. 通過；藉由

***throughout**[2] 〔θru'aʊt 〕 prep. 遍及

****throw**[1] 〔θro 〕 v. 丟

thrust[5] 〔θrʌst 〕 v. 刺

****thumb**[2] 〔θʌm 〕 n. 大拇指【注意發音】

****thunder**[2] 〔'θʌndɚ 〕 n. 雷

****Thursday**[1] 〔'θɝzdɪ 〕 n. 星期四

***thus**[1] 〔ðʌs 〕 adv. 因此

tick[5] 〔 tɪk 〕 *n.* 滴答聲　 *v.* 滴答響

*****ticket**[1] 〔'tɪkɪt 〕 *n.* 票；罰單

***tickle**[3] 〔'tɪkḷ 〕 *v.* 搔癢

***tide**[3] 〔 taɪd 〕 *n.* 潮水

****tidy**[3] 〔'taɪdɪ 〕 *adj.* 整齊的

****tie**[1] 〔 taɪ 〕 *v.* 綁；打（結）　 *n.* 領帶

*****tiger**[1] 〔'taɪgɚ 〕 *n.* 老虎

***tight**[3] 〔 taɪt 〕 *adj.* 緊的

***tighten**[3] 〔'taɪtṇ 〕 *v.* 使變緊

tile[5] 〔 taɪl 〕 *n.* 瓷磚

tilt[5] 〔 tɪlt 〕 *v.* 傾斜

***timber**[3] 〔'tɪmbɚ 〕 *n.* 木材

****time**[1] 〔 taɪm 〕 *n.* 時間；時代；次數

***timid**[4] 〔'tɪmɪd 〕 *adj.* 膽小的

tin[5] 〔 tɪn 〕 *n.* 錫

****tiny**[1] 〔'taɪnɪ 〕 *adj.* 很小的

****tip**[2] 〔 tɪp 〕 *n.* 小費；尖端

tiptoe[5] 〔'tɪp,to 〕 *n.* 趾尖

***tire**[1] 〔 taɪr 〕 *v.* 使疲倦　 *n.* 輪胎

***tiresome**[4] 〔'taɪrsəm 〕 *adj.* 令人厭煩的

* **tissue**[3] ('tɪʃʊ) *n.* 面紙

‡ **title**[2] ('taɪtḷ) *n.* 標題；名稱；頭銜

‡‡ **to**[1] (tu) *prep.* 向；到

  toad[5] (tod) *n.* 蟾蜍

‡ **toast**[2] (tost) *n.* 吐司；敬酒；乾杯

* **tobacco**[3] (tə'bæko) *n.* 菸草

‡‡ **today**[1] (tə'de) *adv.* 今天；現今

‡ **toe**[2] (to) *n.* 腳趾

‡ **tofu**[2] ('to'fu) *n.* 豆腐

‡‡ **together**[1] (tə'gɛðɚ) *adv.* 一起

  toil[5] (tɔɪl) *v.* 辛勞

‡ **toilet**[2] ('tɔɪlɪt) *n.* 廁所

  token[5] ('tokən) *n.* 象徵

* **tolerable**[4] ('talərəbḷ) *adj.* 可容忍的

* **tolerance**[4] ('talərəns) *n.* 容忍；寬容

* **tolerant**[4] ('talərənt) *adj.* 寬容的

* **tolerate**[4] ('talə‚ret) *v.* 容忍

  toll[6] (tol) *n.* 死傷人數

‡‡ **tomato**[2] (tə'meto) *n.* 蕃茄

* **tomb**[4] (tum) *n.* 墳墓【注意發音】

T

tomorrow[1] 〔 təˋmɔro 〕 *adv.* 明天

ton[3] 〔 tʌn 〕 *n.* 公噸

tone[1] 〔 ton 〕 *n.* 語調

tongue[2] 〔 tʌŋ 〕 *n.* 舌頭；語言

tonight[1] 〔 təˋnaɪt 〕 *adv.* 今晚

too[1] 〔 tu 〕 *adv.* 也

tool[1] 〔 tul 〕 *n.* 工具

tooth[2] 〔 tuθ 〕 *n.* 牙齒

top[1] 〔 tɑp 〕 *n.* 頂端

topic[2] 〔 ˋtɑpɪk 〕 *n.* 主題

topple[6] 〔 ˋtɑpḷ 〕 *v.* 推倒

torch[5] 〔 tɔrtʃ 〕 *n.* 火把

torment[5] 〔 ˋtɔrmɛnt 〕 *n.* 折磨；苦惱的原因

tornado[6] 〔 tɔrˋnedo 〕 *n.* 龍捲風

torrent[5] 〔 ˋtɔrənt 〕 *n.* 急流

tortoise[3] 〔 ˋtɔrtəs 〕 *n.* 陸龜

torture[5] 〔 ˋtɔrtʃɚ 〕 *n.* 折磨

toss[3] 〔 tɔs 〕 *v.* 拋；投擲

total[1] 〔 ˋtotḷ 〕 *adj.* 全部的；總計的

touch[1] 〔 tʌtʃ 〕 *v.* 觸摸   *n.* 接觸

T

* **tough**⁴ 〔 tʌf 〕 *adj.* 困難的

* **tour**² 〔 tʊr 〕 *n.* 旅行

* **tourism**³ 〔'tʊrɪzm̩〕 *n.* 觀光業

* **tourist**³ 〔'tʊrɪst〕 *n.* 觀光客

   tournament⁵ 〔'tɜnəmənt〕 *n.* 錦標賽

   tow³ 〔 to 〕 *v.* 拖

‡ **toward**¹ 〔 tə'wɔrd 〕 *prep.* 朝向…
    (= *towards*)

‡ **towel**² 〔'taʊəl〕 *n.* 毛巾

‡ **tower**² 〔'taʊɚ〕 *n.* 塔

‡ **town**¹ 〔 taʊn 〕 *n.* 城鎮

   toxic⁵ 〔'tɑksɪk〕 *adj.* 有毒的

‡ **toy**¹ 〔 tɔɪ 〕 *n.* 玩具

* **trace**³ 〔 tres 〕 *v.* 追蹤;追溯

* **track**² 〔 træk 〕 *n.* 足跡;痕跡

* **trade**² 〔 tred 〕 *n.* 貿易

   trademark⁵ 〔'tred,mɑrk〕 *n.* 商標

   trader³ 〔'tredɚ〕 *n.* 商人

* **tradition**² 〔 trə'dɪʃən 〕 *n.* 傳統

* **traditional**² 〔 trə'dɪʃənl̩ 〕 *adj.* 傳統的

‡traffic[2] ('træfɪk) *n.* 交通

*** tragedy**[4] ('trædʒədɪ) *n.* 悲劇

*** tragic**[4] ('trædʒɪk) *adj.* 悲劇的

*** trail**[3] (trel) *n.* 小徑；足跡

‡train[1] (tren) *v.* 訓練

trait[6] (tret) *n.* 特點

traitor[5] ('tretɚ) *n.* 叛徒

tramp[5] (træmp) *v.* 重步行走

trample[5] ('træmpḷ) *v.* 踐踏

tranquil[6] ('trænkwɪl) *adj.* 寧靜的

tranquilizer[6] ('trænkwɪˌlaɪzɚ) *n.* 鎮靜劑

transaction[6] (træns'ækʃən) *n.* 交易

transcript[6] ('trænˌskrɪpt) *n.* 成績單

T

*** transfer**[4] (træns'fɝ) *v.* 轉移；轉學；調職

*** transform**[4] (træns'fɔrm) *v.* 轉變

transformation[6] (ˌtrænsfɚ'meʃən) *n.* 轉變

transistor[6] (træn'zɪstɚ) *n.* 電晶體

transit[6] ('trænsɪt) *n.* 運送

transition[6] (træn'zɪʃən) *n.* 過渡期

*** translate**[4] (træns'let) *v.* 翻譯

*__translation__[4] (træns'leʃən) *n.* 翻譯

*__translator__[4] (træns'letɚ) *n.* 翻譯家

__transmission__[6] (træns'mɪʃən) *n.* 傳送

__transmit__[6] (træns'mɪt) *v.* 傳送；傳染

__transparent__[5] (træns'pɛrənt) *adj.* 透明的

__transplant__[6] (træns'plænt) *v.* 移植
    n. 移植手術

*__transport__[3] (træns'port) *v.* 運輸

‡__transportation__[4] (ˌtrænspɚ'teʃən) *n.* 運輸

__trap__[2] (træp) *v.* 使困住　*n.* 陷阱

‡__trash__[3] (træʃ) *n.* 垃圾

__trauma__[6] ('trɔmə) *n.* 心靈的創傷

‡__travel__[2] ('trævl̩) *v.* 旅行；行進

*__traveler__[3] ('trævlɚ) *n.* 旅行者

*__tray__[3] (tre) *n.* 托盤

__tread__[6] (trɛd) *v.* 行走；踩

__treason__[6] ('trizn̩) *n.* 叛國罪

‡__treasure__[2] ('trɛʒɚ) *n.* 寶藏　*v.* 珍惜

__treasury__[5] ('trɛʒərɪ) *n.* 寶庫；寶典

‡__treat__[5,2] (trit) *v.* 對待；治療；認爲　*n.* 請客

*__treatment__[5] ('tritmənt) *n.* 治療

treaty[5] 〔'tritɪ 〕 *n.* 條約

****tree**[1] 〔 tri 〕 *n.* 樹

trek[6] 〔 trɛk 〕 *v.* 艱苦跋涉

***tremble**[3] 〔'trɛmbl̩ 〕 *v.* 發抖

***tremendous**[4] 〔 trɪ'mɛndəs 〕 *adj.* 巨大的

tremor[6] 〔'trɛmɚ 〕 *n.* 微震

trench[5] 〔 trɛntʃ 〕 *n.* 壕溝

***trend**[3] 〔 trɛnd 〕 *n.* 趨勢

trespass[6] 〔'trɛspəs 〕 *v.* 侵入

***trial**[2] 〔'traɪəl 〕 *n.* 審判

****triangle**[2] 〔'traɪ͵æŋgl̩ 〕 *n.* 三角形

tribal[4] 〔'traɪbl̩ 〕 *adj.* 部落的

***tribe**[3] 〔 traɪb 〕 *n.* 部落

tribute[5] 〔'trɪbjut 〕 *n.* 敬意；貢物

****trick**[2] 〔 trɪk 〕 *n.* 詭計；把戲

***tricky**[3] 〔'trɪkɪ 〕 *adj.* 棘手的；難以處理的

trifle[5] 〔'traɪfl̩ 〕 *n.* 瑣事

trigger[6] 〔'trɪgɚ 〕 *v.* 引發 *n.* 板機

trim[5] 〔 trɪm 〕 *v.* 修剪

****trip**[1] 〔 trɪp 〕 *n.* 旅行 *v.* 絆倒

triple[5] (ˋtrɪpḷ) *adj.* 三倍的

* **triumph**[4] (ˋtraɪəmf) *n.* 勝利

triumphant[6] (traɪˋʌmfənt) *adj.* 得意洋洋的

trivial[6] (ˋtrɪvɪəl) *adj.* 瑣碎的

* **troops**[3] (trups) *n. pl.* 軍隊

trophy[6] (ˋtrofɪ) *n.* 戰利品；獎品

tropic[6] (ˋtrɑpɪk) *n.* 回歸線

* **tropical**[3] (ˋtrɑpɪkḷ) *adj.* 熱帶的

trot[5] (trɑt) *v.* 快步走

*** **trouble**[1] (ˋtrʌbḷ) *n.* 麻煩

* **troublesome**[4] (ˋtrʌbḷsəm) *adj.* 麻煩的

** **trousers**[2] (ˋtrauzəz) *n. pl.* 褲子

trout[5] (traut) *n.* 鱒魚

truant[6] (ˋtruənt) *n.* 曠課者

truce[6] (trus) *n.* 停戰

** **truck**[2] (trʌk) *n.* 卡車

** **true**[1] (tru) *adj.* 真的

** **trumpet**[2] (ˋtrʌmpɪt) *n.* 喇叭

* **trunk**[3] (trʌŋk) *n.* (汽車的) 行李箱；樹幹

** **trust**[2] (trʌst) *v. n.* 信任

****truth**[2] 〔 truθ 〕 *n.* 事實

***truthful**[3] 〔 'truθfəl 〕 *adj.* 真實的

*****try**[1] 〔 traɪ 〕 *v.* 嘗試

****T-shirt**[1] 〔 'ti,ʃɜt 〕 *n.* T 恤

***tub**[3] 〔 tʌb 〕 *n.* 浴缸 (= *bathtub*)

***tube**[2] 〔 tjub 〕 *n.* 管子

tuberculosis[6] 〔 tju,bɜkjə'losɪs 〕 *n.* 肺結核
(= *TB*)

tuck[5] 〔 tʌk 〕 *v.* 捲起 (衣袖)

****Tuesday**[1] 〔 'tjuzdɪ 〕 *n.* 星期二

***tug**[3] 〔 tʌg 〕 *v.* 用力拉

***tug-of-war**[4] *n.* 拔河

tuition[5] 〔 tju'ɪʃən 〕 *n.* 學費

***tulip**[3] 〔 'tulɪp 〕 *n.* 鬱金香

***tumble**[3] 〔 'tʌmbḷ 〕 *v.* 跌倒

tummy[1] 〔 'tʌmɪ 〕 *n.* 肚子

tumor[6] 〔 'tjumɚ 〕 *n.* 腫瘤

tuna[5] 〔 'tunə 〕 *n.* 鮪魚

***tune**[3] 〔 tjun 〕 *n.* 曲子

****tunnel**[2] 〔 'tʌnḷ 〕 *n.* 隧道；地道

****turkey**[2] 〔 'tɝkɪ 〕 *n.* 火雞

turmoil[6] ('tɜmɔɪl) n. 混亂

turn[1] (tɜn) v. 轉向 n. 輪流

turtle[2] ('tɜtḷ) n. 海龜

tutor[3] ('tutə) n. 家庭教師

twelve[1] (twɛlv) n. 十二

twenty[1] ('twɛntɪ) n. 二十

twice[1] (twaɪs) adv. 兩次

twig[3] (twɪg) n. 小樹枝

twilight[6] ('twaɪ‚laɪt) n. 黃昏；微光

twin[3] (twɪn) n. 雙胞胎之一

twinkle[4] ('twɪŋkḷ) v. 閃爍

twist[3] (twɪst) v. 扭曲；扭傷

two[1] (tu) n. 二

type[2] (taɪp) n. 類型 v. 打字

typewriter[3] ('taɪp‚raɪtə) n. 打字機

typhoon[2] (taɪ'fun) n. 颱風

typical[3] ('tɪpɪkḷ) adj. 典型的；特有的

typist[4] ('taɪpɪst) n. 打字員

tyranny[6] ('tɪrənɪ) n. 暴政

tyrant[5] ('taɪrənt) n. 暴君

U u

****ugly**[2] 〔'ʌglɪ〕 *adj.* 醜的

  ulcer[6] 〔'ʌlsɚ〕 *n.* 潰瘍

  ultimate[6] 〔'ʌltəmɪt〕 *adj.* 最終的

*****umbrella**[2] 〔ʌm'brɛlə〕 *n.* 雨傘

  umpire[5] 〔'ʌmpaɪr〕 *n.* 裁判

  unanimous[6] 〔ju'nænəməs〕 *adj.* 全體一致的

*****uncle**[1] 〔'ʌŋkl̩〕 *n.* 叔叔

  uncover[6] 〔ʌn'kʌvɚ〕 *v.* 揭露

*****under**[1] 〔'ʌndɚ〕 *prep.* 在⋯之下

  underestimate[6] 〔'ʌndɚ'ɛstə,met〕 *v.* 低估

  undergo[6] 〔,ʌndɚ'go〕 *v.* 經歷

  undergraduate[5] 〔,ʌndɚ'grædʒuɪt〕 *n.*
  大學生

***underline**[5] 〔,ʌndɚ'laɪn〕 *v.* 在⋯畫底線

  undermine[6] 〔,ʌndɚ'maɪn〕 *v.* 損害

  underneath[5] 〔,ʌndɚ'niθ〕 *prep.* 在⋯之下

****underpass**[4] 〔'ʌndɚ,pæs〕 *n.* 地下道

****understand**[1] 〔,ʌndɚ'stænd〕 *v.* 了解

understandable⁵〔͵ʌndə'stændəbḷ〕*adj.*
可理解的

undertake⁶〔͵ʌndə'tek〕*v.* 承擔；從事

underwear²〔'ʌndə͵wɛr〕*n.* 內衣

undo⁶〔ʌn'du〕*v.* 使恢復原狀

undoubtedly⁵〔ʌn'daʊtɪdlɪ〕*adv.* 無疑地

unemployment⁶〔͵ʌnɪm'plɔɪmənt〕*n.* 失業

unfold⁶〔ʌn'fold〕*v.* 展開；攤開

uniform²〔'junə͵fɔrm〕*n.* 制服

unify⁶〔'junə͵faɪ〕*v.* 統一

union³〔'junjən〕*n.* 聯盟；工會

unique⁴〔ju'nik〕*adj.* 獨特的

unit¹〔'junɪt〕*n.* 單位

unite³〔ju'naɪt〕*v.* 使聯合

unity³〔'junətɪ〕*n.* 統一

universal⁴〔͵junə'vɝsḷ〕*adj.* 普遍的；全世界的

universe³〔'junə͵vɝs〕*n.* 宇宙

university⁴〔͵junə'vɝsətɪ〕*n.* 大學

unless³〔ən'lɛs〕*conj.* 除非

unlock⁶〔ʌn'lɑk〕*v.* 打開…的鎖

unpack[6] 〔 ʌn'pæk 〕 *v.* 打開 (包裹)

***until**[1] 〔 ən'tɪl 〕 *prep.* 直到

***up**[1] 〔 ʌp 〕 *adv.* 往上

upbringing[6] 〔 'ʌp,brɪŋɪŋ 〕 *n.* 養育

update[5] 〔 ʌp'det 〕 *v.* 更新

upgrade[6] 〔 'ʌp'gred 〕 *v.* 使升級

uphold[6] 〔 ʌp'hold 〕 *v.* 維護；支持

*

upload[4] 〔 ʌp'lod 〕 *v.* 上傳

*

upon[2] 〔 ə'pɑn 〕 *prep.* 在…之上 (= *on*)

*

upper[2] 〔 'ʌpɚ 〕 *adj.* 上面的

upright[5] 〔 'ʌp,raɪt 〕 *adj.* 直立的

*

upset[3] 〔 ʌp'sɛt 〕 *adj.* 不高興的

*

upstairs[1] 〔 'ʌp'stɛrz 〕 *adv.* 到樓上

upward[5] 〔 'ʌpwəd 〕 *adv.* 向上

uranium[6] 〔 ju'renɪəm 〕 *n.* 鈾

*

urban[4] 〔 'ɝbən 〕 *adj.* 都市的

*

urge[4] 〔 ɝdʒ 〕 *v.* 力勸；催促

urgency[6] 〔 'ɝdʒənsɪ 〕 *n.* 迫切

*

urgent[4] 〔 'ɝdʒənt 〕 *adj.* 迫切的；緊急的

urine[6] 〔 'jurɪn 〕 *n.* 尿

‡**us**[1] 〔ʌs〕 *pron.* 我們（we 的受格）

***usage**[4] 〔'jusɪdʒ〕 *n.* 用法

‡**use**[1] 〔juz〕 *v.* 使用

***used**[2] 〔just〕 *adj.* 習慣於…的

***used to** *V.*[2] 以前常常…

‡**useful**[1] 〔'jusfəl〕 *adj.* 有用的

***user**[2] 〔'juzɚ〕 *n.* 使用者

usher[6] 〔'ʌʃɚ〕 *n.* 接待員 *v.* 引導；接待

‡**usual**[2] 〔'juʒuəl〕 *adj.* 平常的

utensil[6] 〔ju'tɛnsḷ〕 *n.* 用具

utility[6] 〔ju'tɪlətɪ〕 *n.* 效用

utilize[6] 〔'jutḷ,aɪz〕 *v.* 利用

utmost[6] 〔'ʌt,most〕 *adj.* 最大的

utter[5] 〔'ʌtɚ〕 *adj.* 完全的 *v.* 說出

V v

vacancy[5] 〔'vekənsɪ〕 *n.*
（職務的）空缺；空房間

***vacant**[3] 〔'vekənt〕 *adj.* 空的

‡**vacation**[2] 〔ve'keʃən〕 *n.* 假期

vaccine[6] 〔'væksin 〕 *n.* 疫苗

vacuum[5] 〔'vækjuəm 〕 *v.* 用吸塵器打掃　　*n.* 真空

vague[5] 〔 veg 〕 *adj.* 模糊的；不明確的

***vain**[4] 〔 ven 〕 *adj.* 徒勞無功的

valiant[6] 〔'væljənt 〕 *adj.* 英勇的

valid[6] 〔'vælɪd 〕 *adj.* 有效的

validity[6] 〔 və'lɪdətɪ 〕 *n.* 效力

****valley**[2] 〔'vælɪ 〕 *n.* 山谷

****valuable**[3] 〔'væljuəbḷ 〕 *adj.* 有價值的

****value**[2] 〔'vælju 〕 *n.* 價值

valve[6] 〔 vælv 〕 *n.* 活塞

***van**[3] 〔 væn 〕 *n.* 小型有蓋貨車

vanilla[6] 〔 və'nɪlə 〕 *n.* 香草

***vanish**[3] 〔'vænɪʃ 〕 *v.* 消失

vanity[5] 〔'vænətɪ 〕 *n.* 虛榮心；虛幻

vapor[5] 〔'vepɚ 〕 *n.* 水蒸氣

variable[6] 〔'vɛrɪəbḷ 〕 *adj.* 多變的

variation[6] 〔,vɛrɪ'eʃən 〕 *n.* 變化

***variety**[3] 〔 və'raɪətɪ 〕 *n.* 多樣性；種類

***various**[3] 〔'vɛrɪəs 〕 *adj.* 各式各樣的

***vary**[3] 〔'vɛrɪ 〕 *v.* 改變；不同

V

* **vase**³ (ves) *n.* 花瓶

* **vast**⁴ (væst) *adj.* 巨大的

** **vegetable**¹ ('vɛdʒətəbḷ) *n.* 蔬菜

* **vegetarian**⁴ (,vɛdʒə'tɛrɪən) *n.* 素食主義者

vegetation⁵ (,vɛdʒə'teʃən) *n.* 植物【集合名詞】

* **vehicle**³ ('viɪkḷ) *n.* 車輛

veil⁵ (vel) *n.* 面紗

vein⁵ (ven) *n.* 靜脈

velvet⁵ ('vɛlvɪt) *n.* 天鵝絨

vend⁶ (vɛnd) *v.* 販賣

** **vendor**⁶ ('vɛndə) *n.* 小販

venture⁵ ('vɛntʃə) *v.* 冒險 *n.* 冒險的事業

* **verb**⁴ (vɝb) *n.* 動詞

verbal⁵ ('vɝbḷ) *adj.* 與言辭有關的

verge⁶ (vɝdʒ) *n.* 邊緣

versatile⁶ ('vɝsətɪl , -taɪl) *adj.* 多才多藝的

* **verse**³ (vɝs) *n.* 韻文；詩

version⁶ ('vɝʒən) *n.* 版本；說法

versus⁵ ('vɝsəs) *prep.* …對… (= *vs.*)

vertical⁵ ('vɝtɪkḷ) *adj.* 垂直的

V

٭٭very[1,4] 〔 ˈvɛrɪ 〕 *adv.* 非常　*adj.* 正是

٭**vessel**[4] 〔 ˈvɛsḷ 〕 *n.* 容器；船；(血)管

٭٭**vest**[3] 〔 vɛst 〕 *n.* 背心

veteran[6] 〔 ˈvɛtərən 〕 *n.* 退伍軍人

veterinarian[6] 〔 ˌvɛtrəˈnɛrɪən 〕 *n.* 獸醫 (= *vet*)

veto[5] 〔 ˈvito 〕 *n.* 否決權

via[5] 〔 ˈvaɪə 〕 *prep.* 經由

vibrate[5] 〔 ˈvaɪbret 〕 *v.* 震動

vibration[6] 〔 vaɪˈbreʃən 〕 *n.* 震動

vice[6] 〔 vaɪs 〕 *n.* 邪惡

٭**vice-president**[3] 〔 ˈvaɪsˈprɛzədənt 〕 *n.* 副總統

vicious[6] 〔 ˈvɪʃəs 〕 *adj.* 邪惡的；兇猛的

٭**victim**[3] 〔 ˈvɪktɪm 〕 *n.* 受害者

victimize[6] 〔 ˈvɪktɪmˌaɪz 〕 *v.* 使受害

victor[6] 〔 ˈvɪktɚ 〕 *n.* 勝利者

victorious[6] 〔 vɪkˈtorɪəs 〕 *adj.* 勝利的

٭٭**victory**[2] 〔 ˈvɪktrɪ 〕 *n.* 勝利

٭٭**video**[2] 〔 ˈvɪdɪˌo 〕 *n.* 錄影帶 (= *videotape*)

videotape[5] 〔 ˈvɪdɪoˈtep 〕 *n.* 錄影帶

٭**view**[1] 〔 vju 〕 *n.* 景色；看法

viewer[5] ('vjuɚ) *n.* 觀眾

vigor[5] ('vɪgɚ) *n.* 活力

vigorous[5] ('vɪgərəs) *adj.* 精力充沛的

villa[6] ('vɪlə) *n.* 別墅

* **village**[2] ('vɪlɪdʒ) *n.* 村莊

villain[5] ('vɪlən) *n.* 惡棍

vine[5] (vaɪn) *n.* 葡萄藤

‡ **vinegar**[3] ('vɪnɪgɚ) *n.* 醋

vineyard[6] ('vɪnjəd) *n.* 葡萄園

* **violate**[4] ('vaɪə,let) *v.* 違反

* **violation**[4] (,vaɪə'leʃən) *n.* 違反

* **violence**[3] ('vaɪələns) *n.* 暴力

* **violent**[3] ('vaɪələnt) *adj.* 暴力的

* **violet**[3] ('vaɪəlɪt) *n.* 紫羅蘭

‡ **violin**[2] (,vaɪə'lɪn) *n.* 小提琴

violinist[5] (,vaɪə'lɪnɪst) *n.* 小提琴手

V

* **virgin**[4] ('vɝdʒɪn) *n.* 處女

virtual[6] ('vɝtʃʊəl) *adj.* 實際上的；虛擬的

* **virtue**[4] ('vɝtʃu) *n.* 美德

* **virus**[4] ('vaɪrəs) *n.* 病毒

visa[5]〔'vizə〕 *n.* 簽證

* **visible**[3] 〔'vizəbḷ〕 *adj.* 看得見的

* **vision**[3] 〔'viʒən〕 *n.* 視力

** **visit**[1] 〔'vizit〕 *v.* 拜訪；遊覽

** **visitor**[2] 〔'vizitə〕 *n.* 觀光客；訪客

* **visual**[4] 〔'viʒuəl〕 *adj.* 視覺的

visualize[6] 〔'viʒuəl,aiz〕 *v.* 想像

* **vital**[4] 〔'vaitḷ〕 *adj.* 非常重要的；維持生命所必需的

vitality[6] 〔vai'tæləti〕 *n.* 活力

* **vitamin**[3] 〔'vaitəmin〕 *n.* 維他命

* **vivid**[3] 〔'vivid〕 *adj.* 生動的；栩栩如生的

** **vocabulary**[2] 〔və'kæbjə,lɛri〕 *n.* 字彙

vocal[6] 〔'vokḷ〕 *adj.* 聲音的

vocation[6] 〔vo'keʃən〕 *n.* 職業

vocational[6] 〔vo'keʃənḷ〕 *adj.* 職業的

vogue[6] 〔vog〕 *n.* 流行 (= *fashion*)

** **voice**[1] 〔vɔis〕 *n.* 聲音

* **volcano**[4] 〔val'keno〕 *n.* 火山

** **volleyball**[2] 〔'vali,bɔl〕 *n.* 排球

* **volume**³ 〔'valjəm 〕 n. 音量；(書) 冊

* **voluntary**⁴ 〔'valən,tɛrɪ 〕 adj. 自願的

* **volunteer**⁴ 〔,valən'tɪr 〕 v. 自願　n. 自願者

   vomit⁶ 〔'vamɪt 〕 v. 嘔吐

** **vote**² 〔 vot 〕 v. 投票　n. 票

* **voter**² 〔'votə 〕 n. 投票者

   vow⁵ 〔 vau 〕 n. 誓言

* **vowel**⁴ 〔'vauəl 〕 n. 母音

* **voyage**⁴ 〔'vɔɪ·ɪdʒ 〕 n. 航行

   vulgar⁶ 〔'vʌlgə 〕 adj. 粗俗的

   vulnerable⁶ 〔'vʌlnərəbḷ 〕 adj. 易受傷害的

W w

   wade⁵ 〔 wed 〕 v. 涉水；
   在水中走

   wag³ 〔 wæg 〕 v. 搖動 (尾巴)

* **wage**³ 〔 wedʒ 〕 n. 工資

* **wagon**³ 〔'wægən 〕 n. 四輪載貨馬車

   wail⁵ 〔 wel 〕 v. 哭叫

** **waist**² 〔 west 〕 n. 腰

*** **wait**¹ 〔 wet 〕 v. 等

‡‡**waiter**² ﹝'wetɚ﹞ *n.* 服務生

‡‡**waitress**² ﹝'wetrɪs﹞ *n.* 女服務生

‡‡**wake**² ﹝wek﹞ *v.* 醒來

*　**waken**³ ﹝'wekən﹞ *v.* 叫醒

‡‡**walk**¹ ﹝wɔk﹞ *v.* 走　*n.* 散步

‡‡‡**wall**¹ ﹝wɔl﹞ *n.* 牆壁

‡‡**wallet**² ﹝'wɑlɪt﹞ *n.* 皮夾

　walnut⁴ ﹝'wɔlnət﹞ *n.* 核桃

*　**wander**³ ﹝'wɑndɚ﹞ *v.* 徘徊；流浪

‡‡**want**¹ ﹝wɑnt﹞ *v.* 想要

*‡**war**¹ ﹝wɔr﹞ *n.* 戰爭

　ward⁵ ﹝wɔrd﹞ *n.* 病房；囚房　*v.* 躲避

　wardrobe⁶ ﹝'wɔrd,rob﹞ *n.* 衣櫥

　ware⁵ ﹝wɛr﹞ *n.* 用品

　warehouse⁵ ﹝'wɛr,haʊs﹞ *n.* 倉庫

　warfare⁶ ﹝'wɔr,fɛr﹞ *n.* 戰爭 (= *war*)

‡‡**warm**¹ ﹝wɔrm﹞ *adj.* 溫暖的

　warmth³ ﹝wɔrmθ﹞ *n.* 溫暖

*　**warn**³ ﹝wɔrn﹞ *v.* 警告

　warrior⁵ ﹝'wɔrɪɚ﹞ *n.* 戰士

W

wary⁵ 〔ˋwɛrɪ〕 *adj.* 小心的；謹慎的

‡**wash**¹ 〔waʃ〕 *v.* 洗

‡**waste**¹ 〔west〕 *v.* 浪費

‡**watch**¹ 〔watʃ〕 *n.* 手錶

‡**water**¹ 〔ˋwɔtɚ〕 *n.* 水   *v.* 給…澆水

‡**waterfall**² 〔ˋwɔtɚˌfɔl〕 *n.* 瀑布

‡**watermelon**² 〔ˋwɔtɚˌmɛlən〕 *n.* 西瓜

***waterproof**⁶ 〔ˋwɔtɚˋpruf〕 *adj.* 防水的

‡**wave**² 〔wev〕 *n.* 波浪

***wax**³ 〔wæks〕 *n.* 蠟

‡**way**¹ 〔we〕 *n.* 路；方式；樣子

‡**we**¹ 〔wi〕 *pron.* 我們

‡**weak**¹ 〔wik〕 *adj.* 虛弱的

***weaken**³ 〔ˋwikən〕 *v.* 使虛弱

***wealth**³ 〔wɛlθ〕 *n.* 財富

***wealthy**³ 〔ˋwɛlθɪ〕 *adj.* 有錢的

***weapon**² 〔ˋwɛpən〕 *n.* 武器

‡**wear**¹ 〔wɛr〕 *v.* 穿；戴；磨損；使疲倦

weary⁵ 〔ˋwɪrɪ〕 *adj.* 疲倦的

‡**weather**¹ 〔ˋwɛðɚ〕 *n.* 天氣

***weave**³ 〔 wiv 〕 *v.* 編織

***web**³ 〔 wɛb 〕 *n.* 網狀物；蜘蛛網

***website**⁴ 〔'wɛb,saɪt 〕 *n.* 網站

wed² 〔 wɛd 〕 *v.* 與…結婚

****wedding**¹ 〔'wɛdɪŋ 〕 *n.* 婚禮

****Wednesday**¹ 〔'wɛnzdɪ 〕 *n.* 星期三（= *Wed.*）

***weed**³ 〔 wid 〕 *n.* 雜草

****week**¹ 〔 wik 〕 *n.* 星期

***weekday**² 〔'wik,de 〕 *n.* 平日

****weekend**¹ 〔'wik'ɛnd 〕 *n.* 週末

***weekly**⁴ 〔'wiklɪ 〕 *adj.* 每週的　*n.* 週刊

***weep**³ 〔 wip 〕 *v.* 哭泣

****weigh**¹ 〔 we 〕 *v.* 重…

***weight**¹ 〔 wet 〕 *n.* 重量

weird⁵ 〔 wɪrd 〕 *adj.* 怪異的

****welcome**¹ 〔'wɛlkəm 〕 *v.* 歡迎

***welfare**⁴ 〔'wɛl,fɛr 〕 *n.* 福利

****well**¹ 〔 wɛl 〕 *adv.* 很好

****west**¹ 〔 wɛst 〕 *n.* 西方

***western**² 〔'wɛstə-n 〕 *adj.* 西方的

‡**wet**[2] 〔 wɛt 〕 *adj.* 濕的

‡**whale**[2] 〔 hwel 〕 *n.* 鯨魚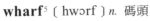

  wharf[5] 〔 hwɔrf 〕 *n.* 碼頭

‡**what**[1] 〔 hwɑt 〕 *pron.* 什麼

***whatever**[2] 〔 hwɑt'ɛvɚ 〕 *pron.* 無論什麼

  whatsoever[6] 〔͵hwɑtso'ɛvɚ 〕 *pron.*

    任何…的事物

***wheat**[3] 〔 hwit 〕 *n.* 小麥

‡**wheel**[2] 〔 hwil 〕 *n.* 輪子

  wheelchair[5] 〔'hwil͵tʃɛr 〕 *n.* 輪椅

‡**when**[1] 〔 hwɛn 〕 *adv.* 何時

***whenever**[2] 〔 hwɛn'ɛvɚ 〕 *conj.* 無論何時

‡**where**[1] 〔 hwɛr 〕 *adv.* 哪裡

  whereabouts[5] 〔'hwɛrə͵baʊts 〕 *n.* 下落

    【單複數同形】

  whereas[5] 〔 hwɛr'æz 〕 *conj.* 然而

***wherever**[2] 〔 hwɛr'ɛvɚ 〕 *conj.* 無論何處

‡**whether**[1] 〔'hwɛðɚ 〕 *conj.* 是否

‡**which**[1] 〔 hwɪtʃ 〕 *pron.* 哪一個

‡**while**[1] 〔 hwaɪl 〕 *conj.* 當…的時候；然而

whine[5] ﹝ hwaɪn ﹞ *v.* 抱怨

***whip**[3] ﹝ hwɪp ﹞ *v.* 鞭打

whirl[5] ﹝ hwɝl ﹞ *v.* 旋轉

whisk[5] ﹝ hwɪsk ﹞ *v.* 揮走

whisky[5] ﹝ 'hwɪskɪ ﹞ *n.* 威士忌

***whisper**[2] ﹝ 'hwɪspɚ ﹞ *v.* 小聲說

whistle[3] ﹝ 'hwɪsl̩ ﹞ *v.* 吹口哨 *n.* 哨子

****white**[1] ﹝ hwaɪt ﹞ *adj.* 白色的

****who**[1] ﹝ hu ﹞ *pron.* 誰

***whoever**[2] ﹝ hu'ɛvɚ ﹞ *pron.* 無論是誰

****whole**[1] ﹝ hol ﹞ *adj.* 全部的；整個的

wholesale[5] ﹝ 'hol,sel ﹞ *n.* 批發

wholesome[5] ﹝ 'holsəm ﹞ *adj.* 有益健康的

***whom**[1] ﹝ hum ﹞ *pron.* 誰

whose[1] ﹝ huz ﹞ *pron.* 誰的

****why**[1] ﹝ hwaɪ ﹞ *adv.* 爲什麼

***wicked**[3] ﹝ 'wɪkɪd ﹞ *adj.* 邪惡的

****wide**[1] ﹝ waɪd ﹞ *adj.* 寬的

***widen**[2] ﹝ 'waɪdn̩ ﹞ *v.* 使變寬

widespread[5] ﹝ 'waɪd'sprɛd ﹞ *adj.* 普遍的

widow[5] 〔'wɪdo 〕 *n.* 寡婦

widower[5] 〔'wɪdəwɚ 〕 *n.* 鰥夫

***width**[2] 〔 wɪdθ 〕 *n.* 寬度

*****wife**[1] 〔 waɪf 〕 *n.* 妻子

wig[5] 〔 wɪg 〕 *n.* 假髮

****wild**[2] 〔 waɪld 〕 *adj.* 野生的；瘋狂的

wilderness[5] 〔'wɪldɚnɪs 〕 *n.* 荒野

wildlife[5] 〔'waɪld,laɪf 〕 *n.* 野生動物【集合名詞】

****will**[1] 〔 wɪl 〕 *aux.* 將會 *n.* 意志力

***willing**[2] 〔'wɪlɪŋ 〕 *adj.* 願意的

***willow**[3] 〔'wɪlo 〕 *n.* 柳樹

****win**[1] 〔 wɪn 〕 *v.* 贏

****wind**[1] 〔 wɪnd 〕 *n.* 風

*****window**[1] 〔'wɪndo 〕 *n.* 窗戶

windshield[6] 〔'wɪnd,ʃild 〕 *n.* 擋風玻璃

****windy**[2] 〔'wɪndɪ 〕 *adj.* 多風的

***wine**[1] 〔 waɪn 〕 *n.* 酒；葡萄酒

****wing**[2] 〔 wɪŋ 〕 *n.* 翅膀

***wink**[3] 〔 wɪŋk 〕 *v.* 眨眼

****winner**[2] 〔'wɪnɚ 〕 *n.* 優勝者

winter[1] ('wɪntɚ) *n.* 冬天

*wipe[3] (waɪp) *v.* 擦

*wire[2] (waɪr) *n.* 電線；鐵絲

*wisdom[3] ('wɪzdəm) *n.* 智慧

wise[2] (waɪz) *adj.* 聰明的

wish[1] (wɪʃ) *v.* 希望；祝…

*wit[4] (wɪt) *n.* 機智

*witch[4] (wɪtʃ) *n.* 女巫

with[1] (wɪð) *prep.* 和…一起；用…

*withdraw[4] (wɪð'drɔ) *v.* 撤退；提 (款)

wither[5] ('wɪðɚ) *v.* 枯萎

*within[2] (wɪð'ɪn) *prep.* 在…之內

without[2] (wɪð'aʊt) *prep.* 沒有

withstand[6] (wɪθ'stænd) *v.* 抵抗；經得起

*witness[4] ('wɪtnɪs) *n.* 目擊者；證人

witty[6] ('wɪtɪ) *adj.* 機智的

*wizard[4] ('wɪzɚd) *n.* 巫師

woe[5] (wo) *n.* 悲哀；不幸的事

wolf[2] (wʊlf) *n.* 狼

*****woman**¹ 〔'wumən 〕 *n.* 女人

***wonder**² 〔'wʌndɚ 〕 *v.* 想知道 *n.* 驚奇；奇觀

****wonderful**² 〔'wʌndɚfəl 〕 *adj.* 很棒的

woo⁶ 〔 wu 〕 *v.* 追求

****wood**¹ 〔 wud 〕 *n.* 木頭

***wooden**² 〔'wudn̩ 〕 *adj.* 木製的

woodpecker⁵ 〔'wud,pɛkɚ 〕 *n.* 啄木鳥

****woods**¹ 〔 wudz 〕 *n. pl.* 森林

***wool**² 〔 wul 〕 *n.* 羊毛

*****word**¹ 〔 wɝd 〕 *n.* 字；話

*****work**¹ 〔 wɝk 〕 *n.* 工作；作品 *v.* 起作用

****worker**¹ 〔'wɝkɚ 〕 *n.* 工人

workshop⁵ 〔'wɝk,ʃɑp 〕 *n.* 小工廠

*****world**¹ 〔 wɝld 〕 *n.* 世界

***worm**¹ 〔 wɝm 〕 *n.* 蟲

****worry**¹ 〔'wɝɪ 〕 *v. n.* 擔心

***worse**¹ 〔 wɝs 〕 *adj.* 更糟的

worship⁵ 〔'wɝʃəp 〕 *n.* 崇拜

***worst**¹ 〔 wɝst 〕 *adj.* 最糟的

***worth**² 〔 wɝθ 〕 *adj.* 值得…

W

worthwhile[5]〔'wɝθ'hwaɪl 〕 *adj.* 值得的；值得花時間的

* **worthy**[5]〔'wɝðɪ 〕 *adj.* 值得的

⁑**wound**[2]〔 wund 〕 *n.* 傷口

* **wrap**[3]〔 ræp 〕 *v.* 包；裹

wreath[5]〔 riθ 〕 *n.* 花環；花圈；花冠

* **wreck**[3]〔 rɛk 〕 *n.* 遇難的船；殘骸
   v. 使遭遇船難

wrench[6]〔 rɛntʃ 〕 *v.* 用力扭轉

wrestle[6]〔'rɛsḷ 〕 *v.* 扭打；摔角

wring[5]〔 rɪŋ 〕 *v.* 擰

* **wrinkle**[4]〔'rɪŋkḷ 〕 *n.* 皺紋 *v.* 起皺紋

⁑**wrist**[3]〔 rɪst 〕 *n.* 手腕

⁑**write**[1]〔 raɪt 〕 *v.* 寫

⁑**writer**[1]〔'raɪtɚ 〕 *n.* 作家

⁑**wrong**[1]〔 rɔŋ 〕 *adj.* 錯誤的

X x

xerox[6]〔'zɪrɑks 〕 *v. n.* 影印

* **X-ray**[3]〔'ɛks're 〕 *n.* X 光

Y y

yacht⁵〔jɑt〕*n.* 遊艇【注意發音】

yam¹〔jæm〕*n.* 蕃薯

****yard**²〔jɑrd〕*n.* 院子

yarn⁵〔jɑrn〕*n.* 紗；線

***yawn**³〔jɔn〕*v.* 打呵欠

****yeah**¹〔jɛ〕*adv.* 是（= *yes*）

****year**¹〔jɪr〕*n.* 年

***yearly**⁴〔'jɪrlɪ〕*adj.* 每年的；一年一次的

yearn⁶〔jɝn〕*v.* 渴望

yeast⁵〔jist〕*n.* 酵母菌

***yell**³〔jɛl〕*v.* 大叫

****yellow**¹〔'jɛlo〕*adj.* 黃色的

****yes**¹〔jɛs〕*adv.* 是

****yesterday**¹〔'jɛstəˌde〕*adv.* 昨天

****yet**¹〔jɛt〕*adv.* 還（沒）

yield⁵〔jild〕*v.* 出產；屈服

yoga⁵〔'jogə〕*n.* 瑜伽

***yogurt**⁴〔'jogət〕*n.* 優格

***yolk**³〔jok〕*n.* 蛋黃

Z

you[1] 〔 ju 〕 *pron.* 你

young[1] 〔 jʌŋ 〕 *adj.* 年輕的

youngster[3] 〔'jʌŋstɚ 〕 *n.* 年輕人

yours[1] 〔 jʊrz 〕 *pron.* 你的（東西）；
你們的（東西）

youth[2] 〔 juθ 〕 *n.* 年輕；年輕人

youthful[4] 〔'juθfəl 〕 *adj.* 年輕的；年輕人的

yucky[1] 〔'jʌkɪ 〕 *adj.* 令人厭惡的

yummy[1] 〔'jʌmɪ 〕 *adj.* 好吃的

Z z

zeal[6] 〔 zil 〕 *n.* 熱心；熱忱

zebra[2] 〔'zibrə 〕 *n.* 斑馬

zero[1] 〔'zɪro 〕 *n.* 零

zinc[5] 〔 zɪŋk 〕 *n.* 鋅

zip[5] 〔 zɪp 〕 *v.* 拉拉鍊

zipper[3] 〔'zɪpɚ 〕 *n.* 拉鍊

zone[3] 〔 zon 〕 *n.* 地區；地帶

zoo[1] 〔 zu 〕 *n.* 動物園

zoom[5] 〔 zum 〕 *v.* 將畫面推進或拉遠

高二同學的目標──提早準備考大學

1.「用會話背7000字①②」
　　書+CD，每冊280元

「用會話背7000字」能夠解決
所有學英文的困難。高二同學
可先從第一冊開始背，第一冊
和第二冊沒有程度上的差異，
背得越多，單字量越多，在腦
海中的短句越多。每一個極短句大多不超過5個字，1個字或
2個字都可以成一個句子，如：「用會話背7000字①」p.184，
每一句都2個字，好背得不得了，而且與生活息息相關，是
每個人都必須知道的知識，例如：成功的祕訣是什麼？

11. What are the keys to success?

Be *ambitious*.	要有<u>雄心</u>。
Be *confident*.	要有<u>信心</u>。
Have *determination*.	要有<u>決心</u>。
Be *patient*.	要有<u>耐心</u>。
Be *persistent*.	要有<u>恆心</u>。
Show *sincerity*.	要有<u>誠心</u>。
Be *charitable*.	要有<u>愛心</u>。
Be *modest*.	要<u>虛心</u>。
Have *devotion*.	要<u>專心</u>。

當你背單字的時候，就要有「雄心」，要「決心」背好，對
自己要有「信心」，一定要有「耐心」和「恆心」，背書時
要「專心」。

背完後，腦中有2,160個句子，那得了了，無限多的排列組
合，可以寫作文。有了單字，翻譯、閱讀測驗、克漏字都難
不倒你。高二的時候，要下定決心，把7000字背熟、背
爛。雖然高中課本以7000字為範圍，編書者為了便宜行事，
往往超出7000字，同學背了少用的單字，反倒忽略真正重要
的單字。千萬記住，背就要背「高中常用7000字」，背完之
後，天不怕、地不怕，任何考試都難不倒你。

2. 「時速破百單字快速記憶」書 250元

3. 「高二英文克漏字測驗」書 180元

4. 「高二英文閱讀測驗」書 180元
全部選自各校高二月期考試題精華，
英雄所見略同，再出現的機率很高。

5. 「7000字學測試題詳解」書 250元
唯有鎖定7000字為範圍的試題，才會對準備考試
有幫助。每份試題附有詳細解答，對錯答案都有
明確交待，做完題目，再看詳解，快樂無比。

6. 「高中常用7000字」書附錄音QR碼 280元
英文唸2遍，中文唸1遍，穿腦記憶，中英文同時
背。不用看書、不用背，只要聽一聽就背下來了。

7. 「高中常用7000字解析【豪華版】」書 390元
按照「大考中心高中英文參考詞彙表」編輯而成
。難背的單字有「記憶技巧」、「同義字」及
「反義字」，關鍵的單字有「典型考題」。大學
入學考試核心單字，以紅色標記。

8. 「高中7000字測驗題庫」書 180元
取材自大規模考試，解答詳盡，節省查字典的時間。

9. 「英文一字金」系列：①成功勵志經 (How to Succeed) ②人見
人愛經 (How to Be Popular) ③金玉良言經 (Good Advice :
What Not to Do) ④快樂幸福經 (How to Be Happy) ⑤養生救
命經 (Eat Healthy) ⑥激勵演講經 (Motivational Speeches)
書每冊 280元

以「高中常用7000字」為範圍，每
一句話，每一個單字都能脫口而
出，自然會寫作文、會閱讀。

劉 毅 主編

高三同學要如何準備「升大學考試」

考前該如何準備「學測」呢？「劉毅英文」的同學很簡單，只要熟讀每次的模考試題就行了。每一份試題都在7000字範圍內，就不必再背7000字了，從後面往前複習，越後面越重要，一定要把最後10份試題唸得滾瓜爛熟。根據以往的經驗，詞彙題絕對不會超出7000字範圍。每年題型變化不大，只要針對下面幾個大題準備即可。

準備「詞彙題」最佳資料：

背了再背，背到滾瓜爛熟，讓背單字變成樂趣。

考前不斷地做模擬試題就對了！

你做的題目愈多，分數就愈高。不要忘記，每次參加模考前，都要背單字、背自己所喜歡的作文。考壞不難過，勇往直前，必可得高分！

練習「模擬試題」，可參考「學習出版公司」最新出版的「7000字學測試題詳解」。我們試題的特色是：①以「高中常用7000字」為範圍。②經過外籍專家多次校對，不會學錯。③每份試題都有詳細解答，對錯答案均有明確交待。

「克漏字」如何答題

　　第二大題綜合測驗（即「克漏字」），不是考句意，就是考簡單的文法。當四個選項都不相同時，就是考句意，就沒有文法的問題；當四個選項單字相同、字群排列不同時，就是考文法，此時就要注意到文法的分析，大多是考連接詞、分詞構句、時態等。「克漏字」是考生最弱的一環，你難，別人也難，只要考前利用這種答題技巧，勤加練習，就容易勝過別人。

準備「綜合測驗」（克漏字），可參考「學習出版公司」最新出版的「7000字克漏字詳解」。

本書特色：

1. 取材自大規模考試，英雄所見略同。
2. 不超出7000字範圍，不會做白工。
3. 每個句子都有文法分析。一目了然。
4. 對錯答案都有明確交待，列出生字，不用查字典。
5. 經過「劉毅英文」同學實際考過，效果極佳。

「文意選填」答題技巧

　　在做「文意選填」的時候，一定要冷靜。你要記住，一個空格一個答案，如果你不知道該選哪個才好，不妨先把詞性正確的選項挑出來，如介詞後面一定是名詞，選項裡面只有兩個名詞，再用刪去法，把不可能的選項刪掉。也要特別注意時間的掌控，已經用過的選項就劃掉，以免重複考慮，浪費時間。

準備「文意選填」，可參考「學習出版公司」最新出版的「7000字文意選填詳解」。

特色與「7000字克漏字詳解」相同，不超出7000字的範圍，有詳細解答。

「閱讀測驗」的答題祕訣

① 尋找關鍵字——整篇文章中，最重要就是第一句和最後一句，第一句稱為主題句，最後一句稱為結尾句。每段的第一句和最後一句，第二重要，是該段落的主題句和結尾句。從「主題句」和「結尾句」中，找出相同的關鍵字，就是文章的重點。因為美國人從小被訓練，寫作文要注重主題句，他們給學生一個題目後，要求主題句和結尾句都必須有關鍵字。

② 先看題目、劃線、找出答案、標題號——考試的時候，先把閱讀測驗題目瀏覽一遍，在文章中掃瞄和題幹中相同的關鍵字，把和題目相關的句子，用線畫起來，便可一目了然。通常一句話只會考一題，你畫了線以後，再標上題號，接下來，你找其他題目的答案，就會更快了。

③ 碰到難的單字不要害怕，往往在文章的其他地方，會出現同義字，因為寫文章的人不喜歡重覆，所以才會有難的單字。

④ 如果閱測內容已經知道，像時事等，你就可以直接做答了。

準備「閱讀測驗」，可參考「學習出版公司」最新出版的「7000字閱讀測驗詳解」，本書不超出7000字範圍，每個句子都有文法分析，對錯答案都有明確交待，單字註明級數，不需要再查字典。

「中翻英」如何準備

可參考劉毅老師的「英文翻譯句型講座實況DVD」，以及「文法句型180」和「翻譯句型800」。考前不停地練習中翻英，翻完之後，要給外籍老師改。翻譯題做得越多，越熟練。

「英文作文」怎樣寫才能得高分？

① 字體要寫整齊，最好是印刷體，工工整整，不要塗改。

② 文章不可離題，尤其是每段的第一句和最後一句，最好要有題目所說的關鍵字。

③ 不要全部用簡單句，句子最好要有各種變化，單句、複句、合句、形容詞片語、分詞構句等，混合使用。

④ 不要忘記多使用轉承語，像 *at present*（現在），*generally speaking*（一般說來），*in other words*（換句話說），*in particular*（特別地），*all in all*（總而言之）等。

⑤ 拿到考題，最好先寫作文，很多同學考試時，作文來不及寫，吃虧很大。但是，如果看到作文題目不會寫，就先寫測驗題，這個時候，可將題目中作文可使用的單字、成語圈起來，寫作文時就有東西寫了。但千萬記住，絕對不可以抄考卷中的句子，一旦被發現，就會以零分計算。

⑥ 試卷有規定標題，就要寫標題。記住，每段一開始，要內縮5或7個字母。

⑦ 可多引用諺語或名言，並注意標點符號的使用。文章中有各種標點符號，會使文章變得更美。

⑧ 整體的美觀也很重要，段落的最後一行字數不能太少，也不能太多。段落的字數要平均分配，不能第一段只有一、兩句，第二段一大堆。第一段可以比第二段少一點。

準備「英文作文」，可參考「學習出版公司」出版的：

高中常用 7000 字【錄音版】
The Most Used 7000 Words

附錄音 QR 碼　售價：280 元

主　　編 / 劉　毅
發 行 所 / 學習出版有限公司
　　　　　　TEL (02) 2704-5525
郵 撥 帳 號 / 05127272 學習出版社帳戶
登 記 證 / 局版台業 2179 號
印 刷 所 / 裕強彩色印刷有限公司
台 北 門 市 / 台北市許昌街 17 號 6F
　　　　　　TEL (02) 2331-4060
台灣總經銷 / 紅螞蟻圖書有限公司
　　　　　　TEL (02) 2795-3656
本公司網址 / www.learnbook.com.tw
電 子 郵 件 / learnbook0928@gmail.com

2023 年 8 月 1 日新修訂

4713269383772